당신은 우리말을 모른다

문법 편

문법 편

당신은 우리말을 모른다

자장면 / 짜장면

메우다 / 메꾸다

남우세하다 / 남사스럽다

두루뭉술하다 / 두리뭉실하다

만날 / 맨날

엄민용 지음

EBS BOOKS

차례

009 작가의 말

1부 / 말법을 알아야 우리말 달인이 될 수 있다

016 보조개는 패이지 않는다
018 하늘은 개이지 않는다
021 살을 에고, 살이 에이는
024 설레이는 마음은 없다
027 곰팽이는 정말 싫어
030 '애기'도 없고, '애비·에미'도 없다
030 빨갱이는 되는데, 노랭이는 왜 안 돼?
035 머리끄뎅이는 잡는 게 아니다
037 뒷쪽 마당엔 마굿간이 없다
047 윗옷을 벗으니 웃통이 드러났다
051 수캐와 수고양이의 싸움
055 깨끗이 쓸고 꼼꼼히 닦자
059 돈에 급급하는 사람은 되지 말자
062 걸맞은 자리에 알맞은 사람이 되자
064 '맞어 맞어'… 맞기는 뭐가 맞아!
066 부끄러운 '자랑스런'
068 졸립지 마라
070 성냥 개피로는 막을 수 없는 추위
072 '어서 오십시요'는 아첨하는 말
075 할아버지의 말씀은 계시지 않는다
077 높인다고 다 존대는 아니다
078 초생달은 뜨지 않는다
080 금슬 좋은 부부는 없다
081 승낙하도록 허락해 주세요
082 세상에 '녹슬은 기찻길'은 없다
085 땀에 절은 유니폼도 없다
086 '알다'는 앎, '살다'는 삶, 그러면 '만들다'는?
088 정말 뗄래야 뗄 수 없다
090 몸을 추슬르는 일은 부질없다
093 길다란 줄 뒤에는 서지 마라
094 양성은 양성끼리, 음성은 음성끼리, 그러나…
098 헤롱헤롱거리지 마라
099 새는 푸드득 날지 않는다
102 아동바동하지 말고, 오도방정도 떨지 마라
104 닝큼 고치슈! 닁큼 닐리리로 고치슈!
106 일을 서둔 것은 서툴렀기 때문이다
108 게 섯거라, 당신이라면 서겠소?
110 '유관순 열사'를 류관순으로는 못 쓴다
112 선동열? 선동렬?
118 북한도 한글맞춤법을 따라야 한다
119 연록은 있어도 연록색은 없다
122 연육교는 건너지 못한다
124 쥐어 준 돈은 못 받는다
128 산성비에 머리가 벗겨지지는 않는다
131 좋은 사람 있으면 소개시켜 달라고? 에이~ 바보!
134 라면과 몸은 붇지 않는다
138 '-습니다'도 모르던 대통령
139 있음은 없고, 있음만 있다

142 '선동열 있음에'는 틀린 말

143 바람을 피지 마라

145 우리말 좀 안다고 으시대지 맙시다

147 뚝배기에 담긴 곱빼기

151 선배 등쌀에 찌푸려지는 후배의 눈살

153 반말짓거리는 하지 마라

154 물은 물이요, 산은 산이오

156 산이에요? 뫼예요?

159 그리고 나서 할 것은 별로 없다

161 우리를 자유케 하는 것은 없다

163 진실된 마음도 없다

165 삼가하지 말고, 서슴치도 마라

168 하렸다? 하렷다!

170 너네도 없고, 지네도 없다

172 나를 잡아 잡수? 뭘 잡숴!

174 '놀자구려' 했더니 '살 만하구먼' 하대

175 같은 듯 다른 숟가락과 젓가락

177 팔힘 센 사람은 없다

178 개구진 아이는 없다

180 '7부 바지'는 못 입는다?

181 끄들리며 살지 말자

183 '비러먹다'와 '빌어먹다'는 달라야 한다

185 대빵 크고, 딥다 힘들다

187 존망과 존폐는 위협받지 않는다

188 진위 여부를 물으면 헷갈린다

190 누구에게도 생사여탈권은 없다

191 남을 놀래키지 마라

193 태풍은 절대 비켜 가지 않는다

196 까칠한 사람을 싫어하는

    까슬까슬한 국어사전

198 굳은살은 배기지도 박히지도 않는다

200 화는 삭이고, 김치는 삭히고

204 '하'는 되, '해'는 돼

207 '않다'는 '-지'하고만 논다

208 금방 왔는데, 벌써 간대

210 날개와 가시는 돋지 않는다

212 깜박이 켜고 끼어들어도 소용없다

213 함박 웃지 말고 함빡 웃으세요

215 품사를 알면 우리말 공부가 쉬워진다

218 '알아야 면장을 한다'의 면장은 무엇?

222 '따라지'는 있어도 '싸가지'는 없다

226 명량해전에 나팔은 없었다

228 '탄신일'은 안 돼도

    '석가탄신일'은 되는 까닭은?

230 여지껏 안 된 일은 앞으로도 안 된다

232 아무도 모르는 표준어 '괴까다롭다'

233 윗사람에게 '수고하다'는 삼가세요

237 사람에게 쓰는 말과

    동물에게 쓰는 말은 다르다

2부 / 버려야 할 일본말 찌꺼기, 품어야 할 일본식 우리말

247 '민비 시해'는 역적이나 쓰는 말
248 우리나라는 해방된 게 아니다
251 을사오적이 만든 말 '한일합방'
252 식민지배 세월은 36년이 아니다
254 이조백자는 멋이 없다
254 기라성 같은 사람은 없다
257 피해자를 두 번 울리는 '종군위안부'

259 정말 다른 일본과 한국의 '18'
261 우리나라에는 없는 '고수부지'
262 윤중로에는 사쿠라꽃이 핀다
264 군대 속 일본어 잔재들
268 야지 놓지 마라
269 넘쳐나는 일본식 외래어 표기
275 그 밖에 버려야 할 일본말 찌꺼기

3부 / 띄어쓰기가 발라야 문장의 의미가 통한다

300 '커녕'은 무조건 붙여라
300 시간이 흐른 '지'는 띄어 쓴다
301 붙여 쓰는 '만'과 띄어 쓰는 '만'
302 '-어(-아)하다'는 붙여 쓴다
303 '내가 먹을걸'과
     '내게 먹을 걸 다오'의 차이
304 삼촌 댁에서 삼촌댁을 뵈었다
305 '도로상'이든 '인터넷상'이든
     무조건 붙여라
308 '띄어쓰기'만 붙여 쓰는 이유
309 '노래하다'는 붙이고, '음악 하다'는 띄고
310 꼭 붙여 써야 하는 '-ㄹ라치면'
     '-ㄹ망정' '-ㄹ뿐더러' '-ㄹ수록'
311 다른 말로 바꿀 수 있는 '데'는 띄어 쓴다

313 정말 어려운 '잘하다'의 띄어쓰기
316 '못생겼다'는 붙이고 '못 먹는다'는 띈다
318 죽 끓듯 하는 '듯'의 띄어쓰기
320 일이 '안 돼' 얼굴이 '안돼' 보인다
323 '적'으로 대신할 수 있는 '바'
324 마침표 뒤의 '이 외'는 띄어 쓴다
326 이틀간 오간 서울~부산 간
329 첫사랑은 붙이고, 첫 대면은 띈다
330 '있다'와 '없다'의 띄어쓰기
331 오늘따라 너 따라 가고 싶다
332 '및'과 '등'은 무조건 띈다
333 하늘 같은 부모님의 주옥같은 말씀
336 너같이 나와 같이 갈 친구가 필요해
337 바뀔 것이 분명한 '받다'의 띄어쓰기

4부 / 외래어표기법, 아는 만큼 바르게 쓸 수 있다

347 표기 규정을 배우되
　　규정의 노예는 되지 말자

351 어르신은 '노털'이 아니다

355 받침으로는 7가지만 쓴다

356 된소리는 가급적 쓰지 않는다

359 모음도 단순화한다

360 비슷한 소릿값의 자음이
　　겹치는 것을 싫어한다

363 일본어에서는 어두에
　　거센소리를 못 쓴다

364 중국어 표기에서는
　　신해혁명이 중요하다

365 'R'은 '알'도 되고 '아르'도 된다

367 복수를 나타내는 'S'는 '스'로 적는다

368 자주 틀리는 외래어 모음

| 일러두기 |

1. 이 책은 2008~2011년 출간되었던 〈건방진 우리말 달인〉 시리즈를 새롭게 고쳐 쓴 것입니다.

2. 본문에서 사람들이 흔히 잘못 쓰는 말을 일부러 사용하고, 이에 대해 설명함으로써 독자들이 재미있게 우리말을 익힐 수 있도록 했습니다. 틀린 말일 때는 가새표(✖)와 동그라미표(◉)를 활용해 바른말을 알려 주고, 다른 말이 더 적절할 때는 화살표(→)를 활용해 설명했습니다.

3. 저자의 블로그(blog.naver.com/margeul)에 더 많은 내용을 담아 두었기에, 책과 함께 보시면 좋습니다.

저는 35년 동안 기자 생활을 하고 있습니다. 처음에는 기사를 쓰는 '외근 기자'였습니다. 하지만 그때는 글을 참 못 썼나 봅니다. 선배들에게 지적도 많이 받고, 1년여 만에 교열부로 쫓겨났지요.

그러나 지금은 글줄깨나 쓴다는 소리를 듣습니다. 많은 언론사 수습기자들에게 기사 쓰기 강의를 하고, 일반인을 상대로 글쓰기 교육도 합니다. 그때마다 제가 빼놓지 않고 하는 얘기 중 하나가 '문법 공부'입니다. 이는 문법을 무시하고 글을 썼던 제가 피부로 느끼고 뒤늦게 깨달은 것이 많기 때문입니다.

글은 무엇보다 문법에 맞게 쓰는 것이 중요합니다. 문장에 있어 문법은 마치 음악의 박자나 음정과 같은 것이죠. 아무리 좋은 노래라도 부르는 사람이 음정도 틀리고 박자도 못 맞추면, 그것은 노래가 아니라 소음이 되고 맙니다. 따라서 글을 쓸 때 문법은 '꼭 지켜야 할 최소한의 그것'이라고 할 수 있습니다.

물론 글을 쓸 때 문법을 먼저 생각할 필요는 없습니다. 글을 쓰면서 문법부터 떠올리면 오히려 글쓰기가 어려워집니다. 특히 글을 쓰는 목적은 의미를 전달하기 위함이지, 문법을 얼마나 잘 지키는지 과시하려 함은 아닙니다. 따라서 글을 쓸 때는 우선 전달하고자 하는 의미에만 신경 쓰며 거침없이 써 내려가야 합니다. 하지만 글을 쓴 뒤에는 반드시 퇴고를 해야 하고, 그 과정에서 문법에 맞게 다듬는다거나 오·탈자와 띄어쓰기 오류 등을 바로잡아야 합니다. 그렇지 않으면 독자들을 불편케 하는 것은 물론 글의 의미가 왜곡될 우려도 큽니다.

예를 들어 "나는 어제 자전거를 타고 가다가 횡단보도를 건너던 어린아이와 부딪혀 낭패를 봤다"라는 문장은 얼핏 아무 문제가 없는 듯해 보이지만 사실은 그렇지가 않습니다. 우선 '부딪혀' 때문에 어린아이가 가해자가 돼 버렸습니다. 또 '낭패'는 "계획한 일이 뜻대로 되지 않아 매우 딱하게 됨"을 뜻하는 말로, 글쓴이가 얘기하려는 의미와는 전혀 뜻이 통하지 않습니다. 또 "오늘은 민용이 밖에 없구나"라고 '밖'을 띄어 쓰면 '오늘은 엄민용뿐이구나'라는 의미가 아니라 '오늘은 민용이가 밖이 아닌 안에 있구나'라는 엉뚱한 표현이 되고 맙니다. 제가 35년 전에 이렇게 글을 썼습니다. 선배들에게 원고지를 뺏길 만했죠.

그런데요. 제가 해 보니 문법 공부가 그렇게 어렵지 않았습니다. 주어와 술어가 호응하는지 살피고, 동사·형용사·부사·관형사 등을 품사의 쓰임에 맞게 쓰는 것만으로도 기본은 됩니다. 여기에 맞춤법이나 띄어쓰기와 외래어 표기에 신경 쓰고, 독자를 불편케 하는 낱말이나 표현을 조심하면 그야말로 금상첨화입니다.

〈당신은 우리말을 모른다〉 '문법 편'에서 살펴본 것이 이런 부분입니다. 비문과 악문을 만드는 '원인균' 같은 말과 표현들요. 이런 것들을 찾아 걷어 낼 수 있다면 여러분 모두 '우리말 달인'을 넘어 '글쓰기 고수'가 될 수 있다고 봅니다. 다만 그런 내용을 다 전해 드리기에는 지면이 부족합니다. 해서 블로그(blog.naver.com/margeul)에 더 많은 내용을 담을 생각입니다. 책으로 맺은 인연이 블로그에서 계속 이어지기를 바랍니다.

말법을
알아야
우리말 달인이
될 수 있다

저는 우리말 달인,
우달이입니다.

〈어휘 편〉에서는 흔히들 틀리는 말만 모아 봤는데, 어땠어요? 여러분이 모르거나 잘못 알고 있던 말들을 콕콕 **집어 주니**˙ 재미있었죠?

하지만 지금부터는 조금 머리가 아플지도 모릅니다. 왜냐하면 우리말법, 즉 문법을 설명할 거거든요. 그러나 너무 겁먹지는 마세요. 여러분이 이미 배웠던 것으로, 기본은 알고 있는

집어 주니 → 짚어 주니

'집다'는 우선 "손가락이나 발가락으로 물건을 잡아서 들다"(연필을 집다) "바닥에 떨어진 것을 집어 올리다"(구슬을 집어 주머니에 넣었다) "기구로 물건을 마주 잡아서 들다"(젓가락으로 반찬을 집다) 등의 의미로 쓰입니다. 이런 뜻으로 사용할 때는 잘못 쓰는 사람이 거의 없습니다.

그런데요. '집다'에는 "지적하여 가리키다"라는 의미도 있습니다. 바로 이런 의미일 때 '짚다'와 헷갈릴 염려가 있습니다. '짚다'에도 "여럿 중에 하나를 꼭 집어 가리키다"라는 의미가 있거든요. '집다'는 '바로 그것을' 지정·한정하는 의미가 강하고, '짚다'는 '여러 가지 중에'에 초점이 맞춰지는 것이 가장 큰 차이죠. 제가 쓴 글에서는 "잡다한 얘기 중 핵심만 설명한다"는 의미이므로 이때는 '짚다'를 쓰는 게 맞습니다.

또 '짚다'에는 "상황을 헤아려 어떠할 것으로 짐작하다"라는 뜻도 있습니다. 보통 "헛다리 짚는 소리를 한다"라고 쓰죠.

1부 말법을 알아야 우리말 달인이 될 수 있다

얘기들이니까 말이에요. 아마 여러분이 조금만 신경 쓰면 '아~ 그거!' 하며, 무슨 뜻인지 금방 알게 될 겁니다. '에개°~ 이게 뭐 어렵다고…'라고 생각하실지도 모릅니다.

게다가 제가 누굽니까. 우달이잖아요. 〈어휘 편〉에서도 말씀드렸듯이 저의 별명이 '우달이'입니다. 사람들이 저에게 '우리말 달인'이라는 의미로 붙여 주었죠. 저 우달이가 아무리 복잡하고 어려운 문법이라도 알기 쉽고 재미나게 들려줄 테니

에개 ⊗ 애개/에계 ◉

처음엔 쉽게 생각하지만 알면 알수록 어렵게 느껴지는 것이 우리말입니다. "대단하지 아니한 것을 보고 업신여기어 내는 소리"로 쓰이는 감탄사가 그런 점을 잘 보여 줍니다.

자, "○○, 겨우 1000원 벌었어?"라는 표현에서 ○○에 들어갈 말로 '에개' '에게' '애게' '애개' 중 뭐가 맞을까요? 모르시겠죠? 사실 이거 맞히시는 분은 거의 없을 겁니다. 저 때문에 우리말 공부에 관심이 많은 제 주변 사람들도 잘 모르더라고요.

이처럼 지극히 평범한 말도 제대로 쓰기가 쉽지 않은 게 우리말입니다. 하지만 우리말에 조금만 관심을 갖고, 우리말법을 조금만 알면 정말 쉬운 것이 우리말이기도 합니다.

'에개' '에게' '애게' '애개' 등은 '애개' 또는 '에계'가 바른말입니다. '애갸걔'나 '에계계'로 쓸 수도 있고요. 여러분이 우리말에 관심을 갖고 국어사전에서 '에개' '에게' '애게' '애개' 중에서 어느 것이든 뒤져 봤으면 금방 알았을 말입니다. 또 우리말법 모음조화 현상을 알면 '에개'와 '애게'는 너무 이상하다는 점도 단박에 눈치챘을 거고요.

우리말 고수가 되는 지름길, 바로 우리말과 우리말법을 향한 여러분의 관심이 그 길의 출발선입니다.

잘 들어 보세요. 특히 문법은 하나를 제대로 알면 한꺼번에 수십 수백 가지의 낱말을 틀리지 않고 바르게 쓸 수 있는, 바로 우리말 고수가 되는 묘약 같은 것이라서, 여러분이 반드시 완벽하게 배워 둘 필요가 있습니다. 제 말이 무슨 뜻인지 아시죠? 자, 그럼 우리말 문법 여행을 떠나 보자고요.

보조개는

패이지 않는다

사람들이 문법을 몰라서 반복적으로 잘못 쓰는 말에는 쓸데없이 '이'를 끼워 넣는 것이 있습니다. 그런 게 진짜 엄청 무지 아주 많죠.

'보조개가 패인 모습이 귀엽다'거나 '이번 홍수로 도로 곳곳이 움푹 패였다'의 '패이다'도 그중 하나입니다.

'패이다'가 왜 틀린 말인지 알려면 우선 한글맞춤법 제37항에서 밝히고 있는 "ㅏ, ㅕ, ㅗ, ㅜ, ㅡ로 끝난 어간에 '-이'가 와서 'ㅐ, ㅖ, ㅚ, ㅟ, ㅢ'로 줄 적에는 준 대로 적는다"라는 규정부터 알아야 할 듯하지만, 사실 그런 것은 몰라도 됩니다. 왜냐하면 그런 규정들은 괜히 사람들을 헷갈리게 하고, 사람들이 우리말의 문법을 어렵게 생각하게끔 만들거든요.

진짜 거짓말이 아니라 저도 그런 규정을 머릿속에 넣어두고 살지는 않습니다. 하지만 어떤 말을 한 번 처억~ 보면 '에구~ 요거 잘못 썼네' 하는 느낌은 화악~ 다가옵니다. 여러분도 그런 느낌을 갖는 것이 중요합니다. 그래야 우리말 고수가 될 수 있거든요. 이제부터 그 느낌적 느낌에 대해 알려 드릴게요.

먼저 '패인'을 보자고요. 이 말을 풀어놓으면 '파이인'이 되는데, '파이인 땅'? 뭔가 어색하지 않나요? 그렇게 말하지는 않죠? '패였다'도 마찬가지입니다. 파이(패)이었(였)다? 너무 이상합니다.

'파다'에 사동 또는 피동 접사 '이'를 더한 말이 '파이다'이고, 이를 줄인 말이 '패다'입니다. 그런데 거기다가 또다시 사동 또는 피동 접사 '이'를 한 번 더 집어넣어 잘못 쓰는 말이 '패이다'인 거죠. 따라서 '패인'은 '파인'이나 '팬'으로, '패였다'는 '파였다'나 '패었다'로 써야 합니다. 사동 접사나 피동 접사를 두 번 겹쳐 쓰지 말고 한 번만 쓰는 거죠. 뒤에도 나오지만, 이렇게 사동 접사와 피동 접사를 겹쳐 써서 틀리는 말이 아주 많습니다.

어쨌든 '파다'의 피동사(남의 행동을 입어서 행해지는 동작을 나타내는 동사. '보이다' '물리다' '잡히다' '안기다' '업히다' '쓰이다' 따위가 있음. '수동사' 또는 '입음움직씨'라고도 부름)는 '파이다'이고, 이를 '파이이다'로 써서는 안 됩니다.

돌뿌리 ⓧ 돌부리 ◉

식물의 뿌리처럼 뿌리는 보통 땅속에 묻혀 있거나 땅속은 아니더라도 '그것'의 밑둥(→ 밑동)에 달려 있습니다. 그러나 우리가 걷다가 걸려 넘어지는, 돌의 툭 튀어나온 부분은 위로 솟아 있습니다. '뿌리'가 아니라는 소리죠. "어떤 물건의 끝이 뾰족한 부분"을 뜻하는 말은 '부리'입니다. 그래서 '총부리'이고 '돌부리'입니다. 새의 주둥아리를 뜻하는 '부리'도 밖으로 툭 튀어나왔잖아요.

1부   말법을 알아야 우리말 달인이 될 수 있다

"낙엽이 발길에 채인다"거나 "**돌뿌리**°에 발을 채였다"라고 할 때 쓰는 '채인다'와 '채였다'도 마찬가지입니다. '차다'의 피동형이 '차이다'이고, 그것의 준말이 '채다'입니다. 그러니까 '채인다'는 '차이인다'가, '채였다'는 '차이이었다'가 되는 거죠. 어때요? 말 꼴이 이상하죠? 틀린 말이니까 당연히 이상한 겁니다. '채인'은 '차인'이나 '챈'으로, '채였다'는 '차였다'나 '채었다'로 써야 합니다.

하늘은 🖉
개이지 않는다

　　　　　쓸데없는 '이'를 집어넣어 틀리는 말에는 '개이다'도 있습니다. "흐리거나 궂은 날씨가 맑아지다"를 뜻하는 말은 '개다'입니다. 이를 '맑게 개인 하늘'이나 '소나기가 쏟아지는가 싶더니 날씨가 금방 개였다'처럼 써서는 안 됩니다.

　나중에 과학이 엄청 발전해 인간이 날씨를 맘대로 **조정해**° 구름이 잔뜩 낀 하늘을 맑게 개게 할 수 있는 날이 온다면, '사람에 의해 개어진 하늘'을 뜻하는 말로 '개이다'가 **쓰일런지도**° 모릅니다.

　그러나 지금의 하늘은 스스로 흐렸다가 스스로 개는 존재입니다. '무엇에 입음을 당하여' 그렇게 되는 것이 아니라는 얘기죠. 이때의 '개다'는 자동사입니다.

그런데 여기서 고민거리가 하나 있습니다. 하늘과 관련한 '개다'는 그렇다 치고, "옷이나 이부자리 따위를 겹치거나 접어서 단정하게 포개다"는 의미의 '개다'와 "가루나 덩이진 것에 물이나 기름 따위를 쳐서 서로 섞이거나 풀어지도록 으깨거나 이기다"는 뜻의 '개다'는 '개이다' 꼴로도 쓸 수 있지 않으냐는 것입니다. 왜냐고요? 지금부터 제 말을 잘 들어 보세요.

이때의 두 '개다'는 모두 타동사입니다. 그러니 "이불을 잘 개었다"나 "밀가루를 개어 놓아라"라는 표현은 아주 자연스럽

조정해 → 조종해

'조정하다'와 '조종하다'는 소리와 글 꼴이 비슷해 헷갈리기 쉬운 말입니다. 하지만 "비행기나 선박, 자동차 따위의 기계를 다루어 부리다"(배를 조종하다)라거나 "다른 사람을 자기 마음대로 다루어 부리다"(이 사건은 어떤 커다란 세력이 조종하고 있다)를 뜻할 때만 '조종하다'를 쓰고, 그 외에는 '조정하다'를 쓴다고 생각하면 어느 정도 바르게 구분해 사용할 수 있습니다.

쓰일런지도 ⓧ 쓰일는지도 ◎

"비가 올는지 습한 바람이 불기 시작했다" "그 사람이 과연 올는지" "무슨 일이 일어날는지를 누가 알겠니?" 등의 예문에서 보듯이 '그 의문의 답을 몰라도' 또는 '그 의문의 답을 모르기 때문에' 따위의 의미로 두루 쓰이는 어미는 '-ㄹ는지'입니다. '-ㄹ런지'라는 어미는 없습니다. 따라서 '-ㄹ런지'는 무조건 '-ㄹ는지'로 쓰면 됩니다.

1부 말법을 알아야 우리말 달인이 될 수 있다

습니다. 하지만 이불이나 밀가루를 중심으로 표현하면 "잘 갠 이불" "갠 밀가루 반죽이 거칠다" 등처럼 목적어를 취하지 않습니다. 이때의 '개다'는 타동사가 아니라는 얘기입니다. 게다가 "누군가에 의해 갬을 당한" 의미도 살아 있습니다. 피동태인 거죠. 따라서 "잘 갠 이불"과 "갠 밀가루 반죽이 거칠다"는 "잘 개인 이불"과 "개인 밀가루 반죽이 거칠다" 따위처럼 피동사로 써야 한다는 게 제 생각입니다. 그래야 이치에 맞지 않나요?

그런데 우리 국어사전들은 이에 대해 이렇다 저렇다 말이 없습니다. 국립국어원의 〈표준국어대사전〉도 '하늘이 개다'를 '하늘이 개이다'로 쓰면 안 된다고 밝히고 있을 뿐 '잘 개인 이불'이나 '밀가루가 잘 개여 수제비를 만들기에 딱 좋다' 등으로

꿀 먹은 벙어리

제가 〈어휘 편〉에서도 얘기했듯이, 예전에는 일상적으로 쓰였지만 지금은 절대 써서는 안 되는 표현이 많습니다. 사람을 차별하거나 비하하는 느낌을 주는 표현들이 대표적 사례입니다. 특히 '장님이 문고리 잡는 격' '벙어리 냉가슴 앓듯' '암탉이 울면 집안이 망한다' 등처럼 옛 속담에 그런 표현이 많습니다. 우리가 예부터 써 오던 표현이라 무의식중에 입 밖으로 툭 튀어나오기 쉬운데, 여러분은 그러지 마세요. 남에게 칼로 상처를 입히는 일보다 세 치 혀로 상처를 남기는 일이 많다는 사실을 유념하고, '시대 감수성'에 벗어난 말은 쓰지 않도록 조심하시기 바랍니다. 그래야 품격 있는 우리말 고수가 될 수 있습니다.

'꿀 먹은 벙어리'는 문맥에 맞춰 '말문이 막히다' '말을 잇지 못하다' 등으로 써도 의미를 전하는 데 아무런 어려움이 없습니다. 여러분도 그렇게 생각하시죠?

쓸 수 있는지를 두고서는 **꿀 먹은 벙어리°**입니다. 다만 북한에서는 그런 말을 쓴다고 알려 주기는 하고 있습니다.

여러분 생각은 어떠신가요? 쓸 수 있을 것 같지 않나요? 아무튼 현재 국어사전들이 모두 '개이다'를 인정하고 있지 않으니, '개이다'를 써서는 안 됩니다.

그러나 장담컨대 곧 '개이다'는 쓸 수 있게 될 겁니다. 제가 처음 우리말 관련 책을 냈을 때도 이런 주장을 정말 많이 했죠. 그리고 그 주장들은 대부분 실제로 받아들여져 표준어가 됐습니다. 아마 지금부터 제가 하는 주장 중에도 그런 말이 꽤 많을 겁니다. 앞으로 표준어로 대접받을 말들이요.

살을 에고,
살이 에이는

〈어휘 편〉에서도 얘기했듯이 우리말 관련 책이나 인터넷의 우리말 관련 내용 중에는 틀린 내용이 많습니다. 그중 하나가 '에이다'와 관련한 얘기입니다. '에이다'는 바른말이 될 수도 있고 그렇지 않을 수도 있는데, 이를 무조건 틀린 말로 보는 거죠.

'에이다'를 바르게 쓰려면 우선 '에다'부터 알아야 합니다.

　　　　　1부　말법을 알아야 우리말 달인이 될 수 있다

'에다'는 "칼 따위로 도려내듯 베다" 또는 "마음을 몹시 아프게 하다"를 뜻하는 '능동사'이자 '타동사'입니다. 여기서 일단 '도려내듯 베다'와 '능동사이자 타동사'에 밑줄을 좌악~ 그어 보세요. 타동사가 뭐죠? 목적어를 취할 수 있는 동사입니다. 결국 '에다' 앞에는 '살갗을' '가슴을' 등처럼 목적어가 온다는 거죠.

이와 달리 '에이다'는 "칼 따위로 도려내듯 베이다" 또는 "마음이 칼로 도려지듯 몹시 아파지다"를 뜻합니다. 즉 '에다'의 '피동사'입니다. 여기서도 '도려내듯 베이다'와 '피동사'에 밑줄 좌악~ 아시죠?

피동사가 뭐죠? 피동사는 한마디로 얘기해 '자기 스스로 어떤 동작을 일으키는 말이 아니라 어떤 것의 동작으로 인해 뭔가를 당하는 말'입니다. 이런 피동사는 무조건 자동사입니다. 예외가 없습니다. 이게 중요합니다. 자동사는 목적어를 취할 수 없거든요.

자, 이러면 간단해졌죠? 목적어가 앞에 있을 때는 '에다'를, 목적어가 앞에 놓이지 못할 때는 '에이다'를 쓰면 되는 겁니다. "바람이 살을 에는 듯하다"라거나 "바람에 살갗이 에이는 듯하다"라고 쓰면 된다는 얘기죠.

그런데 여기서 조금 생각할 구석이 있습니다. "가뜩이나 빈속은 칼로 에는 것처럼 쓰렸다" 따위의 표현 때문입니다. 이 문장을 보면 목적어가 없습니다. 그렇다면 '에이다'를 써야 할 것처럼 여겨집니다.

하지만 아닙니다. 이때도 '에다'가 맞습니다. 앞에서 밑줄 그은 '능동사(주어가 제 힘으로 행하는 동작을 나타내는 동사)'와 '칼로 에는'을 생각해 보세요. '칼로 에는'은 능동태의 표현입니다. 그렇죠? '칼로' 뒤에 '○○을'이 생략된 꼴이잖아요. 만약 '에이다', 즉 피동태로 쓰려면 '칼에 에이는' 꼴이 돼야 합니다. 이때는 '칼에' 뒤에 '○○이'가 생략된 꼴이니까요. 제 말이 무슨 뜻인지 아시겠죠?

참, 앞에서 타동사는 목적어를 취한다고 했는데, 100% 예외 없이 무조건 그런 것은 아닙니다. 예를 들어 '먹다'는 타동사지만, '오늘따라 술이 먹고 싶다'처럼 목적어 없이도 바른 문장을 이룰 수 있습니다.

이때 '술이'의 조사 '이'를 일본식 말 습관의 영향으로 볼 것이냐, '특수 조사'로 다룰 것이냐를 두고 말이 많은데, 그런 것까지 깊이 있게 알 필요는 없을 듯합니다. 그냥 "가뜩이나 빈 속은 칼로 에는 것처럼 쓰렸다"에서 보듯 타동사가 목적어를 취하지 않고 문장을 이룰 수 있다는 것만 알고 넘어가자고요. 아셨죠?

1부 말법을 알아야 우리말 달인이 될 수 있다

앞에서도 보았듯이 쓸데없이 피동 접사 '이'를 집어넣어 이상한 말 꼴을 만들어 쓰는 낱말이 많습니다. 그중에서도 으뜸은 아마 '설레이다'일 겁니다.

"그를 만난다는 설레임에 가슴은 방망이질 쳤다"라거나 "설레이는 마음으로 편지를 씁니다"라는 표현들을 많이 쓰시죠? 아이스크림 이름으로도 '설레임'이 있고요. 하지만 '설레임' '설레인' 따위 역시 쓸데없이 피동 접사 '이'를 집어넣은 겁니다. 누군가를 생각하면서 가슴이 콩닥콩닥 뛰고 얼굴이 발개지는 것은 자기 스스로 일으킨 감정입니다.

예를 들어 젊은 사람은 **아이돌**° 그룹을 보면 가슴이 두근거리고 열광하겠지만, 나이가 **지그시**° 든 분들은 대개 그런 기분이 들지 않을 겁니다.

아무튼 남이 나에게 '너는 가슴이 두근거려라' 또는 '얼굴이 발개져라'라고 해서 그렇게 되는 것이 절대 아닙니다. 즉 설레는 것은 내가 그러한 것이지, 남이 나에게 설레라고 한 것이 아니라는 얘기죠. 이는 곧 피동 접사 '이'를 끼워 넣을 필요가 없다는 소리이기도 합니다.

"마음이 가라앉지 아니하고 들떠서 두근거리다"는 뜻의 자

동사는 '설레다'입니다. 따라서 '설레임'은 '설렘'으로, '설레이

아이돌

'많은 사랑을 받는 대상'이라는 의미로 우리가 흔히 '아이돌(idol)'이라고 쓰는 말의 바른 외래어 표기는 '아이들'입니다. 이 단어의 발음기호가 ['aɪdl] 이거든요. 이 때문에 2000년대 초반까지도 적잖은 언론이 '아이들'로 썼습니다. 저 역시 그때는 '아이돌'이 아니라 '아이들'로 써야 한다고 주장하기도 했습니다. 하지만 사람들이 너나없이 '아이돌'로 쓰므로 국립국어원도 '아이돌'을 묵인(?)하고 있습니다.

외래어 표기에는 이런 것이 참 많습니다. 사람들이 실제 사용하는 것과 표기 규정 사이에 괴리가 심한 말들이요. 뒤에 가서 외래어표기법을 설명하면서 좀 더 자세히 얘기하겠지만, 실생활에서 외래어표기법대로 쓰는 데에는 어려움이 따릅니다. 표기법에 맞게 쓰는 일이 되레 소통을 방해할 수 있거든요. 따라서 외래어표기법은 규정을 정확히 따를 때와 그렇지 않고 '소통'에 더 신경 써야 할 때를 구분해 적용하는 것이 좋습니다.

지그시 → 지긋이

부사 '지그시'는 "슬며시 힘을 주는 모양" 또는 "조용히 참고 견디는 모양"을 뜻합니다. "지그시 밟다" "눈을 지그시 감다" "아픔을 지그시 참다" 따위처럼 쓰이죠. 사람의 나이와는 어울릴 수 없는 말입니다.

"나이가 비교적 많다"를 뜻하는 말은 '지긋하다'입니다. '지긋하다'는 "참을성 있게 버티어 가는 끈기가 있다"라는 의미로도 쓰입니다. "나이가 지긋한 어르신이 지긋하게 앉아 계신다"처럼 쓸 수 있죠. 이 '지긋하다'를 부사로 만들면 '지긋이'가 됩니다.

이 때문에 사람들이 헷갈리곤 합니다. '지긋이'가 [지그시]로 소리 나는 까닭에 "눈을 지그시 감다"라고 할 때의 '지그시'로 잘못 쓰는 거죠. 하지만 여러분은 이제 '지그시'와 '지긋이'의 차이를 아셨을 테니 나이와 관련해서는 꼭 '지긋이'를 쓰시기 바랍니다.

는'은 '설레는'으로, '설레여서'는 '설레어서'로, '설레이고'는 '설레고' 등으로 써야 합니다.

참, 한글맞춤법 검색기를 돌리다 보면 '설렜다' 밑에 붉은 줄이 그어지기도 합니다. 마치 '설렜다'가 틀린 표기인 것처럼요. 하지만 아닙니다. 맞는 표기입니다. 한글맞춤법 검색기는 완벽하지 않습니다. 아니, 완벽할 수가 없습니다. 따라서 한글맞춤법 검색기는 참고용으로 활용해야지 전적으로 믿었다가는 **큰 코 다 치기**˚ 십상입니다.

그건 그렇고, "어떤 감정이 북받쳐 목소리가 잘 나지 않다"라는 의미로 쓰는 '목이 메이다'도 피동 접사 '이'를 잘못 집어넣은 말입니다. 여러분은 제 어머니가 고생한 얘기를 들으면 감정이 북받쳐 목소리가 잘 나지 않을 것 같으신가요? 아니죠? 여러분은 제 어머니를 모르니까 당연하죠. 하지만 저는 그런 얘기를 들을 때면 감정이 북받쳐 엉엉 울곤 했습니다. 이런 감정도 자기 스스로 일어나는 것이지 누구 때문에 생기는 것이 아닙니다. 그래서 '목이 메이다' 역시 '목이 메다'로 써야 합니다.

큰 코 다 치기 → 큰코다치기

뒤에 가서 띄어쓰기 요령을 설명하면서 좀 더 자세히 얘기하겠지만, 띄어쓰기의 가장 기본적인 원칙이 '뜻이 있는 말은 띄어 쓴다'입니다. 예를 들어 어떤 사람의 코가 큰 것을 두고 "그는 큰 코 때문에 성형수술을 생각하고 있다"처럼 쓸 수 있습니다.

하지만 "너, 함부로 행동하다가는 큰코다친다"라고 할 때는 '코를 다친다'라는 의미가 아닙니다. "크게 봉변을 당하거나 무안을 당한다"라는 의미죠. 코가 크든 작든 누구에게나 쓸 수 있습니다. 이런 '큰'은 뒤에 오는 말과 붙여 써야 합니다. '큰누나' '큰형' '큰아들' 등처럼요. 이때의 '큰'은 키가 크다는 의미가 아니라 장남이나 장녀를 나타냅니다.

"큰일을 치렀다"라고 할 때의 '큰일'도 마찬가지입니다. 이때의 '큰일'은 일의 규모가 크고 작음을 구분하는 말이 아니라 "힘이 많이 들고 범위가 넓은 일. 또는 중대한 일"을 뜻합니다. 그래서 결혼식 같은 것을 마치면 "큰일 치르느라 고생했다"라고 말하곤 하죠.

이 정도면 '큰'을 어떤 때 뒷말에 붙여 써야 하는지 감이 잡히시죠? 그리고 하나 더. '큰일나다'라는 말은 없으므로 '큰 일 난다'같이 띄어 써야 하지만, '큰코다치다'는 하나의 말이므로 다 붙여 써야 한다는 것도 기억해 두세요. 또 키나 몸무게와 상관없이 쓰는 '작은누나' '작은형' '작은아들' 등의 '작은' 역시 붙여 씁니다.

곰팡이는
정말 싫어

피동 접사 '이' 말고 다른 형태소의 '이'를 쓸데없이 집어넣어 틀리게 쓰는 말들도 있습니다. 이것 역시 아주 많지요.

혹시 개그맨 이봉원 씨 아시나요? 요즘은 TV에 별로 안 나오지만 제가 대학에 다닐 때만 해도 대단한 스타였죠. 그가 지금은 고인이 되신 이주일 선생님을 흉내 내면 다들 배꼽을 쥐고 웃곤 했습니다.

그런 이봉원 씨의 별명이 '곰팽이'였습니다. 지금은 어떻게 부르는지 모르지만, 우리 때는 '곰팽이'라고 불렀습니다. 예전에는 코미디언들에게 '살살이 서영춘' '막둥이 구봉서' '비실비실 배삼룡' '땅딸이 이기동' 등 이름 앞에 그의 캐릭터를 나타내는 별명들을 붙이곤 했는데, 이봉원 씨 앞에는 무슨 까닭인지 모르지만 '곰팽이'가 붙어 다녔습니다. 스스로 '곰팽이 이봉원입니다'라고 인사말을 하기도 했고요.

그런데 많은 사람이 흔히 쓰는 '곰팽이'는 바른말이 아닙니다. '곰팡이'가 표준어죠. 표준어규정 제9항은 '이(ㅣ) 모음 역행동화'에 대해 설명하고 있습니다. '이 모음 역행동화'란 뒷말의 모음 '이(ㅣ)'가 앞말에 영향을 미쳐 앞말에 모음 '이(ㅣ)'가 덧붙은 형태로 소리 나는 현상입니다.

옷을 다릴 때 쓰는 '다리미'를 [대리미]로 소리 내는 것도 '이 모음 역행동화' 때문입니다. '먹이다'를 [메기다(멕이다)]로 소리 내는 것도 같은 이유죠. 우리말에는 이런 것들이 무지 많습니다.

그러나 현행 표준어규정은 이런 '이 모음 역행동화'를 원칙적으로 인정하지 않습니다. 어원을 밝혀 적는 것이 한글맞춤법이나 표준어규정의 기본 정신이거든요.

이에 따라 '곰팽이'도 '곰팡이'를 표준어로 삼고 있습니다.

'곰팡이'의 '이'가 '팡'에 영향을 미쳐 '팽'으로 소리 나더라도 적을 때는 '팡'으로 적어야 한다는 거죠.

자, 그럼 여기서 퀴즈 하나.

"사내를 낮잡아 이르는 말"로 '어디 ○○○가 없기로 저런 녀석을 애인이라고 사귀니' '어떤 ○○○와 살림을 차렸어'라는 표현에서 ○○○에 들어갈 말은 '놈팡이'와 '놈팽이' 중 뭐가 바른 표기일까요? 맞습니다. 열에 아홉은 '놈팽이'라고 소리 내지만, 실제 바른말은 '놈팡이'입니다.

이 외에 바짓가랭이, 지팽이, 지푸래기, 건데기 등도 바짓가랑이, 지팡이, 지푸라기, 건더기로 써야 합니다. 봄의 전령사인 '아지랭이'도 '아지랑이'가 바른말이고요.

〈어휘 편〉에서 쭈꾸미(→ 주꾸미) 얘기를 하면서 언급한 '맨질맨질하다'처럼 어떤 낱말에 이(ㅣ) 모음이 있는데, 이 모음이 있는 앞 글자에도 이 모음이 있다면, '앞 글자의 이 모음이 없는 것이 표준어가 아닐까?' 하고 의심해 봐야 합니다. 즉 '맨질맨질하다'의 '질'에 이(ㅣ) 모음이 있고, '맨'이 '만+ㅣ(이)'이니까, '만질만질하다'가 바른말이 아닐까 하고 의심하면서 국어사전을 뒤져 보라는 거죠. 그러면 대개는 앞 글자에 이 모음이 없는 글꼴이 표준어임을 확인할 수 있을 겁니다. 진짜입니다.

'애기'도 없고,
'애비 · 에미'도 없다

　　　　　어린아이를 귀여워하며 부르는 '애기'라는
말 아시죠? "아이고, 이쁜 우리 애기"나 "우리 애기가 벌써 걸
음마를 하네"라고 하며 쓰는 '애기' 말입니다. 하지만 '애기'는
'아기'로 써야 합니다. 왜 그런지는 벌써 느낌이 팍 오시죠?

　　그렇습니다. '아기'를 '애기'로 소리 내는 것은 '기'의 이(ㅣ)
모음이 '아'에 영향을 미친 때문입니다. 우리말에는 이런 것들
이 무척 많습니다.

　　"애비는 어디 갔니?" "그 애비에 그 아들이다" 따위의 표현에
서 보이는 '애비'도 마찬가지입니다. "아버지" 또는 "남자를 두
루 일컫는 말"로 흔히 쓰는 '애비' 역시 '아비'가 바른말입니다.
'허수애비'와 '함진애비'도 '허수아비'와 '함진아비'로 써야 하고
요. 또 어머니를 낮춰 부르는 말 '에미'도 '어미'로 써야 합니다.

빨갱이는 되는데,
노랭이는 왜 안 돼?

　　　　　자, 한 형태소(뜻을 가진 가장 작은 말의 단

위)에서 뒷소리에 있는 '이(ㅣ) 모음'이 앞소리에 영향을 미쳐 앞소리가 뒷소리와 비슷하거나 같은 소리로 나는 현상을 뭐라 한다고 했죠? 맞습니다. '이 모음 역행동화'입니다. '호랑이'가 [호랭이]로, '구더기'가 [구데기]로, '실랑이'가 [실랭이]로 소리 나는 것이 다 '이 모음 역행동화' 때문입니다.

그런데 현행 한글맞춤법에서 '이 모음 역행동화'는 어떻게 한다고 했죠? 맞습니다. 원칙적으로 인정하지 않습니다. 다만 제가 방금 "이 모음 역행동화를 '원칙적으로' 인정하지 않는다"라고 했죠? 이 '원칙적으로'가 아주 중요합니다. 바로 예외가 있기 때문입니다.

'젊고 경험이 없는 사람'이나 '진중하지 못하고 툭하면 객기를 부리는 사람'을 일컬어 흔히 '풋나기'로 쓰는 말 있죠? "풋나기인 줄 알았더니 보통이 아니구나" "김 일병이 **이제서야**˚ 풋나기 티를 벗었군" 따위에서 쓰는 '풋나기' 말입니다.

🔖 **이제서야** ⊗ **이제야** ◉

"그때에 이르러"라는 의미의 말로 '그때서야'를 쓸 수 있습니다. '그때'에 '에서야'가 결합하면서 '에'가 줄어든 꼴로, 이 말은 표준어가 되지 못할 이유가 없습니다. 하지만 "말하고 있는 이때에 이르러"를 뜻하는 '이제야'는 그 자체로 한 단어입니다. "앞에서 이미 얘기한 바로 그때에 이르러"를 의미하는 '그제야'도 마찬가지고요. 국립국어원은 '이제서야'와 '그제서야'를 경남·전북 지역 사투리로 다루고 있답니다.

1부 말법을 알아야 우리말 달인이 될 수 있다

이 '풋나기'가 '이 모음 역행동화'를 인정받는 대표적 사례입니다. '풋나기'가 아니라 '풋내기'가 바른말이라는 얘기죠. 새내기, 서울내기, 여간내기, 신출내기 등에 두루 쓰이는 '-내기'는 원래 '나다'에서 온 말이니 '나기'로 쓰는 것이 합당합니다. 오래전부터 그렇게 써 오기도 했고요.

그런데 사람들이 하도 '-나기'를 '-내기'로 소리 내는 바람에 1988년 표준어규정을 정하면서 아예 '-나기' 꼴을 버리고 '-내기' 따위로만 쓰도록 했습니다.

이렇듯 '이 모음 역행동화'를 인정받는 말 중에는 '꼬챙이'도 있습니다. 이 말 역시 1988년 이전에는 '꼬창이'가 바른말이었지만, 이제는 '꼬챙이'로 써야 합니다. 또 "공산주의자를 속되게 이르는 말"인 '빨갱이'도 '이 모음 역행동화'를 인정받은 말입니다. 원래는 '빨강이'로 써야 하지만 너나없이 '빨갱이'로 쓰니까, 사람들의 편의를 위해 '빨갱이'를 표준어로 삼은 거죠.

그러나 앞에서도 얘기했듯이 '이 모음 역행동화'를 인정받는 말은 아주 적습니다. "속이 좁고 마음 씀씀이가 아주 인색한 사람을 낮잡아 이르는 말"로 누구나 쓰는 '노랭이' 역시 '이 모음 역행동화'를 인정받지 못하고 있습니다. 그런 의미로는 '노랑이'를 써야 합니다.

'노랑이'는 "노란색"을 뜻하는 '노랑'에 "(몇몇 명사, 어근, 의성·의태어 뒤에 붙어) '사람' 또는 '사물'의 뜻을 더하고 명사를 만드는 접미사"인 '-이'가 붙어 이루어진 말입니다. 그런데 여러분은 어떻게 생각하시나요?

"빨간빛을 띤 물건"은 '빨강이'이지만 "사람(공산주의자)"은 '빨갱이'로 구분해 쓰라고 하면서, '노랑이'로는 "노란 빛깔의 물건"과 "사람(인색한 이)"을 함께 의미하도록 한 〈표준국어대사전〉의 뜻풀이가 옳다고 보시나요? 저는 그렇게 생각하지 않습니다.

하지만 어쩌겠습니까. 한국어능력시험 등에 "속이 좁고 마음 씀씀이가 아주 인색한 사람을 낮잡아 이르는 말"이 나오면 '노랑이'에 동그라미표를 하고, '노랭이'에는 **엑스표**˚를 해야 합니다. 지금으로서는 말입니다.

🔖 **엑스표 ⓧ 가위표/가새표 ◉**

"틀린 것을 나타내는 '×'의 이름"은 가위표입니다. '×'의 모양이 옷감 등을 자를 때 쓰는 가위의 벌어진 모양과 닮아서 그런 말이 생겼죠. 이를 '가새표'라고도 합니다. '가위'를 일부 지역에서는 '가새'라고도 부르면서 가위표만큼 가새표도 널리 쓰여 복수 표준어가 됐습니다. 하지만 '가위'를 '가새'로 쓰는 것은 허용되지 않습니다.

이런 가위표·가새표의 의미로 '엑스표'를 쓰는 일도 흔합니다. '×'의 모양이 영자 알파벳 엑스(X)와 닮은 것에서 유추해 만들어 낸 말일 듯합니다. 하지만 우리 조상님들이 대대로 써 온 말을 영자 알파벳에서 빌려와 만드는 것은 너무 이상합니다. 당연히 표준어로 볼 수 없습니다.

가위표에 반대되는, 즉 "동그랗게 그려서 옳거나 맞음을 나타내는 '○'의 이름"은 '동그라미표'입니다. '공표' 또는 '영표'라고도 합니다. 이를 '엑스표'처럼 알파벳 오(O)를 빌려다 '오표'라고 하는 것도 바른 표기가 아닙니다.

하지만 제가 장담하건대 '노랭이'는 곧 "속이 좁고 마음 씀씀이가 아주 인색한 사람을 낮잡아 이르는 말"의 복수 표준어가 될 겁니다. 제가 처음 〈건방진 우리말 달인〉을 지은 후 짜장면·내음·연신·먹거리·걸판지다 등을 표준어로 삼아야 한다고 주장했고, 실제로 그런 말들 수십 가지가 복수 표준어로 인정됐습니다.

국립국어원은 앞으로도 언중의 말 씀씀이를 꾸준히 살필 터이고, 사람들 백이면 백 모두가 쓰는 '노랭이'를 복수 표준어로 삼을 것이 분명합니다. 실제로 "몸피가 작고 좀스러운 사람을 낮잡아 이르는 말" '좀팽이'도 과거에는 '좀팡이'를 표준어로 보았지만 지금은 '좀팽이'로 바뀌었답니다. 다만 '좀팽이'를 '쫌팽이'로 소리 내기도 하는데, '쫌팽이'는 바른말이 아닙니다. 또 '쫌스럽다'도 '좀스럽다'로 써야 한다는 것도 알아 두시기 바랍니다.

하지만 인색한 사람을 뜻하는 '노랑이'가 언제 '노랭이'로 바뀔지는 저도 모릅니다. 그러니까 지금 이 책을 읽고 있는 여러분은 가끔 국립국어원 누리집에 들어가 뒤져 볼 필요가 있습니다. 어느 순간 '노랭이'가 복수 표준어가 돼 있을지 모르니까요.

참, 지금도 '노랭이'가 아예 틀린 말은 아닙니다. "물잠자리의 애벌레"를 이르는 말로는 '노랭이'를 쓸 수 있습니다. 원래 우리말은 사람과 동물에 쓰는 말이 다릅니다. 사람의 '이'가 동물에게는 '이빨'이 되고, 사람의 '손'이 동물에게는 '앞발(앞다리)'이 되는 식이죠. 이때 동물에게 쓰는 말을 사람에게 쓰면, 그것은 속된 말이 되곤 합니다. 그리고 속된 말은 대개 문법보다는 소리에 영향을 받습니다. 그냥 소리 나는 대로 쓰는 거죠.

그래서 사람에게는 '함진아비'처럼 '아비'로만 쓰이는 말이 동물에게서는 '애비'가 되기도 합니다. 하천이나 저수지 등 수면의 흐름이 적은 곳에 서식하는 곤충으로, 앞다리로 물 위에서 덤벙거리는 모습이 마치 흥이 나서 노래 부르며 장구를 치는 것과 같은 놈 있죠? 그놈의 이름이 '장구애비'입니다.

머리끄뎅이는
잡는 게 아니다

언젠가 TV를 보는데, 어느 프로에서 출연자가 '머리끄뎅이'라는 말을 하더군요. 그런데 자막에는 '머리끄덩이'라고 적혀 있었습니다. 순간 빙긋 웃음이 났습니다. '이 방송사에는 그래도 우리말을 제대로 아는 사람이 있구나' 하는 생각에서 나온 반가움의 웃음이었죠.

맞습니다. 많은 사람이 '끄뎅이'라고 하는 말은 '끄덩이'가 바른말입니다. '끄덩이'의 '이'에 있는 이(ㅣ) 모음이 앞말에 영향을 미쳐 '덩'이 [뎅]으로 소리 나는 것인데, 우리말법에서는 이런 '이 모음 역행동화'를 인정하지 않는 게 원칙이라는 사실, 이제는 더 이상 설명할 필요 없겠죠?

여기서 '끄덩이'는 "머리털이나 실 따위의 뭉친 끝"을 뜻합니다. 그런데 그 방송 자막에도 **옥의 티***가 있었습니다. '머리 끄덩이'라고 띄어 쓴 겁니다. "머리카락을 한데 뭉친 끝"을 뜻하는 '머리끄덩이'는 그 자체가 한 말이므로 붙여 써야 합니다.

옥의 티 → 옥에 티

문법의 구성만 놓고 보면 '서울의 집'이나 '얼굴의 주근깨'처럼 명사 뒤에 조사 '의'가 붙는 것이 당연합니다. 하지만 "나무랄 데 없이 훌륭하거나 좋은 것에 있는 사소한 흠"을 뜻할 때는 '옥에 티'로 써야 합니다. 이때의 '옥에 티'는 "옥에도 티가 있다"는 속담을 줄여 쓴 것으로 보기 때문입니다.

개는 도토리를 먹지 않아 밥 속에 있어도 먹지 않고 남긴다는 뜻에서 '따돌림을 받아서 여럿의 축에 끼지 못하는 사람'을 비유적으로 이르는 말로 '개밥에 도토리'가 쓰이는 것과 같은 이치라고 보시면 됩니다. '개밥에 들어가 있는 도토리 같은 신세'를 줄여 쓴 것이 '개밥에 도토리'이겠죠.

한편 '옥의 티'를 쓸 때도 있습니다. 사소한 흠을 비유적으로 이르는 말이 아니라 진짜 좋은 옥 속에 있는 작은 흠을 일컬을 때는 '얼굴에 있는 점'을 '얼굴의 점'으로 쓸 수 있듯이 '옥의 티'라고 표현할 수 있습니다.

뒷쪽 마당엔

마굿간이 없다

현행 한글맞춤법에서 가장 **엉터리없는**˚ 것은 사이시옷(ㅅ)에 관한 내용일 듯싶습니다. 왜냐하면 규정을 알아도 제대로 쓰기가 너무 어렵기 때문이죠. 어느 정도인가 하면, 사전을 만드는 사람들끼리도 통일을 시키지 못할 지경입니다. 그러니 일반인이 사이시옷을 정확히 쓰기란 정말 힘듭니다. 지금부터 그 내용을 **살펴볼께요.**˚

현행 한글맞춤법 제30항은 ①앞말이 모음으로 끝나는 순우리말의 합성어 중 뒷말의 첫소리가 된소리로 나는 것 ②앞말이 모음으로 끝나는 순우리말의 합성어 중 뒷말의 첫소리 'ㄴ, ㅁ' 앞에서 'ㄴ'소리가 덧나는 것 ③앞말이 모음으로 끝나는 순우리말의 합성어 중 뒷말의 첫소리 앞에서 'ㄴㄴ'소리가 덧나는 것 ④앞말이 모음으로 끝나는 순우리말과 한자어(혹은 한자어와 순우리말)의 합성어 중 뒷말의 첫소리가 된소리로 나는 것 ⑤앞말이 모음으로 끝나는 순우리말과 한자어(혹은 한자어와 순우리말)의 합성어 중 뒷말의 첫소리 'ㄴ, ㅁ' 앞에서 'ㄴ'소리가 덧나는 것 ⑥앞말이 모음으로 끝나는 순우리말과 한자어(혹은 한자어와 순우리말)의 합성어 중 뒷말의 첫소리 앞에서 'ㄴㄴ'소리가 덧나는 것 ⑦두 음절로 된 한자

어 중 곳간庫間 셋방貰房 숫자數字 찻간車間 툇간退間 횟수回數
등 여섯 개 낱말에 사이시옷을 쓰도록 밝히고 있습니다.
　뭔 말인지 모르시겠죠? 쉽게 말하면 ▲두 말이 더해지면

엉터리없는

우리말 공부를 하다 보면 종종 난해한 문제들을 맞닥뜨리게 됩니다. 국어
사전들에 올라 있는, 상식에서 벗어난 말들도 그중 하나입니다. 일반적인 논
리라면 당연히 표준어일 것 같은 말이 비표준어인 경우도 있고, 완전히 대립
하는 구조의 말이 같은 의미를 나타내기도 합니다. 말은 수학 공식처럼 일정
하게 정해진 규칙에 의해 만들어지는 것이 아니기 때문이죠. 말은 어느 시대
를 살아가는 사람들이 그 시대의 문화를 담아 만들어 냅니다. 그런데 시대
가 달라지고 그 안에서 문화까지 달라지므로, 말은 시대보다 더 빨리 더 많
이 바뀌게 됩니다. 그러면서 간혹 비논리적인 형태를 띠게 됩니다.
'엉터리'도 그런 말 가운데 하나입니다. '엉터리'는 본래 "대강의 윤곽"을 뜻
하는 말입니다. "아니, 언제 일을 끝내려고 이제야 겨우 엉터리를 잡았다는
거요?"처럼 쓰이죠. 따라서 "정도나 내용이 전혀 이치에 맞지 않다"를 의미
하려면 '엉터리없다'가 돼야 합니다. 실제로도 모든 국어사전에 '엉터리없
다'가 그런 뜻으로 올라 있습니다. 하지만 여러분 모두 '엉터리없다'와 같은
의미로 '엉터리'를 쓰고 있고, '엉터리'는 "터무니없는 말이나 행동"을 뜻하
는 말로도 국어사전에 올라 있습니다.
'엉터리'와 '엉터리없다'가 같은 말이 되는 것은 분명 비논리적으로 보입니
다. 그러나 우리말에는 이런 것이 많습니다. '우연하다'와 '우연찮다(우연하
지 않다)'도 구조적으로 대립하는 말처럼 보이지만, 우리 생활에서는 같은
의미로 쓰입니다. 국어사전들의 뜻도 거기서 거기입니다.
이런 것이 언어입니다. 언어는 수학처럼 일정한 공식 안에서 움직이지 않
습니다. 한글맞춤법이나 표준어규정에 '예외 조항'이 많은 것도 이 때문입
니다. 따라서 진정한 우리말 고수가 되기 위해서는 한글맞춤법이나 표준어
규정과 함께 그 틀에서 벗어난 말을 많이 아는 것이 아주 중요합니다.

서 본래는 ㄱ, ㄷ, ㅂ, ㅅ, ㅈ이던 뒷말의 첫소리가 ㄲ, ㄸ, ㅃ, ㅆ, ㅉ으로 소리 나는 경우 ▲두 말이 더해지면서 원래는 없던 ㄴ이 튀어나오는 경우에 사이시옷을 쓴다는 얘기입니다. 다만 한자와 한자 사이에서는 ⓐ에서 말한 여섯 가지 외에는 절대로 사이시옷을 못 씁니다. 이제 무슨 말인지 좀 아시겠죠? 제가 이래서 우달이로 불리는 겁니다. 우리말 설명이 간단하면서도 명료하잖아요.

아무튼 고릿재[고리째] 귓밥[귀빱] 뱃길[배낄] 우렁잇속[우렁이쏙] 잇자국[이짜국] 잿더미[재떠미] 따위는 ①의 예이고, 멧나물[멘나물] 깻묵[깬묵]은 ②의 예, 도리깻열[도리깬녈] 나뭇잎[나문닙] 댓잎[댄닙]은 ③의 예, 귓병[귀뼝귀病] 전

1부 말법을 알아야 우리말 달인이 될 수 있다

셋집[전세찝傳貰집]은 ④의 예, 곗날[곈날契날] 툇마루[퇸마루退마루]는 ⑤의 예, 가욋일[가왼닐加外일] 훗일[훈닐後일]은 ⑥의 예입니다.

그런데 말입니다. 위의 규정과 보기들을 찬찬히 살펴보면, 사이시옷을 넣느냐 마느냐가 ⑦을 제외하고 모두 '발음'에 따라 결정됨을 알 수 있습니다. 그렇죠? 사람들이 헷갈리는 것이 바로 여기서 출발합니다. 사람들의 발음은 가족이나 이웃, 사는 지역 등에 따라 다르게 마련이니까요. 단적인 예로 어느 지역 사람은 이상하게도 쌍시옷(ㅆ) 소리를 잘 내지 못합니다. 경상도 분들요. 발음이 자신 없기는 여러분도 비슷하실 겁니다.

자, 다음의 네 낱말을 여러분이 한번 소리 내 보세요.

'머리기름' '머리기사' '머리그림' '머리글'!

이들 말 중에서 뒷소리의 ㄱ이 ㄲ으로 소리 나는 말에 사이시옷을 넣어야 하는데, 어느 말에 사이시옷이 들어갈 것 같은가요? 모르시겠죠? 사실 저도 처음에는 몰랐습니다. 자주 틀리고 나서 국어사전을 뒤진 뒤에 겨우 알았습니다. 정답은 [머리끄름] [머리-기사] [머리끄림] [머리-글]입니다. '머릿기름'과 '머릿그림'에만 사이시옷을 받쳐 적습니다. 이게 말이 됩니까? 대체 누구 맘대로 그러는 거냐고요.

여러분이 친구들에게 한번 소리 내 보라고 시켜 보세요. 네 가지 발음을 정확히 구분해 내는 사람이 있는지 말입니다. 아

내에 맞춤법에 틀린 길

맞춤법에 맞는 길

촛점, 댓가, 읫점, 싯가, 댓가
등굣길, 연두빛

조점, 대가, 이점, 시가, 대가
등굣길, 연둣빛

✚ **사이시옷**은 규정을 알아도 제대로 쓰기 어렵습니다. 국어사전과 친하게 지내면서 정
확한 말에 익숙해지는 것이 느린 듯 보여도 빨리 가는 길입니다.

1부   말법을 알아야 우리말 달인이 될 수 있다

마 거의 없을 겁니다.

　그런데 그보다 더 어려운 것들도 많습니다. '예사例事소리'
도 그중 하나입니다. [예사-소리]와 [예사쏘리] 중 뭐가 맞을
까요? 모르시겠죠? 그렇다고 부끄러워할 것까지는 없습니다.
이 말의 발음은 사전을 만드는 사람들도 제대로 구분하지 못
했거든요. 한때 〈동아 새국어사전〉은 [예사쏘리]가 옳은 발음
이라고 했고, 〈표준국어대사전〉은 [예사-소리]로 뒷말의 첫소
리가 된소리로 나지 않는다고 했습니다. 어느 사전이 옳든, 최
소한 최고의 어문학자도 정확한 발음의 잣대를 갖고 있지 않
다는 것만은 확실한 셈입니다.

　'농사일'도 마찬가지입니다. 〈표준국어대사전〉은 'ㄴㄴ' 소리
가 덧나올 까닭이 없다고 했지만, 〈동아 새국어사전〉은 [농산닐]
로 'ㄴㄴ' 소리가 덧나온다고 했습니다. 대체 사람들더러 어느
장단에 춤을 추라는 겁니까. 진짜 너무 헷갈립니다. 물론 지금은
다른 사전들이 〈표준국어대사전〉을 따르고 있기는 합니다.

　어디 그뿐인 줄 아세요? 어느 말을 합성어로 볼 것이냐는
문제는 더 헷갈립니다. 예를 들어 과거 〈표준국어대사전〉에는
'머릿속'과 '뼛속'은 있지만 '바닷속'은 없었습니다. 반면 〈동아
새국어사전〉에는 '바닷속'만 있고 '머릿속'과 '뼛속'이 없었습
니다. 결국 발음뿐 아니라 사이시옷 규정의 전제조건인 합성어
를 바라보는 시각도 학자마다 다르다는 얘기입니다.

이 대목에서 문득 궁금해지는 게 하나 있습니다. 우리 **엄니**˚
는 툭하면 제 '창자 속'까지 들어갔다 나오셨다고 하는데, 대체
'창자 속' '창자속' '창잣속' 중 어디를 들어갔다 나오셨을까요?

현재 국어사전만 놓고 따지면 '창자 속'입니다. 〈표준국어
대사전〉에도 '창자속'과 '창잣속'은 표제어로 올라 있지 않거
든요. 그러나 "상상이나 생각이 이루어지거나 지식 따위가 저
장된다고 믿는 머리 안의 추상적인 공간"을 이르는 말이 '머리
속'이 아니라 '머릿속'인 만큼 '속마음까지 안다'는 의미의 말
도 '창잣속'이 돼야 합니다. 어머니가 정말로 제 창자 안으로
들어오셨다는 얘기는 아니니까요.

하지만, 그러나, 정말로, 사이시옷 규정에서 더욱 문제가 되
는 것은 한자어에서의 문제입니다. 아까 얘기했죠? 한자말 중
에는 두 음절로 된 곳간, 셋방, 숫자, 찻간, 툇간, 횟수에서만 사
이시옷을 쓴다고 말입니다.

엄니

저는 반드시 표준어만 써야 한다고 생각하지 않습니다. 공문서처럼 규범
표기대로 써야 하는 글도 있지만, 대부분의 글은 글맛에 따라 사투리 등 비
표준어를 써도 된다고 봅니다. 그런 비표준어가 표준어가 되는 사례도 아
주 흔하고요. 사투리는 표준어의 자양분이지, 반드시 버려야 할 말은 아닙
니다. 그런 의미에서 '엄니'를 써 봤습니다. 저는 생전에도 그랬고 지금도 제
어머님을 얘기할 때 '우리 엄니'라는 말을 많이 씁니다. 정겹잖아요.

1부 말법을 알아야 우리말 달인이 될 수 있다

하지만 도대체 무엇을 근거로 이들 여섯 개 말에만 예외를 인정했는지 그 기준이 모호합니다. 특히 세월이 흐르면서 '뒷간'은 이제 거의 쓰지도 않는 말입니다. 뒷간은 건축용어로 "안둘렛간 밖에다 딴 기둥을 세워 만든 칸살"을 뜻합니다. 이런 말을 들어 본 적이라도 있으신가요?

이와 달리 "추신수 선수는 안타 갯수(→ 개수/箇數)가 얼마나 돼" 또는 "한국이 숫적(→ 수적/數的) 열세를 극복하고 2-1로 이겼다"에서 보듯이 '갯수'와 '숫적'은 무척 널리 쓰입니다. 그것을 '개수'나 '수적'으로 적어 놓으면 읽기도 어색해지죠. 그런데도 그렇게 쓰라고 국어사전들은 똥고집*을 부리고

🔖 똥고집 ◎

똥고집! 느낌이 어떤가요? 말맛이 비표준어 같지 않나요? 하지만 똥고집은 분명 표준어입니다. '옹고집'을 좀 속되게 이르는 말이죠. '속된 말'이란 정중한 자리에서 쓰기에 적합하지 않다는 것이지, 그 자체가 잘못된 말을 뜻하는 것은 아닙니다. 우리는 살아가면서 늘 정중한 자리만 가고, 정중한 사람과 정중한 얘기만 나눌 수는 없습니다. 싸우면서 거친 소리도 하고, 때에 따라서는 상스러운 말도 하며 살 수밖에 없습니다.
한편 우리말 고수가 되려면 우리가 흔히 '욕'이라고 하는 것에도 표준어가 있다는 정도는 알아야 하지 않을까 싶습니다. 그 많은 욕을 다 살펴볼 수는 없고 몇 가지만 알려 드리면, 우선 욕으로 하는 말을 글로 옮길 때 가장 흔히 틀리는 말은 '젠장할'이 아닐까 싶습니다. '젠장할'은 '젠장칠' '젠장맞을' '젠장' 등으로 써야 하는데요. 구체적인 내용을 여기에서 설명하기는 그렇고, 제 블로그에 올려놓을 테니 거기서 확인하시기 바랍니다. 여러분 생각도 그게 좋겠죠?

있습니다.

또 촛점, 잇점, 싯가, 댓가, 헛점 등도 사람들이 숱하게 쓰는 말입니다. 그런 것은 모두 초점, 이점, 시가, 대가, 허점 등으로 쓰라고 하면서 평생 쓸 일도 없는 '뒷간'은 편하게 사이시옷을 받쳐 적어도 좋다고 아량을 베푸는 이유를 정말 모르겠습니다.

'홧병'은 또 어떻고요. "김 노인이 앓아누운 것은 화병 **때문이였다**°"라는 문장이 있다고 가정하고, 이때 김 노인을 아프게 한 것이 '火病(=울화병)'인지 '花甁(=꽃병)'인지 알 수 있겠어요? 게다가 '홧병'의 '화'는 한자 '火'가 아니라 순우리말 '화'라는 견해도 있습니다.

결국 곳간, 셋방, 숫자, 찻간, 뒷간, 횟수에만 사이시옷을 적을 수 있도록 한 한글맞춤법 제30항은 아주 엄청 진짜 이상한 규정이라는 게 제 생각입니다. 하지만 어떻게 하겠습니까. 아무리 이상한 한글맞춤법이라도 지킬 것은 지켜야죠.

때문이였다 ⊗ 때문이었다 ◉

"이것은 책이다" "그는 양심적이다" 등처럼 다양하게 쓰이는 서술격 조사 '이다'를 활용할 때 '이' 뒤에는 '-여서'나 '-였-' 등의 어미는 절대 오지 못합니다. '때문이어서'와 '때문이었다'처럼 '어' 꼴이 와야 합니다. 다만 앞말에 받침이 없을 경우 '이'가 뒤의 '어'와 만나서 '여' 꼴을 만들기는 합니다. 즉 어간인 '이'가 살아 있으면 '여' 꼴이 못 오고, '이'가 없어져야 '여'가 가능해집니다. '나무이어서'와 '나무이었다'가 '나무여서'와 '나무였다'가 되는 식이죠.

1부 말법을 알아야 우리말 달인이 될 수 있다

아무튼 일반인이 사이시옷 규정과 관련해 가장 흔히 틀리는 사례는 거센소리(ㅊ, ㅋ, ㅌ, ㅍ)나 된소리(ㄲ, ㄸ, ㅃ, ㅆ, ㅉ) 앞에 사이시옷을 받치는 것입니다. 〈어휘 편〉에서도 '코털'을 '콧털'로 쓰면 안 된다고 했는데요. '코'와 '털'이 합성어가 되면서 [코떨]로 소리 나지는 않습니다. '뒷풀이(→ 뒤풀이)' 역시 '뒤'와 '풀이'가 합성어를 이루면서 [뒤뿔이]로 소리 나지 않고요. 그래서 사이시옷을 받쳐 적을 수가 없습니다. '뒤창문' '뒤통수' 따위도 마찬가지죠.

또한 '윗쪽(→ 위쪽)' '뒷땅(→ 뒤땅)' '뒷꿈치(→ 뒤꿈치)' 등은 '쪽' '땅' '꿈치'가 원래부터 된소리입니다. 두 말이 합성어를 이루면서 예사소리가 된소리로 바뀐 것이 아닙니다. 그러므로 두 말 사이에 시옷을 넣을 필요가 없습니다.

그다음으로 흔히 틀리는 것은 한자와 한자 사이에 사이시옷을 받쳐 적는 경우입니다. 촛점焦點 잇점利點 싯가時價 댓가對價 헛점虛點처럼 말입니다. 또다시 얘기하는데, 곳간·셋방·숫자·찻간·툇간·횟수를 제외하고는 한자 사이에서는 절대 사이시옷을 적을 수 없습니다. 그러니까 많은 사람이 흔히 '마굿간' '수랏간' '소줏잔' '제삿상'으로 쓰는 말 역시 '馬廏間' '水剌間' '燒酒盞' '祭祀床'이므로, '마구간' '수라간' '소주잔' '제사상'으로 써야 합니다. 사이시옷을 못 쓰는 거죠. 아울러 두 글자인 '셋방'과 '횟수'에는 사이시옷이 들어가지만 '전세방'과 '조회수'로 세 글자가 되면 사이시옷을 못 넣습니다.

또 '인사말'이나 '머리글' 등은 [인산말] [머리끌]로 소리 나는 것을 인정하지 않으므로, '인삿말' '머릿글' 등으로 써서는 안 됩니다. '머리말'도 마찬가지고요. 하지만 '노랫말'은 [노랜말]로 소리 나는 것으로 인정하고 있어 사이시옷을 받쳐 적어야 합니다. '등교길' '연두빛' '장마비' '장미빛' 등도 '등굣길' '연둣빛' '장맛비' '장밋빛'처럼 사이시옷을 집어넣어야 합니다.

엄청 헷갈리시죠? 저도 마찬가지입니다. 이 때문에 저는 조금이라도 의심이 가면 바로 국어사전을 살펴봅니다. 여러분도 지금으로서는 그게 최선입니다. 그렇게 자꾸자꾸 국어사전을 뒤지다 보면 자기만의 비법이 저절로 쌓이게 될 겁니다. 아셨죠?

윗옷을 벗으니
웃통이 드러났다

어때요? 우리말 문법 공부가 좀 어려우시죠? 하지만 조금만 참고 좀 더 깊숙이 공부하면 그것이 강점이 될 수 있습니다. 남들이 안 한 것을 내가 했을 때 **비로서*** 나만의 경쟁력이 생길 테니까요. 자, 다시 힘내서 우리말 공부를 해보자고요.

1부 말법을 알아야 우리말 달인이 될 수 있다

사실 우리말처럼 쉬우면서 어려운 말도 없는 것 같습니다. 늘 입에 올리고, 초등학교-중학교-고등학교를 거치며 그 많은 문법을 배웠음에도, 아직 제대로 말하고 쓰지 못하는 말들이 많으니 하는 소리입니다.

그중 하나가 '웃' '윗' '위'의 쓰임입니다. 아마 이들 말을 정확히 구분해 쓰는 사람은 거의 없을 듯합니다. 하지만 우리말법을 조금만 알면 아주 간단하게 구분할 수 있습니다. 물론 그것만 알면 절대 틀릴 일도 없고요.

표준어규정 제12항은 "'웃'과 '윗'은 '위'에 맞추어 '윗'으로 통일한다"라고 밝히고 있습니다. 그리고 여기에 덧붙여 '다만 1'에서는 "된소리나 거센소리 앞에서는 '위'로 한다"라고 했고, '다만 2'에서는 "아래와 위의 대립이 없는 단어는 '웃'으로 발음되는 형태를 표준어로 삼는다"라고 규정했습니다.

우리말에 깊은 관심이 없는 사람이 들으면, 얼른 이해가 안

비로서 ⓧ 비로소 ◉

정말 많이 쓰고 아주 단순한 말인데도 자주 틀리는 말이 있습니다. "어느 한 시점을 기준으로 그 전까지 이루어지지 아니했던 사건이나 사태가 이루어지거나 변화하기 시작함을 나타내는 말"인 '비로소'도 그중 하나입니다. '비로소'는 옛말 '비릇+오'가 변해 지금에 이르고 있는 말인데요. '오'를 기억해 두면 '비로소'를 '비로서'로 잘못 쓰는 일은 없을 겁니다. 이렇듯 어원을 공부하면 우리말을 익히는 데 많은 도움이 된답니다.

✚ '**윗옷**'은 아래옷(치마·바지)에 대립되는 상의를 나타낼 때, '**웃옷**'은 겉에 입는 옷을 뜻할 때 씁니다.

될지도 모릅니다. 그러나 아래 세 가지 사항만 기억하면 이들 규정을 아주 쉽게 이해할 수 있습니다.

①'웃'으로 발음되는 말이라도 그 말이 윗(웃)도리 – 아랫도리, 윗(웃)니 – 아랫니, 윗(웃)목 – 아랫목 등처럼 위와 아래가 대립되는 말은 '윗'으로만 적고 ②발음이 워낙 '웃'으로 굳어진 말 가운데 위와 아래 대립이 없는 말, 예를 들어 '웃어른'(아랫어른은 없음)과 '웃돈' 등은 '웃'으로 적으며 ③된소리(ㄲ, ㄸ, ㅃ, ㅆ, ㅉ)와 거센소리(ㅊ, ㅋ, ㅌ, ㅍ) 앞에서는 '위'로 적는다는 겁니다.

이때 ③의 내용은 '뒷쪽(×) → 뒤쪽(○)' '뒷칸 → 뒤칸'처럼 "거센소리와 된소리 앞에서는 '사이시옷'을 쓰지 않는다"는 한글맞춤법 규정에 따른 겁니다.

어때요? 무슨 말인지 아시겠죠? 아직 조금 어렵다고요?

그럼 좀 더 쉽게 설명하면, '웃'이 붙는 것처럼 생각되는 말 가운데 정작 '웃'이 붙는 것은 거의 없습니다. 99%는 '윗'이 붙습니다. '웃'이 붙는 말은 '웃거름' '웃국' '웃돈' '웃더껑이' '웃비' '웃어른' 정도입니다. 동사로는 '웃돌다'와 '웃자라다'가 있습니다. 이들 말 외에는 '윗'으로 쓰면 99.99% 정답입니다.

그런데 말입니다. '예외 없는 규정은 없다'는 말처럼 앞에서 설명한 내용에도 예외가 있습니다. 우선 "두 어깨 부분"을 뜻하는 '웃통'은 위의 설명대로라면 '우통'이나 '위통'으로 써야 할 것처럼 보입니다. 'ㅌ' 앞에는 사이시옷을 쓸 수 없다고 했으니까요. 그러나 '웃'은 '우'에 사이시옷이 붙은 게 아닙니다. '웃'이 하나의 말로, '위'를 뜻하는 접두사입니다. 그런 '웃'에 밥통·술통·몸통 등의 '통'이 붙은 것이니, '웃통'은 그냥 '웃통'입니다.

또 '웃옷'과 '윗옷'은 둘 다 맞는 표기이지만 의미가 다릅니다. 어느 말이 틀린 것이 아니라, 의미에 따라 구분해 써야 하는 말인 거죠. '윗옷'은 아래옷(치마·바지)에 대립되는 상의上衣를 나타낼 때, '웃옷'은 위에나 거죽에 입는 겉옷을 뜻할 때 쓴다고 생각하면 됩니다. 와이셔츠는 '윗옷'이고, 바바리코트는 '웃옷'입니다.

자, 지금까지 한 얘기를 정리하면 ▲'윗'과 '웃'이 헷갈리는 말 가운데 대부분은 '윗'으로 ▲우리가 일상에서 자주 쓰는, '웃'이 붙는 말은 웃돈·웃어른·웃거름·웃통 등 몇 개에 불과하며 ▲된소리나 거센소리 앞에서는 '위'(위치마, 위팔, 위턱, 위쪽)로 적는다는 겁니다. 아시겠죠?

수캐와
수고양이의 싸움

'수'와 '숫'을 제대로 구분해 쓰는 사람도

그다지 많지 않은 것 같습니다. 표준어규정 제7항은 "수컷을 이르는 접두사는 '수'로 통일한다"라고 규정하고, '숫꿩(×) → 수꿩(○)' '숫놈 → 수놈' '숫소 → 수소' 등으로 쓰도록 밝히고 있습니다.

하지만 이는 언중의 언어 현실을 너무 무시한 규정이라고 저는 생각합니다. 수소가스의 수소와 암소와 대립하는 수소가 어떻게 같은 글 꼴을 할 수가 있냐고요. 안 그래요? 숫놈을 수놈으로 쓰는 것도 너무 어색합니다. 대다수의 사람은 '숫놈'으로 씁니다.

게다가 이 조항 '다만 2'에서는 "다음 단어의 접두사는 '숫'으로 한다"며 '숫쥐' '숫양' '숫염소'를 표준어로 삼고 있습니다. 대체 이게 뭡니까? 왜 쥐와 양, 염소에게만 특혜(?)를 준 거냐고요.

물론 나름대로 이유가 있기는 합니다. '숫쥐'는 [수찌]로, '숫양'은 [순냥]으로, '숫염소'는 [순념소]로 소리 납니다. 이는 사이시옷을 받쳐 적는 이유가 됩니다. 합성어에서 예사소리이던 뒷소리가 된소리로 나거나 'ㄴ' 음이 덧나는 것 말입니다.

하지만 제 주변에는 '수놈'을 [수놈]으로 소리 내는 사람보다 [순놈]으로 발음하는 사람이 더 많습니다. '수소'는 대부분 [수쏘]로 소리 내고요. 그러면 이 말들도 당연히 '숫놈'이나 '숫소'로 써야 합니다. 그런데 표준어규정은 아니라고 합니다.

또 '숫잉어'나 '숫용'은 이렇게 써야 할지, 아니면 '수잉어'나 '수용'으로 써야 하는지 설명이 없습니다. 사전에도 표제어가 올라 있지 않고 말입니다.

아무튼 현재로서는 ▲양·염소·쥐 앞에서는 '숫'을 쓰고 ▲그 밖의 모든 것 앞에는 '수'로 쓰면 됩니다.

아 참, 이 표준어규정의 '다만 1'에서는 "다음 단어에서는 접두사 '수' 다음에서 나는 거센소리를 인정한다. 접두사 '암'이 결합하는 경우에도 이에 준한다"라고 하면서 아홉 가지의 거센소리를 인정했습니다.

'숫강아지(×) → 수캉아지(○)' '숫개 → 수캐' '숫것 → 수 컷' '숫기와 → 수키와' '숫닭 → 수탉' '숫당나귀 → 수탕나귀' '숫돼지 → 수퇘지' '숫돌쩌귀 → 수톨쩌귀' '숫병아리 → 수평 아리' 등이 바로 그것입니다.

하지만 이것도 문제가 많습니다. 왜 이들만 거센소리를 인정하는 거냐고요. 누구 맘대로요. 들리는 말로는 1988년 표준 어규정을 정할 때 의견이 엇갈리는 말은 위원들의 거수로 결정했다고 합니다. 언중이 어떻게 쓰든 말든, 위원들이 자기 귀에 익은 말에만 손을 번쩍 들어 표준어로 인정해 준 거죠. 그런 탓에 언중은 죄다 '수펄' '수코양이' '수캐미' '수커미'로 쓰는 말을 '수벌' '수고양이' '수개미' '수거미'로 써야 합니다.

여러분도 그러시겠지만, 저도 '수펄'을 '수벌'로 써야 하는 현실에 짜증이 납니다. 하지만 달리 생각하면, 이를 잘 기억해 두면 남들은 다 틀리는 말을 여러분은 제대로 쓸 수 있게 되는 것입니다. 우리말 고수에 한 발짝 더 다가서는 거죠. 그러니 짜증을 내지 **마시고 즐기세요.*** 짜증 나는 일이 더러는 복을 불러오기도 한답니다.

📑 마시고 즐기세요

바른 우리말 사용과 관련해 바르지 않은 주장 중 하나가 "존대어를 반복적으로 사용해 과한 존대어를 만드는 것은 우리말답지 않다"라고 하는 얘기입니다. 하지만 우리말법에 존대를 나타내는 어미 '-시-'를 어느 위치에 써야 한다고 정해진 것은 없습니다. 정해진 것이 없으므로 '많이 쓴다고 우리말답지 않다'고 할 수는 없습니다.

게다가 윗사람과 대화를 할 때는 존대어를 덜 쓰기보다 좀 과하다 싶을 정도로 많이 쓰는 것이 마음 편합니다. 예를 들어 '할아버지가 자리에 앉아 밥을 먹고 계신다'보다 '할아버지께서 자리에 앉으셔 진지를 잡수시고 계신다'로 쓰는 것이 더 자연스럽습니다. 더욱이 '밥을 먹고 계신다'는 '진지를 잡수시고 계신다'로 쓰는 것이 우리말 예절에도 맞습니다.

하지만 '할아버지가 웃으시고 계신다'를 '할아버지가 웃고 계신다'로 쓰는 것도 전혀 어색하지 않습니다. 이런 것이 우리말입니다. 말과 글을 사용하는 상황에 따라 자연스럽기도 하고 어색해지기도 합니다. 이 때문에 국립국어원도 '온라인 가나다' 답변에서 "어미 '-시-'를 어느 위치에 써야 한다고 정해진 것은 없다"라면서 "하나의 서술어를 이루는 동사나 형용사가 연속해서 놓일 경우 마지막의 표현에만 '-시-'를 붙여 쓰는 것이 자연스러울 때가 많다"라고만 밝히고 있습니다. 결국 존대를 나타내는 '-시-'를 연이어 쓸지 말지는 글쓴이가 선택할 문제라고 할 수 있습니다.

깨끗이 쓰고
꼼꼼히 닦자

'쓸쓸히' '깊숙히' '깨끗히' '꼼꼼히' '곰곰히' '일일히' '낱낱히' 중에서 어느 것이 바른말일까요? 잘 모르시겠죠?

사실 부사를 만드는 말 '이'와 '히'를 제대로 구분해 쓰기란 여간 어려운 일이 아닙니다. 아니, 거의 불가능할지도 모릅니다. 그러다 보니 국어사전마다 표준어가 달리 오른 것도 있습니다. 그렇다고 구분하는 방법이 아예 없는 것은 아닙니다. 한네 가지 정도만 알면 '이'와 '히'를 99%는 정확히 구분해 쓸 수 있습니다.

우선 '이'나 '히' 자리에 '-하다'를 넣어 말이 되면 '히'로 쓴다는 점은 많은 분이 알고 있을 듯합니다. 대개는 그것만으로 족합니다. '쓸쓸히' '급급히' '당당히' '꼼꼼히' 따위가 그런 것들이죠.

그러나 '-하다'가 붙어 말이 되더라도 앞말의 받침이 'ㅅ'이면 '히'로 쓰면 안 됩니다. 이때는 무조건 '이'를 붙여야 합니다. '깨끗하다'가 말이 되지만, 앞에 'ㅅ' 받침이 있으니까 '깨끗이'로 써야 한다는 **말씀***! 그러면 '나붓이'와 '나붓히', '오롯이'와 '오롯히' 중에는 어느 말이 바른말일까요? 그렇습니다. '나붓이'와 '오롯이'입니다.

　　　　1부　말법을 알아야 우리말 달인이 될 수 있다

또 앞말의 받침이 'ㄱ'일 때는 '이'를 쓸 때도 있고, '히'를 써야 할 때도 있는데, '이'로 써야 할 때가 더 많습니다. '깊숙이' '빽빽이' '수북이' '촉촉이' 따위는 '이'가 붙지만, '눅눅히' '솔직히' 따위는 '히'가 붙습니다. 따라서 '이'인지 '히'인지 헷갈리는데, 앞의 말에 'ㄱ' 받침이 있다면, 국어사전을 뒤져 어느 정도 자신의 것으로 만들어야 합니다. 몇 번 국어사전을 살펴보다 보면 '아하~!' 하며 무릎을 탁 치게 될 겁니다.

이 외에 'ㅂ불규칙 용언'이 변한 꼴도 무조건 '이'입니다. 'ㅂ불규칙 용언'이란 '즐겁다'나 '곱다'처럼 어간에 'ㅂ' 받침이 있는 말을 **가르킵니다.**˙ 그러니까 '즐거히 놀았다'의 '즐거히'는 '즐거이'가, '고히 보내드리오리다'의 '고히'는 '고이'가 바른말입니다.

원래 '이'와 '히'를 구분하는 데 있어 표준어규정은 "첩어와 준첩어 뒤에는 '이'가 붙는다" 따위로 설명하고 있는데, 그

말씀

제가 저 앞에서 '우리말은 수학이 아니다'라고 얘기한 거 기억나시죠. 비논리적인 면이 많거든요. '말씀'도 그런 말 가운데 하나입니다. '말씀'은 분명 "남의 말을 높여 이르는 말"입니다. "선생님의 말씀대로 하겠습니다" "아버님 말씀이 옳으세요" 등처럼 쓰입니다. 하지만 '말씀'은 "자기의 말을 낮춰 이르는 말"이기도 합니다. 보통 "한 말씀 올리겠습니다" "말씀 드릴게요" 따위처럼 쓰이죠. 즉 자신의 얘기에 '말씀'을 써도 우리말 예법에 어긋나지 않습니다.

런 것은 몰라도 됩니다. '일일이' '낱낱이' 등처럼 홀로도 뜻이 있는 말이 겹쳐 있는 것을 첩어라고 하는데, 그런 첩어 뒤에는 애초에 '히'가 붙으면 어색해집니다. 일일하다? 낱낱하다? 어색하죠? 따라서 복잡하게 생각할 것 없이 '-하다'를 붙여 말이 안 되면 '이'로 쓰라고 한 겁니다.

다만 두 가지 조심해야 할 것이 있습니다.

우선 '급급이'와 '급급히'나 '면면이'와 '면면히' 따위처럼 모두가 바른 표기가 되는 경우입니다.

'급級'이나 '면面'은 홀로도 뜻이 있는 말입니다. 1급, 2급, 3급의 '급'이나 "테니스 코트 2개 면에서 경기를 치렀다"의 '면'이 홀로도 의미를 갖고 있잖아요. 그렇다면 얼핏 '급급하다'와 '면면하다'의 부사형이 '급급이'와 '면면이'가 돼야 할 것처럼 생각될 수도 있습니다.

하지만 "한 가지 일에만 정신을 쏟아 다른 일을 할 마음의

가르킵니다 ⓧ 가리킵니다 ◉

〈어휘 편〉에서 살펴보았듯이 우리말에는 소리가 비슷해 사람들을 헷갈리게 하는 말들이 많습니다. '가리키다'와 '가르치다'도 그중 하나입니다. 특히 이 말들은 '리'와 '르'를 잘못 쓰는 일도 많으니 꼭 기억해 두시기 바랍니다. "손가락 따위로 어떤 방향이나 대상을 집어서 보이거나 말하거나 알리다"를 뜻하는 말은 '가리키다'이고, "지식이나 기능, 이치 따위를 깨닫게 하거나 익히게 하다"를 의미하는 말은 '가르치다'입니다.

1부 말법을 알아야 우리말 달인이 될 수 있다

여유가 없다'라는 뜻의 '급급하다汲汲하다'는 1급이나 2급 할 때의 급과는 한자도 다르고, 홀로는 뜻이 없습니다. 따라서 "한 가지 일에만 정신을 쏟아 다른 일을 할 마음의 여유가 없다"라는 의미로 쓴 '급급하다'의 부사형은 '급급히'가 맞습니다. 그러나 "계급이나 등급 따위를 이르는 말이나 주산·태권도·바둑 따위의 등급"의 뜻으로 사용된 말의 부사형은 '급급이'입니다. "5급에서 1급까지 급급이 올라갈 때마다 시험을 봤어"처럼 쓰이는 거죠.

'면면히'와 '면면이'도 마찬가지입니다. "끊어지지 않고 죽 잇따라 있다"라는 의미로 쓰인 "신라에서 고려로, 다시 조선으로 우리 민족은 면면히 이어져 왔습니다"의 '면면히'와 "저마다 따로따로, 또는 여러 면에 있어서"라는 뜻으로 사용된 "그는 모인 사람 모두에게 면면이 찾아다니며 인사를 했다"의 '면면이'는 완전히 다른 말인 거죠.

이 외에도 '절절이'와 '절절히', '동동이'와 '동동히' 등처럼 '-이'와 '-히'가 모두 바른 표기가 되는 것이 꽤 있습니다. 이래서 우리말이 좀 어렵습니다.

또 하나 조심해야 할 것은 '곰곰이'입니다. '곰'은 스스로 뜻이 없습니다. 그 때문에 '곰곰히'로 써야 할 것처럼 생각되기도 합니다. 그런데 말입니다. 표준어규정에 "부사에 '이'나 '히'가 붙어서 또 부사가 되는 경우에는 '이'를 붙인다"는 규정이 있습니다. '더욱이' '오뚝이' '일찍이' 등이 그러한 예들입니다. 더욱·오뚝·일찍 등이 모두 부사이고, '곰곰'도 역시 부사입니다. 그래서 '곰곰이'로 적습니다.

여기서 또 하나 배우고 가자고요. 더우기, 오뚜기·오똑이·오똑하다, 일찌기 따위로 쓰는 사람도 많은데요. 이들 말은 죄다 바른말이 아닙니다. 더욱이, 오뚝이·오뚝하다, 일찍이 등이 바른 표기입니다.

돈에 급급하는
사람은 되지 말자

지금부터 하는 얘기, 귀 쫑긋 세우고 들어 보세요. 아주 중요한 얘기거든요. 그리고 이런 내용은 어디 가서 돈 주고도 배울 수 없을 겁니다. 이런 거 알려 주는 책이 별로 없거든요. 한마디로 말해서 금쪽같은 내용입니다.

"덮어두기에 급급하는 검찰을 바라보는 시민들의 눈길이…" "자기합리화에만 급급한다는 인상을 심어 줄 수 있어…" 등의 말은 실생활에서 자주 접하는 표현입니다.

그런데 이들 문장 속의 '급급하는'이나 '급급한다는'은 우리 말법에 어긋난 말입니다. 사람들이 다 그렇게 쓰는데 왜 그러냐고요? 그것은 '급급하다'가 형용사이기 때문입니다. 형용사는 어간에 '-ㄴ(는)다고' '-ㄴ(는)다는' '-ㄴ(는)다며' 등의 활용어미가 붙을 수 없거든요. 이는 우리말법의 기본 중 기본입니다.

예를 하나 들어 볼게요. 형용사 '기쁘다'를 활용해 '기쁘는'이라고 쓸 수 있나요? 없죠? 또 '기쁜다는'요? 이렇게도 안 씁니다. 다른 형용사 '슬프다'도 마찬가지입니다. '슬프는'이나 '슬픈다는'은 말이 안 됩니다.

이렇게 되는 까닭은 '-ㄴ(는)다고' '-ㄴ(는)다는' '-ㄴ(는)다며' 등은 동사에만 붙는 어미이기 때문입니다. 동사 '가다'에 이들을 붙여 볼게요. '간다고' '간다는' '간다며'…. 어때요? 자연스럽죠?

아! 괄호 속의 '는'은 뭐냐고요? 어간에 받침이 없을 때는 '-ㄴ다고' 꼴이고, 받침이 있을 때는 '-는다고' 꼴이라는 얘기입니다. 동사 '먹다'가 활용하면 '먹는다고' '먹는다는' '먹는다며' 따위가 된다는 얘기죠.

그렇다면 형용사에는 어떤 어미가 붙을까요? 우선 관형형의 경우 받침이 없을 때는 그냥 'ㄴ'만, 받침이 있을 때는 '은'이 붙습니다. '슬프다'가 '슬픈'이 되고, '높다'가 '높은'이 되는 거죠. 그리고 동사에 붙는 '-ㄴ(는)다고' '-ㄴ(는)다는' '-ㄴ(는)다며' 따위는 형용사에선 그냥 '다고' '다는' '다며' 꼴로 붙습니다. '높다고' '높다는' '높다며' 등처럼 말입니다.

자, 여기서 우리는 한 가지 '위대한 발견'을 할 수 있습니다. 바로 동사와 형용사를 완벽하게 구분하는 법입니다. 이는 아주 중요한 문제입니다. 어떤 말이 동사냐 형용사냐에 따라 어미 활용이 엄청 달라지거든요. 특히 보조용언 '않다'는 앞의 말이 형용사이면 자신도 형용사로 활용하고, 앞의 말이 동사면 동사로 활용합니다. 그래서 '그게 옳지 않느냐?'가 아니라 '그게 옳지 않으냐?'로 적어야 하고, '왜 늙지 않은가'가 아니라 '왜 늙지 않는가'로 적어야 하죠.

각설하고, 동사와 형용사를 구분하는 방법은 무척 간단합니다. 지금까지 **누차례**˙ 얘기했듯이 어떤 말 어간에 'ㄴ(는)다' 꼴을 붙여 자연스러우면 동사이고, 어색하면 형용사입니다.

'젊다'를 보자고요. '젊는다고' '젊는다는' '젊는다며'···. 어때요? 어색하죠? 또 '젊는'은요? 말도 안 되죠? 그러니까 '젊다'는 형용사입니다. 이와 달리 '늙다'는 '늙는다고' '늙는다는' '늙는다며' 등이 자연스럽습니다. 따라서 '늙다'는 동사입니다.

▶ 누차례 ⊗ 누차/수차례 ◉

"누차례 강조해 왔던 일이다"처럼 "여러 차례"를 뜻하는 말로 '누차례'가 많이 쓰입니다. 하지만 '누차례'는 어느 국어사전에도 올라 있지 않은 말입니다. 표준어가 아니라는 소리죠. "여러 차례"를 나타내려면 '누차례'가 아니라 '누차'로 써야 합니다. '수차례'로 써도 되고요.

1부 말법을 알아야 우리말 달인이 될 수 있다

자, 그럼 다시 앞으로 가서 '급급하는'과 '급급한다는'은 어떻게 써야 바른말이 될까요? 그렇죠. '급급한'이나 '급급하다는'으로 쓰면 됩니다. 또 형용사를 동사로 바꾼 뒤 활용해도 되고요. 그러려면 형용사 어간에 '-어(아)하다'를 덧붙이면 됩니다. '좋다'는 형용사이지만 '좋아하다'는 동사가 됩니다. '슬프다' 역시 형용사이지만, '슬퍼하다'는 동사가 되고요.

그러니까 '급급하다'를 '급급해하다'로 만든 뒤 그 어간에 'ㄴ다' 꼴을 붙여 '급급해한다는'이나 '급급해하는'으로 써도 됩니다.

걸맞은 자리에 🖊
알맞은 사람이 되자

'네게 알맞는 일을 찾아라' 또는 '이름에 걸맞는 행동을 해라' 같은 말들 많이 들으시죠? 쓸 때도 그렇게 쓰시고요. 하지만 이들 문장 속의 '알맞는'과 '걸맞는'은 틀린 말입니다. 왜냐하면 '알맞다'와 '걸맞다'는 형용사이거든요. 그리고 제가 앞에서 형용사의 관형형 어미는 '-ㄴ(는)'이 아니라 '-ㄴ(은)'이라고 했죠? 그러니까 '알맞는'이나 '걸맞는' 대신 '알맞은'과 '걸맞은'으로 써야 합니다.

그런데 이즈음에서 고개가 갸우뚱거려질 겁니다. '알맞는다'와 '걸맞는다'가 꽤 자연스럽게 읽히거든요. 그러면 동사라고 했잖습니까. 그러나 '알맞는다'와 '걸맞는다'가 자연스러운 것은 동사 '맞다'의 영향 때문이지, '알맞다'와 '걸맞다'가 동사라서 그런 것이 아닙니다.

우리말에는 동사가 어떤 말과 결합해서 형용사로 바뀌는 것이 몇 개 있습니다. '기막히다'와 '힘들다'가 대표적인 예라고 할 수 있습니다. '막히다'는 동사이지만, '기막히다'는 형용사가 되는 식이죠. '들다'도 동사이지만, '힘들다'는 형용사입니다.

그 때문에 "어머니는 참 기가 막힌다고 말했다"를 "어머니는 참 기가 막히다고 말했다"라고 쓰면 안 됩니다. 거꾸로 "어머니는 기막히다며 하늘만 쳐다보았다"를 "어머니는 기막힌다며 하늘만 쳐다보았다"로 써서도 안 되고 말입니다. '기막히는'도 '기막힌'으로 써야 합니다.

'힘들다'도 마찬가지입니다. '너무 힘이 든다'나 '너무 힘들다' 꼴로 써야지, '너무 힘이 들다'나 '너무 힘든다'로 써서는 안 됩니다.

아 참! 이것도 알아 두시기 바랍니다. '없다'는 형용사입니다. 하지만 활용할 때는 언제나 동사적으로 말 꼴을 바꿉니다. '없은'이 아니라 '없는'이라는 얘기입니다.

"민용아, 드라마 ‘카지노’ 정말 재미있지?"
"맞어 맞어, 정말 재미있어."

　주변에서 이렇게 얘기하는 것을 자주 듣습니다. 하지만 이
때 ‘맞어’는 바른말이 아닙니다. 그럼에도 TV 방송 자막에 ‘맞
어’라는 표기가 심심찮게 비칩니다.

　한글맞춤법 제16항은 "어간의 끝음절 모음이 ‘ㅏ, ㅗ’일 때
에는 어미를 ‘-아’로 적고, 그 밖의 모음일 때에는 ‘-어’로 적는
다"라고 규정하고 있습니다. 이를 달리 얘기하면 "어간의 끝음
절 모음이 ‘ㅏ’나 ‘ㅗ’가 아닐 때에는 어미 ‘아’가 붙지 못한다"
라는 소리가 됩니다. 이는 모음조화의 규칙성으로, 어미의 모음
이 어간의 모음에 의해서 자동적으로 제약받는 현상입니다.

　사실 현실적으로는 모음조화가 일부 무너져 버렸습니다.
‘깡총깡총’이 ‘깡충깡충’으로, ‘오똑하다’가 ‘오뚝하다’로 표준
어가 바뀐 것처럼요. 하지만 그것은 어디까지나 일부에서 예외
적으로 인정되는 것이지, 우리말법의 큰 뿌리인 모음조화의 규
칙성이 완전히 변한 것은 아닙니다.

　따라서 ‘잡다’의 활용형 ‘잡아’를 [자버]로, ‘얇다’의 활용형
‘얇아’를 [얄버]로, ‘말다’의 활용형 ‘말아’를 [마러]로 발음해서

도 안 되고, '잡어' '얇어' '말어' 따위로 써서도 안 됩니다. '맞다' 역시 [마저]로 소리 내는 사람이 많지만, [마자]로 발음하고 '맞아'로 써야 합니다.

'뺏다'와 '뱉다'도 틀리기 쉬운 말입니다. 한글맞춤법 제16항의 규정에 따르면 '뺏다'나 '뱉다'는 그 어간의 끝음절 모음이 'ㅐ(뺏/뱉)'이므로 어미 '아'를 쓰지 못합니다. 즉 '침을 뱉았다'거나 '돈을 뺏았다' 따위로 써서는 안 됩니다. '아'를 쓰지 못하니 쓸 것은 '어'밖에 없겠죠? 따라서 '침을 뱉었다'거나 '돈을 뺏었다'로 써야 합니다.

그런데 '뺏다'를 '뺏었다'로 활용한다고 해서 '뺏다'의 본딧말 '빼앗다'도 '빼앗었다'로 써서는 안 됩니다. '뺏다'의 끝음절 모음은 'ㅐ'이지만 '빼앗다'의 끝음절 모음은 'ㅏ(앗)'이기 때문이죠. '빼앗았다'가 바른 표기입니다.

한편 이 규정과 관련해 주의해야 할 것이 하나 있습니다. '본뜨다' 따위의 말입니다. "모범으로 삼아 그대로 좇아 하다" 또는 "이미 있는 대상을 본으로 삼아 그대로 좇아 만들다"라는 뜻의 타동사 '본뜨다'의 경우 위의 규정에 따르면 '본따'로 활용할 것처럼 보입니다. 하지만 이때의 '본本'은 용언과 결합한 명사이고, 어미가 활용하는 용언은 '뜨다'입니다. 그러니까 '본'과는 관계없이 '뜨다'만을 활용해 '본떠'로 써야 합니다.

1부 말법을 알아야 우리말 달인이 될 수 있다

부끄러운

'자랑스런'

앞의 설명과 연계된 얘기입니다. 아울러 〈어휘 편〉에서 언급한 적 있는 'ㅂ불규칙 용언'에 대한 얘기이기도 합니다. 무척 중요하고, 자주 틀리는 문법이니까 지금부터 하는 얘기에 귀 기울여 주세요.

앞에서 말한 한글맞춤법 제16항에 따르면 '안타깝다 → 안타까와' '고맙다 → 고마와' '새롭다 → 새로와'처럼 활용해야 할 것처럼 보입니다. 그러나 실제는 그렇지 않습니다. 그것은 'ㅂ불규칙 용언' 중에서는 '돕다'와 '곱다'만 '도와' '고와'로 적고, 그 밖의 모든 'ㅂ불규칙 용언'은 '-워'로 활용해야 한다는 또 다른 규정이 있기 때문입니다. 따라서 '안타까와서' '고마왔고' '새로와지면' 따위는 '안타까워서' '고마웠고' '새로워지면'으로 써야 합니다. 이거 틀리는 사람이 무척 많으니까, 꼭 기억해 뒀다가 남들에게도 꼭 알려 주세요.

그런데 'ㅂ불규칙 용언'과 관련해 더 많이 틀리는 사례는 '-스럽다'를 활용하면서 '-스런'처럼 쓰는 겁니다. 오죽했으면 나라가 정한 '국기에 대한 맹세'에도 한때 '나는 자랑스런 태극기 앞에…'라고 잘못 적혀 있었겠습니까.

'ㅂ불규칙 용언'의 경우 활용되는 과정에서 'ㅂ'이 사라지면 그 자리에 반드시 모음 'ㅜ'('곱다'와 '돕다'가 '고와'와 '도와' 꼴로 활용하는 경우는 예외)가 생기는 특성이 있습니다. 그리고 그 모음 'ㅜ'는 아주 특수한 상황이 아니면 줄거나 탈락하는 일이 없습니다. 따라서 '-스럽다'도 '-스러운'으로만 활용하지, '-스런'으로는 활용하지 않습니다.

'자랑스러우니'를 '자랑스러니'로, '자랑스러워서'를 '자랑스러서'로, '자랑스러우면'을 '자랑스러면'으로 쓸 수 없듯이 '자랑스러운'도 '자랑스런'으로 쓸 수 없다는 얘기입니다.

'-스럽다'뿐만 아니라 '부끄럽다'를 '부끄런', '싱그럽다'를 '싱그런' 따위로 활용하는 예도 흔한데, 이들 역시 '부끄러운'과 '싱그러운' 등으로 모음 'ㅜ'를 반드시 살려야 합니다. '곱다'와 '돕다'도 '고우니'나 '도우면'처럼 ㅂ이 사라지면 모음 'ㅜ'가 생겨납니다.

다만 앞에서 얘기했듯이 아주 특수한 상황이 있는데요. '군밤' '군고구마' '어지럼증' '미끄럼틀'처럼 하나의 명사로 굳은 말들이 그것입니다. 그리고 그 특수한 상황의 기준은 국어사전에 올라 있느냐 그렇지 않으냐입니다. 예를 들어 '군감자'는 〈표준국어대사전〉에 올라 있습니다. 따라서 '군감자'로 쓸 수 있습니다. 하지만 '갓 구운 빵'이나 '잘 구운 생선' 할 때는 '굽다'를 '군'으로 활용해서는 안 됩니다. '군빵'과 '군생선'은 국어사전에 없으니까요.

졸립지

마라

　　　　　　"요즘 잠을 푹 못 자서 낮에도 졸립다" "졸립지, 배고프지, 어제 정말 고역을 치렀다" 등의 예문에서 보듯이 '졸립다'는 널리 쓰이는 말입니다. 활용형으로는 대개 '졸립고'와 '졸립지'로 쓰지요.

　그러나 '졸립고'와 '졸립지'라는 말은 쓸 수가 없습니다. '졸립다'라는 말 자체가 없거든요. 특히 사람들이 아무리 '졸립고'와 '졸립지'를 많이 쓰더라도, '졸립다'는 표준어로 대접받기가 어려운 말입니다.

　만약 '졸립다'를 표준어로 인정한다면 앞에서 얘기한 것처럼 'ㅂ불규칙 용언'이 돼 '졸리우며' '졸리우니' '졸리워서'로도 쓸 수가 있어야 합니다. '그립다'가 '그리우며' '그리우니' '그리워서'로 활용하는 것처럼 말입니다. 하지만 '졸리우며' '졸리우니' '졸리워서'는 '졸리며' '졸리니' '졸려서'가 더 널리 쓰입니다. 여러분도 "너, 졸리우니?"로 쓰지 않고, "너, 졸리니?"로 쓰실 겁니다. 제 말이 맞죠? 이는 '졸리다'가 바른말이기 때문입니다. 그러기에 여러분의 귀와 입에도 '졸리워서 죽겠다'보다 '졸려(서) 죽겠다'가 더 자연스럽게 느껴지는 거죠.

　결론적으로 "자고 싶은 느낌이 들다"를 뜻하는 말은 '졸립다'가 아니라 '졸리다'이므로, '졸립고'와 '졸립지'도 '졸리고'와 '졸리지'로 써야 합니다.

또 제가 〈어휘 편〉에서 손은 '시려울' 수 없다고 한 것 기억하시죠? '시렵다'라는 말이 없고 '시리다'만 있으므로, '손이 시려워'가 아니라 '손이 시려'로 써야 한다고 얘기한 것 말이에요.

'졸립다'와 '시렵다' 외에 '가까웁다' '그리웁다' '더러웁다' 등처럼 '웁'이 들어가 있는 낱말도 열이면 열 틀린 글자로 보면 됩니다. '가깝다' '그립다' '더럽다' 등이 바른 표기입니다. '눈물겨웁고'나 '정겨웁고' 역시 당연히 '눈물겹고'나 '정겹고'로 써야 하고요.

참, 또 하나. 〈어휘 편〉을 보지 못하고 이 책을 접한 분들도 있을 듯해서 하는 얘기인데요. 조금 전에 설명한 '시리다'가 바른말이기는 하지만, 이 '시리다'를 엉뚱한 상황에 쓰는 일도 흔합니다. "하도 일을 했더니 손목이 시리다" "발을 헛디뎌 삐끗하는 바람에 발목이 시리다" 따위 표현이 그런 예입니다. '시리다'는 '차가운 것'과 관계가 있습니다. 하지만 접질려서 관절 등이 저린 것과 차가운 것은 아무 관계가 없습니다.

차가운 콘크리트 바닥에 오래 무릎을 꿇고 앉아 있던 탓에 무릎에 통증이 왔다면 '시리다'를 쓸 수도 있겠지만, "관절 따위가 삐었을 때처럼 거북하게 저리다"를 의미할 때는 '시다'를 써야 합니다.

즉 앞의 예문들은 "하도 일을 했더니 손목이 시다" "발을 헛디뎌 삐끗하는 바람에 발목이 시다" 등으로 써야 바른 표현이 되는 거죠. 이런 것을 보면, 우리말이 좀 어렵기는 합니다.

성냥 개피로는
막을 수 없는 추위

추운 날이면 생각나는 동화 하나가 있습니다. 한스 크리스티안 안데르센이 지은 〈성냥팔이 소녀〉가 그것이죠. 배고픔과 추위 속에서 죽어 간 한 소녀의 이야기를 담고 있는 이 동화는 작자가 빈곤하게 어린 시절을 보낸 어머니를 생각하며 쓴 작품이라고 합니다.

하지만 그 이면에는 당시 횡행한 어린이 노동 착취의 참혹함과 이웃의 불우함을 외면하는 이들의 냉정함을 비판하는 시선도 깔려 있다고 봅니다. 조금만 관심을 기울였어도 막을 수 있던 소녀(불우한 이웃)의 안타까운 죽음을 외면해 놓고는 나중에 기도 한 번 올리며 스스로 위안받으려는 어른(가진 자)의 이기심과 이중성을 비난한다고 볼 수도 있죠.

이 작품이 발표된 것은 1845년입니다. 약 180년 전이 시대 배경이죠. 하지만 지금도 우리 주변에는 여전히 성냥팔이 소녀가 적지 않고, 소녀의 죽음을 외면하던 어른들은 더 많아진 듯싶습니다. 특히 한 소년의 자살을 두고 "왜 좀 더 굳건한 마음을 가지지 못했는지 안타깝다"라고 한 모 정치인의 말은 마치 동화 속에서 소녀의 죽음을 스쳐 지나가며 '왜 좀 더 열심히 성냥을 팔지 않고 얼어 죽었어'라고 중얼거렸을 행인의 말처럼 들리기도 합니다. 예나 지금이나 염치를 모르는 인간 부류는 '어른들'인 듯합니다. 저부터 반성합니다. 그리고 그 반성을 위한 행동으로 좀 더 많은 기부와 봉사활동에 나설 생각입니다.

그건 그렇고요. '성냥팔이 소녀'와 관련한 글에서 흔히 틀리는 말이 하나 있습니다. "소녀는 성냥 한 개피를 그었다" 따위 문장에 나오는 '개피'가 그것입니다. "가늘게 쪼갠 나무토막이나 기름한 토막의 낱개"를 뜻하는 표준어는 '개피'가 아니라 '개비'입니다. '성냥개비'와 '담배 한 개비'로 써야 하죠. '까치'나 '가치'도 틀린 표기이고요.

또 "성냥개비를 넣는 상자"를 '성냥곽'으로 쓰는 일이 흔한데, "물건을 담는 작은 상자"는 '곽'이 아니라 '갑匣'입니다. '담배 한 갑'이나 '담뱃갑' 등처럼 쓰이죠. 이와 달리 '곽槨'은 "널을 넣기 위해 따로 짜 맞춘 매장 시설", 즉 무덤에나 쓰이는 말입니다.

따라서 '비눗곽'은 '비눗갑'이, '우유곽'은 '우유갑'이 바른 말입니다. 비눗갑은 '순우리말+한자말'이기 때문에 사이시옷을 받쳐 적지만, '우유갑'은 '한자말+한자말'이므로 사이시옷을 넣지 않습니다. 또 작은 종이상자에 넣고 쓰는 휴지도 '곽티슈'가 아니라 '갑 티슈'로 써야 합니다.

'어서 오십시오'는 🖉
아첨하는 말

　　　　　　음식점 중에는 출입구에 '안녕히 가십시오'나 '어서 오십시오'라는 인사말을 적어 놓은 곳이 많습니다. 하지만 '가십시오'나 '오십시오'는 우리말법에 어긋나는 이상한 말입니다.

'가다'나 '오다'에 "화자가 행동·상태 및 주체를 존경함을 나타내는 선어말 어미" '시'를 붙여 '가시' '오시'를 이룬 뒤, 여기에 '합쇼'할 상대(존대할 상대)에게 **명령**˚의 뜻을 나타내는 종결형 어미 '-ㅂ시오'를 더하면서, '오' 자리에 존대의 뜻을 나

🔖 **명령**

〈표준국어대사전〉은 나날이 진화하고 있습니다. 처음 나왔을 때와 비교하면 지금은 탄복할 정도로 좋아졌지요. 하지만 여전히 옥에 티가 보입니다. 이는 교열 전문가들이 교열을 보지 않은 탓이라고 봅니다. 국립국어원에서

일하시는 분들은 우리말에 관한 한 최고의 전문가입니다. 하지만 교열 전문가는 아닙니다.

"문서나 원고의 내용 가운데 잘못된 것을 바로잡아 고치며 검열함"을 뜻하는 교열은 단순히 맞춤법이나 띄어쓰기 등만 바로잡는 것이 아니라 문장의 가독성을 높이고, 글 전체의 통일성을 꾀하며, 무엇보다도 문장이 논리적으로 기술돼 설득력을 높일 수 있게 하는 작업입니다. 그런데 〈표준국어대사전〉에는 이런 과정을 거치지 않은 흔적이 많이 보입니다. 사용례를 보여주기 위해 소설 등을 인용한 문장에서 오자들도 눈에 띄고, 문장 자체가 비문인 사례가 적지 않은 것이 그 증거입니다.

예를 들어 〈표준국어대사전〉에서 '광어'와 '넙치'를 살펴보면 "…눈이 있는 왼쪽은 어두운 갈색 바탕에 눈 모양의 반점이 있고…"라는 설명이 있는데, 여기에서 '왼쪽'은 광어(=넙치)가 어떻게 놓여 있느냐에 따라 달라질 수 있습니다. 즉 제가 광어를 입 쪽에서 바라보는 왼쪽은 꼬리 쪽에서 바라보면 오른쪽이 됩니다. 따라서 "…눈이 있는 왼쪽은 어두운 갈색 바탕에 눈 모양의 반점이 있고…"는 "…'입 쪽에서 봤을 때' 눈이 있는 왼쪽은 어두운 갈색 바탕에 눈 모양의 반점이 있고…"라고 해야 의미가 명확해집니다. 문장 속의 이런 오류들을 어문학자들은 잘 찾지 못합니다. 오랫동안 이런 옥에 티를 잡아 온 교열자들만 할 수 있는 일입니다.

"여기에 '합쇼'할 상대(존대할 상대)에게 명령의 뜻을 나타내는 종결형 어미"라는 문장도 마찬가지입니다. 이 문장은 비문도 아니고, 한글맞춤법이나 표준규정에 어긋난 말도 없습니다. 문장부호 사용과 띄어쓰기도 완벽하죠. 하지만 이 문장 속의 '명령'은 그냥 이상한 정도가 아니라 아주 아주 아주 어색합니다. 〈표준국어대사전〉이 일상생활에서 쓰이는 '명령'이란 말의 뜻풀이를 "윗사람이나 상위 조직이 아랫사람이나 하위 조직에 무엇을 하게 함"이라고 해 놓았기 때문입니다. 명령은 분명 윗사람이나 상위 조직이 아랫사람이나 하위 조직에 하는 겁니다. 존경 대상에게 명령하는 사람은 없습니다. 그랬다가는 혼구멍(→혼구녕)이 나겠죠. 그럼에도 〈표준국어대사전〉에는 '존경할 대상에게 명령한다'는 식의 표현이 숱하게 나옵니다. 이는 교열 과정을 거치지 않은 탓이라고밖에 볼 수 없습니다.

그건 그렇고요. 교열자의 시선에서 봤을 때 〈표준국어대사전〉 속의 '존대할 상대에게 명령의 뜻을'은 '존대할 상대에게 권유의 뜻을' 정도로 풀이하는 것이 옳습니다.

타내는 보조사 '요'를 잘못 덧대어 놓았기 때문이죠.

　잠시 잘난 척해 봤는데, 역시 뭐가 뭔지 모르시겠죠? 우리 말법이 이렇습니다. 설명이 너무 어려워요. 해서 이를 제 방식대로 쉽게 말하면 '존대+명령식 존대+존대' 꼴로 아첨하는 말을 덕지덕지 붙여 놓았다는 얘기입니다.

　'가십시요'나 '오십시요'는 그냥 '가시오' '갑시오(갑쇼)' '가세요' '오시오' '옵시오(옵쇼)' '오세요'로 쓰면 충분한 말입니다. 아니면 '가십시오'나 '오십시오'로 써도 되고요.

　아무튼 이렇게 아첨하는 글로 손님을 맞는 음식점에는 우리 가지 않기로 합시다! 그 집 음식이 워낙 맛있어 꼭 가야만 한다면, 잘못된 표기라도 잡아 주자고요. 그래야 우리말과 글이 건강해지지 않겠습니까.

　실제로 한국마사회 홍보실장을 지내셨고 저에게는 스승 같으신 고 김선덕 선생님께서는 생전에 음식점에 가면 주인을 불러 차림표의 잘못을 일일이 지적하시곤 했습니다. 한번은 이런 일도 있었습니다.

　김 선생님이 부원들과 함께 점심을 먹으러 음식점에 갔는데, 차림표에 잘못 쓰인 우리말이 수두룩했던 겁니다. 그런 것을 보고 가만히 있을 김 선생님이 아니셨지요. 바로 주인을 불렀다고 합니다. 그러고는 틀린 표기를 일일이 지적한 후 "이 집이 차림표 표기를 제대로 잡아 놓으면 다음번 부서 회식을 이 집에서 하겠다"라고 주인과 약속을 했다고 합니다.

그런 일이 있은 지 얼마 후 그 집 주인에게서 전화가 왔답니다. 모든 차림표 표기를 바로잡았으니 회식하러 오라는 거였죠. 김 선생님도 약속대로 그 집에서 부원들에게 한턱 단단히 내셨고요.

언제나 우리말을 바르게 쓰게 하려고 애쓰시던 김 선생님도 그렇지만, 큰돈을 들여 차림표를 바꾼 그 집 주인도 대단한 사람으로 보입니다. 알고 모르고의 차이는 있지만, 우리말을 사랑하는 마음의 무게는 똑같다고 생각합니다.

우리도 그럴 수 있지 않을까요. 또 어느 음식점 주인은 우리 얘기를 들어줄 거고요.

할아버지의 말씀은
계시지 않는다

우리말은 존대어가 발달해 있습니다. 그런 만큼 틀리기 쉬운 표현도 많습니다.

"간곡한 부탁의 말씀이 계셔서 저희 팀이 양보했습니다"라거나 "말씀이 안 계셔서 그냥 넘어갔습니다" 따위처럼 쓰이는 '말씀이 계시다'도 그런 표현 가운데 하나입니다.

아마 여러분도 '계시다'가 '있다'의 높임말이다 보니, 존경의 뜻을 나타내기 위해 이런 표현을 쓰실 겁니다. 하지만 '계시다'가 '있다'의 높임말이기는 하지만, 아무 때고 '있다'를 '계시다'로 높여 쓸 수는 없습니다.

'계시다'는 '있다'의 여러 의미 중에서 ①사람이 어느 곳에서 떠나거나 벗어나지 아니하고 머물다(그는 집에 있는다고 했다 → 할아버지께서 집에 계신다고 했다) ②사람이 어떤 상태를 계속 유지하다(가만히 있어라 → 편안히 계세요) ③앞말이 뜻하는 행동이나 변화가 끝난 상태가 지속됨을 나타내는 말(아이가 앉아 있다 → 할아버지가 앉아 계신다) ④앞말이 뜻하는 행동이 계속 진행되고 있거나 그 행동의 결과가 지속됨을 나타내는 말(동생이 지붕을 고치고 있다 → 아버지께서 지붕을 고치고 계신다) 따위에서만 높임말로 쓰입니다.

즉 '계시다'는 사람(그중에서도 윗분)이 있다거나 사람이 어떤 일을 한다는 것을 높일 때 쓰는 말입니다. 동물이나 사물에는 '계시다'를 쓸 수 없습니다.

'할아버지가 허리를 펴고 계신다'는 가능하지만 '구부러진 철사가 펴지고 계신다'라고 쓸 수는 없죠. '할아버지께서 졸고 계신다'는 가능하지만 '강아지가 졸고 계신다'나 '꽃이 피고 계신다'라고 쓸 수도 없고요. '사장님이 서류를 정리하고 계신다'는 가능하지만 '사장님 서류가 계신다' 역시 쓸 수 없습니다.

따라서 '할아버지께서 말씀을 하고 계셨다(할아버지께서 말씀을 하셨다, 할아버지의 말씀이 있으셨다)'는 돼도 '할아버지의 말씀이 계셨다'는 안 됩니다.

높인다고
다 존대는 아니다

　　　　　　　어떤 상품을 파는 현장에서 많이 들을 수 있는 "고객님, 수리는 가능하지만 새 상품으로 교환은 안 되세요" "고객님, 그 상품은 품절되셨고요. 오늘은 이 상품이 세일 중이세요" 따위 표현도 높임말을 잘못 쓴 사례입니다.

　이들 표현은 얼핏 아주 친절한 말로 들립니다. 하지만 조금만 따져 보면 아주 무례한 표현임을 금방 알 수 있습니다. 교환이 안 되는 것이 새 상품이고, 품절된 것도 상품이며, 세일하고 있는 것 역시 상품입니다. 그런데 상품을 가리키는 말에 존대를 뜻하는 '시'를 붙였습니다. 즉 위의 문장은 물건을 사는 고객을 높인 것이 아니라 자신들이 파는 상품을 높인 표현입니다.

　우리가 높여야 하는 대상은 사람이지, 사물이 아닙니다. 따라서 사물과 호응하는 말에 높임을 뜻하는 말을 써서는 안 됩니다. 위의 문장에서는 '…교환은 안 돼요' '…품절됐고요'

'…세일 중이에요' 등으로 써야 하는 것이죠.

아울러 "잠시 기다리실게요" "일시불로 하실게요" "이곳에 사인하실게요" 등처럼 우리말법도 모른 채 무조건 말 끝에 '시'만 붙이면 높임말이 되는 것처럼 쓰는 표현 역시 큰 문제입니다. "내가 갈게요"나 "제가 기다릴게요" 따위 표현에서 보듯이 '-ㄹ게요'는 말하는 사람 자신의 의지를 나타냅니다. 그런 말에 높임을 뜻하는 '-시'를 붙인 것은 아주 우스꽝스러운 표현이자 언어 예절에도 크게 벗어난 표현입니다.

위의 문장은 "잠시 기다려 주시겠습니까?(잠시 기다려 주세요)" "일시불로 처리해도 될까요?" "이곳에 사인해 주세요"라고 하는 것이 우리말다운 표현입니다. 상대방의 의사를 존중하는 것이 참된 높임이지, 아무 때고 '시'를 붙였다고 해서 높임의 뜻이 담기는 것은 아니랍니다.

초생달은
뜨지 않는다

'밤하늘의 초생달이 을씨년스럽다'는 문장은 자주 보는 표현입니다. 하지만 하늘이 두 쪽 나도 초생달은 뜨지 않습니다. 왜 그런지는 감이 좀 잡히죠? 맞습니다. 우리말에는 '초생달'이란 낱말이 없습니다.

'초생달'은 '初生'(초생: 갓 생겨남)에 '달'이 더해진 꼴로, 못 쓸 까닭이 없을 듯한 말입니다. 그런데 우리말 중에는 한자에서 왔지만 완전히 순우리말처럼 변한 것이 더러 있습니다. 한자말 '生'도 그렇습니다. '生'이 '승'으로 소리가 변하는 거죠. '이 生'이 변한 말 '이승'이 그러하고, '저 生'이 변한 말 '저승'도 그러한 예입니다.

그러나 우리말에서 한자어 '生'이 모두 '승'으로 변하고, 그렇게 적어야 하는 것은 아닙니다. '이승'과 같은 뜻으로 쓰이는 한자말 '今生'은 '금생'으로 써야지 '금승'이라고 써서는 안 됩니다. 앞에서 얘기했듯이 그렇게 소리가 변한 말이 '더러' 있다는 것이지, 죄다 그렇다는 얘기는 아니거든요.

'初生'은 '이승'이나 '저승'처럼 '초승'으로 바뀌는데, 이러한 음운 변화를 문법적으로는 '전설모음화'라고 합니다. 어수선한 세상을 살아내느라 가뜩이나 복잡한 머릿속에 전설모음화의 문법적 논리까지 담아 두시라고는 하지 않겠습니다. 다만 "음력으로 그달 첫머리의 며칠 동안을 이르는 말"은 '초승'이고, 그때 뜨는 달은 '초승달'이 바른말이라는 것쯤은 알고 살자고요.

금슬 좋은
부부는 없다

        '초승달'에서 보듯이 우리말에는 한자말을 한글로 적을 때 한자말의 원래 소리가 변한 것이 더러 있습니다. '琴瑟'도 그중 하나입니다.

    '부부간의 화목한 즐거움'을 뜻하는 말은 '琴瑟之樂'이고, 이의 준말은 '琴瑟'이라고 합니다. 이때의 '琴'은 '거문고 금'이고, '瑟'은 '큰 거문고(비파 슬)'입니다. 즉 '琴瑟'은 거문고와 비파가 아름다운 화음을 이루는 것처럼, 그렇게 알콩달콩하게 사는 부부 사이를 일컬을 때 쓰입니다.

    그런데 이 琴瑟을 한글로 쓸 때는 '금슬'이 아니라 '금실'로 적어야 합니다. 琴瑟之樂도 '금실지락'이지 '금슬지락'이 아님은 두말하면 잔소리고요. 이 또한 전설모음화의 영향입니다. '금슬'보다는 '금실'로 발음하기가 편해 대부분의 언중이 '금실'로 소리 내다 보니 아예 '금실'을 표준어로 삼은 겁니다. 그러나 악기 거문고와 비파를 뜻할 때는 '금슬'로 적어야 합니다.

    참, 〈표준국어대사전〉에서 '금슬'을 찾으면 뜻풀이에 "'금실'의 원말"이라고 설명해 놓은 것도 보이는데요. 이렇게 '원말'이라고 적혀 있으면, 예전에는 맞는 말이었지만 지금은 아니라는 소리입니다.

'볕이 잘 드는 곳'을 일컫는 '양달陽달'의 반대말인 '음달陰달' 역시 '응달'의 원말입니다. 처음에는 '음달'로 만들어졌지만 사람들이 대부분 '응달'로 써서 표기가 바뀐 것이죠. 우리말에는 이런 것이 꽤 있습니다.

승낙하도록

허락해 주세요

앞에서처럼 한자말이 아예 순우리말 식으로 바뀐 것도 있지만, 어떤 한자말은 상황에 따라 표기가 달라지는 것도 있습니다. 한자말이 두 가지 이상의 음을 갖고 있는 것이 아닌데도 말입니다. 정말 사람을 헷갈리게 하는 경우죠.

우선 '怒'가 그렇습니다. '怒'는 '성낼 노' 자입니다. 분노憤怒와 격노激怒 등이 怒 자의 원래 쓰임입니다. 그런데 이 怒 자가 "기쁨과 노여움과 슬픔과 즐거움"을 뜻하는 喜怒哀樂에서는 '희로애락'으로 한글 적기가 달라집니다. 이는 활음조滑音調에 의한 것인데, 활음조란 말 그대로 '듣기 좋은 음질'을 뜻합니다. 즉 '희노애락'보다는 '희로애락'이 말하기 쉽고 듣기에도 좋아 그렇게 적도록 한 겁니다. "크게 화를 냄"을 일컫는 大怒도 한글로 적을 때는 '대노'가 아니라 '대로'로 써야 합니다.

이쯤에서 뭔가 불현듯 떠오르는 게 있지 않으신가요? 그렇습니다. '怒'는 받침이 없는 말 뒤에서는 '로'로 적고, 받침이 있는 말 뒤에서는 '노'로 적는 겁니다.

諾도 怒와 마찬가지입니다. 諾은 '허락할 낙' 자입니다. 하지만 이 한자 역시 받침이 없는 말 뒤에서는 '락'으로 한글 적기가 달라집니다. 허락許諾과 수락受諾이 그렇게 쓰는 예입니다. 이 허락과 수락 때문에 應諾과 承諾을 '응락'과 '승락'으로 쓰는 사람이 적지 않은데요. 하지만 앞에서도 얘기했듯이 받침이 있는 말 뒤에서는 원래 소리대로 '응낙'과 '승낙'이라고 써야 합니다.

세상에   ✎
'녹슬은 기찻길'은 없다

'녹슬은 기찻길'이란 노래가 있습니다. 나훈아 씨가 부른 이 노래에는 제목에도 '녹슬은'이 들어 있고, "휴전선 달빛 아래 '녹슬은' 기차길 / 어이해서 핏빛인가 말 좀 하여라 / 전해다오 전해다오 고향 잃은 서러움을 / '녹슬은' 기찻길아…"에서 보듯이 노랫말에도 계속 '녹슬은'이란 말이 나옵니다.

하지만 '녹슬은 기찻길'은 경부선·호남선·영동선·장항선 어느 곳에도 없습니다. 아니, 애초에 '녹슬은 기찻길'은 있을 수 없습니다. 왜 그럴까요? 철도공무원들이 열심히 닦고 기름 치고 관리했기 때문에? 아닙니다. 그런 게 아니라 우리말법을 따르면 '녹슬은' 따위로는 쓸 수가 없습니다.

'녹슬다'는 'ㄹ불규칙 용언'으로, 활용할 때 일정한 특징을 보입니다. 우선 어간(활용어가 활용할 때에 변하지 않는 부분. '보다' '보니' '보고'에서 '보-'와 '먹다' '먹니' '먹고'에서 '먹-' 따위. '녹슬다'의 경우 '녹슬'이 어간임)의 끝소리 'ㄹ'이 'ㄴ·ㄹ·ㅂ·ㅅ·오' 앞에서 탈락하는 특징이 있습니다. 또 관형사형 어미로는 '은'과 '을'에서 '으'가 탈락한 'ㄴ'과 'ㄹ'을 취합니다.

이러한 특징, 즉 'ㄹ' 받침 뒤에 모음 '으'가 붙지 않는 것은 명사의 경우도 마찬가지입니다. 예를 들어 조사 '로/으로'의 경우 받침이 있는 체언 뒤에는 '으로'가 붙고, 받침이 없는 체언 뒤에는 '로'가 붙는 게 일반적이죠. 하지만 'ㄹ' 받침이 있는 명사 뒤에는 예외적으로 '으로' 대신 '로'가 붙습니다. '떡으로' '돈으로' '사람으로' 등처럼 받침이 있는 체언에는 '으로'가 붙지만, '그물로' '노을로' '돌로' 등에서처럼 'ㄹ' 받침이 딸린 체언 뒤에서는 '으로' 대신 '로'가 붙는다는 얘기죠.

바로 이러한 두 가지 특징, 즉 어간의 끝소리 'ㄹ'이 'ㄴ·ㄹ·ㅂ·ㅅ·오' 앞에서 탈락하고, 'ㄹ' 뒤에는 '으'가 붙지 못하는 것 때문에 '녹슬은' 따위로 적을 수 없는 겁니다.

'녹슬다'의 어간은 '녹슬'이라고 했죠? 그러면 관형사형 어

　　　　　1부　말법을 알아야 우리말 달인이 될 수 있다

미로 '은'과 'ㄴ' 중 무엇을 취하겠어요? 당근* 'ㄴ'이죠. '녹슬+ㄴ' 꼴이 되는 겁니다. 그런데 어간의 끝소리 'ㄹ'은 'ㄴ' 앞에서 어떻게 된다고 했죠? 맞습니다. 탈락해 버려요. 없어진다는 거죠. 그러면 어떻게 되겠어요? '녹스+ㄴ=녹슨'이 됩니다.

'거칠은 들판으로 달려가자'

'하늘을 날으는 원더우먼'

'물설고 낯설은 타향살이'

'쌓았다 허물은 모래탑'

'당근'

어느 시대나 신조어는 만들어지고, 그런 신조어는 많은 사람과 갈등을 빚곤 합니다. 그런 말들이 고운 우리말을 해친다고 우려하는 목소리도 끊이지 않습니다. 하지만 그런 말 때문에 상처를 입을 정도로 우리말의 뿌리가 나약하지 않고, 신세대와 기성세대의 이런 갈등은 우리나라만의 문제도 아니라는 것이 제 생각입니다.

어느 시대에 어떤 옷이 유행했다고 해서 그 옷이 그 나라 전통 의상을 대신할 수는 없습니다. 한때 들불처럼 번졌던 청바지와 어르신들의 눈살을 찌푸리게 했던 '구멍이 숭숭 뚫린 청바지' 때문에 우리 전통 한복의 가치가 떨어지지 않았고, '구멍 숭숭 청바지'를 입는 사람을 요즘에는 찾아보기 어렵습니다.

요즘 '당연하다'는 의미로 많이 쓰는 '당근'도 마찬가지입니다. 이 말이 '왕따'(따돌리는 일. 또는 따돌림을 당하는 사람)처럼 표준어가 될지, '은따'(은근히 따돌림) '완소'(완전히 소중함) '안물'('물어보지 않았다'는 뜻) '세젤예'('세상에서 제일 예쁜 사람'이라는 뜻) 등처럼 한때 유행하다 사라질지는 세월이 풀어 줄 숙제일 뿐입니다.

이들 문장의 '거칠은' '날으는' '낯설은' '허물은'도 죄다 틀린 말입니다. 흔히 그렇게 쓰고, 귀에도 익은 말이지만, 모두 잘못 적은 겁니다.

'거친 들판으로 달려가자'
'하늘을 나는 원더우먼'
'물설고 낯선 타향살이'
'쌓았다 허문 모래탑'

따위로 쓰고 말해야 합니다. 아셨죠?

땀에 절은
유니폼도 없다

'붉은악마 응원단이 캠핑장에서 텐트마다 태극기를 내걸고 땀에 절은 옷가지를 말리고 있다'라는 문장에서 '땀에 절은'은 잘못 쓴 말임을 금방 알 수 있겠죠? 맞습니다. 〈어휘 편〉에서도 얘기했듯이 '땀에 전'이라고 써야 합니다. "온몸이 땀에 절었다" 따위처럼 쓰는 말의 기본형은 '절다'이거든요. 그런데 앞에서 바로 얘기한 것을 왜 또다시 들고 나왔냐고요? 당연히 그럴 만한 이유가 있죠.

바로 '땀에 전'을 '땀에 쩐'이나 '땀에 찌든'으로 쓰는 사례도 많다는 겁니다. 그러나 '쩐'이란 표기가 가능하려면 '쩔다'라는 말이 있어야 하는데, 그런 말은 없습니다.

또 '찌들다'는 "물건이나 공기 따위에 때나 기름이 들러붙어 몹시 더러워지다"나 "좋지 못한 상황에 오랫동안 처하여 그 상황에 몹시 익숙해지다"를 뜻하는 말로 "땀에 젖었다"는 것을 표현하기에는 적합하지 않습니다.

땀에 젖고 먼지가 묻고 해서 '더러워진 것'을 나타낼 때는 더러 쓸 수도 있겠지만, "땀에 전 유니폼을 서로 바꿔 입는 선수들을 보면 '이것이 스포츠다' 하는 뭉클한 감동이 밀려온다"라는 표현에서 보이는 '땀에 전'을 '땀에 찌든'으로는 못 쓴다는 거죠. 이럴 때는 '땀에 전' '땀에 젖은' '땀이 밴' 등으로 쓰면 충분할 듯싶습니다.

'알다'는 앎, '살다'는 삶, 그러면 '만들다'는?

앞에서 얘기한 'ㄹ불규칙 용언'의 명사형도 잘못 쓰는 예가 많은 말입니다. 적지 않은 사람이 반드시 있어야 할 'ㄹ'을 생략해 버리곤 합니다.

제가 아까 'ㄹ불규칙 용언' 어간의 끝소리 'ㄹ'이 어떨 때 탈락한다고 했죠? 'ㄴ·ㄹ·ㅂ·시·오' 앞에서 탈락한다고 했잖아요. 그때뿐입니다. 다른 경우에는 'ㄹ'이 살아 있어야 합니다.

'살다'라는 동사 있죠? 그 말의 명사형이 '삶'이죠? 또 '알다'의 명사형은 '앎'이고요. 이렇듯 'ㅁ' 앞에서는 'ㄹ'이 그대로 살아 있습니다. 따라서 "뭐니 뭐니 해도 추석은 베품과 나눔의 정이 가득한 명절이다" "움직이도록 만듬으로써 안전한 느낌을 주고 있다" 등의 문장에서 보이는 '베품'과 '만듬으로써'는 '베풂'과 '만듦으로써'를 잘못 쓴 겁니다. 어간 끝소리가 'ㄹ'인 말을 명사형으로 만들 때는 받침이 죄다 'ㄻ'이 된다고 생각하시면 됩니다.

그런데 말입니다. 세상에 일반인의 상식을 뛰어넘는 별종이 많듯이 우리말에도 더러 그런 것들이 있습니다. "햇볕이나 연기 따위를 오래 쬐어 검게 되다"라는 뜻의 말 '그을다'도 그렇습니다. 이 말을 활용하면서 '(검게) 그을은'이라고 하면 안 됩니다. 앞에서 얘기했듯이 '그을'에 'ㄴ'이 연결되면서 'ㄹ'이 탈락해 '(검게) 그은'이 되는 겁니다. '거칠은'이 아니라 '거친'이 맞는 것과 같은 이치죠. 그렇다면 '베풂'이나 '만듦'처럼 이 말의 명사형 역시 '그읆'이 돼야 합니다. 그렇죠? 그런데 이 말은 명사로 '그을음'을 따로 갖고 있습니다.

물론 그런 것이 우리말법에 크게 벗어나는 현상은 아닙니다. 우리말에서 용언을 명사로 만드는 어미가 여러 가지인데, '음'도 그중 하나거든요. '먹다'의 명사형이 '먹음'이고, '놓다'의 명사형이 '놓음'이잖아요. 또 '알다'의 경우 명사형이 '앎'이지만, '그와는 서로 알음이 있는 사이다'에서 보듯이 '알음'이라는 명사가 따로 있기도 합니다.

따라서 '굴뚝에 그을음이 잔뜩 끼었다'에서 '그을음'을 '그을'으로 고칠 필요는 없습니다. 혹시 조금 우리말법을 안다고 '그을음'을 무조건 '그을'으로 고쳐 쓸까 봐 하는 소리입니다. 그러나 흔히 '그름'이나 '끄름'이라고 하는 것은 '그을음'의 잘못이니 써서는 안 됩니다.

정말

뗄래야 뗄 수 없다

위에서 살펴보았듯이 꼭 들어가야 할 'ㄹ'을 까닭 없이 빼 버려 잘못 쓰는 말이 적지 않지만, 거꾸로 필요하지 않은 'ㄹ'을 집어넣어 틀리는 말도 많습니다.

'뗄래야 뗄 수 없는 사이' '갈래야 갈 수 없는 북녘 땅' '웃을래야 웃을 수 없는 처지' 등의 문장에서 나오는 '뗄래야' '갈래야 '웃을래야' 등도 쓸데없이 받침 'ㄹ'을 덧붙여 쓴 겁니다. 이들은 '떼려야' '가려야' '웃으려야' 등으로 써야 바른말이 됩니다.

하지만 현실에서는 '떼려야' 등보다 '뗄래야' 등으로 쓰는 일이 더 흔합니다. 그렇게 쓰는 것은 우리가 어린 시절부터 많이 써온 '-ㄹ래'의 영향인 듯싶습니다. "너, 오늘 우리 집에 올래?"나 "나 집에 갈래"의 '-ㄹ래' 말입니다.

그러나 그때의 '-ㄹ래'는 ▲장차 할 행동에 대한 자신의 의사를 나타내거나 ▲장차 할 행동에 대한 상대방의 의향을 묻는 말로, '뗄래야 뗄 수 없는 사이' '갈래야 갈 수 없는 북녘 땅' '웃을래야 웃을 수 없는 처지' 등의 의미와는 확연히 다른 말입니다. '뗄래야' '갈래야' '웃을래야' 따위는 '어떤 행동을 할 의도나 욕망'을 **들어내고**˚ 있으니까요. 게다가 '-ㄹ래' 뒤에

▌ 들어내고 → 드러내고

'들어내다'는 '들다'(아래에 있는 것을 위로 올리다)와 '내다'(안에서 밖으로 옮기다)가 결합된 말입니다. 말 그대로 "물건을 들어서 밖으로 옮기다"를 뜻하죠. "탁자를 식당 밖으로 들어내 놓았다" 따위로 쓰입니다.

이와 달리 '드러내다'는 "가려 있거나 보이지 않던 것을 보이게 하다" 또는 "알려지지 않은 사실을 보이거나 밝히다"를 의미합니다. "어깨를 드러내는 옷차림" "하얀 이를 드러내고 웃는다" "본색을 드러냈다" 등처럼 쓰이죠.

이렇듯 두 말은 의미가 완전히 다르지만 발음은 [드러내다]로 똑같습니다. 이 때문에 뜻을 제대로 구분하지 않고 쓰는 일이 흔합니다. 여러분은 이제 의미를 확실히 아셨을 테니 꼭 구분해 쓰시기 바랍니다.

1부 말법을 알아야 우리말 달인이 될 수 있다

는 '-야' 같은 말이 붙을 수도 없습니다.

결론적으로 ▲우리말에는 '-ㄹ래야'라는 어미가 없고 ▲이 말은 '-려야'로 써야 하는데 ▲이때의 '-려야'는 '-려(고) 하여야'의 준말입니다.

이 밖에 쓸데없이 받침 'ㄹ'을 덧붙여 쓰는 말로는 '-ㄹ래도 → -려도'(캘래도 → 캐려도), '-ㄹ려고 → -려고'(갈려고 → 가려고), '-ㄹ려다 → -려다'(할려다 → 하려다), '-ㄹ려면 → -려면'(먹을려면 → 먹으려면) 등이 있습니다. 이들도 꼭 기억해 둬야 합니다. 정말 많이 틀리거든요.

몸을 추슬르는 일은 ✎
부질없다

"지그시 눌르고 있어라" "몸을 추슬르고 일어서더니…" "국물을 체에 밭쳐 걸른 뒤" "골르고 골랐다는 게 겨우 그거냐" 등도 우리가 일상생활에서 흔히 하는 말입니다. 그러나 이들 문장 중의 '눌르고' '추슬르고' '걸른' '골르고' 역시 쓸데없이 'ㄹ'을 덧붙여 쓴 사례입니다.

사실 우리말의 '르불규칙 용언'은 어간의 끝음절 '르'가 모음어미 '어'와 '아' 앞에서 'ㄹㄹ'로 바뀌어 활용하는 특징이 있습니다. '고르다'가 '골라'로, '누르다'가 '눌러'로 활용하는 게 그 예입니다. 이처럼 '르'가 'ㄹㄹ'로 나뉘어 하나는 앞말의 받침으로 쓰이고, 하나는 '어'나 '아'와 결합해 '러'나 '라'가 되는 특성 때문에 아무 때고 'ㄹ'을 덧붙여 쓰는 경향이 생긴 것 같습니다.

그러나 'ㄹㄹ'로 나뉘는 것은 모음어미(아/어, 았/었)를 만났을 때뿐입니다. 자음어미 앞에서는 '르'가 온전히 살아 있어야 합니다. '누르다'를 예로 들면 '누르고' '누르더니' '누르므로' 따위처럼 활용하는 거죠. '추스르다'는 '추스르고' '추스르더니' '추스르므로' 등으로 활용하고 말입니다. 물론 모음어미를 만나면 '눌러'나 '눌렀다', '추슬러'나 '추슬렀다' 등으로 활용하죠.

좀 이해가 되시나요? 아직 조금 어렵게 느껴진다고요? 이를 어쩌나….

자, 그럼 이것 하나만 알아 두세요. 용언 중 '르' 앞에 받침 'ㄹ'이 있는 말은 하나밖에 없다는 사실 말입니다. 딱 하나의 용언을 제외하고, '눌르고' '걸르고' '추슬르고' 따위처럼 '르' 앞에 받침 'ㄹ'이 붙은 글자는 무조건 잘못 쓴 겁니다. 그 예외적인 하나는 바로 "지나가는 길에 잠깐 거치다"라는 뜻의 자동사 '들르다'입니다. 믿어지지 않겠지만, 우리말에서는 그것 하나뿐입니다.

만약 용언 중 '들르다' 외에 '르' 앞에 받침 'ㄹ'이 있는 말

을 알려 주는 분이 계시면 언제든 제가 한우 '**투뿔***'로 모시겠
습니다. 진짜로요.

투뿔 → 투뿔(?)/투플러스

국산 소고기의 등급은 1++ 등급, 1+ 등급, 1등급, 2등급, 3등급 등으로 나
누어져 있다고 합니다. 이중 1++ 등급은 '투뿔', 1+ 등급은 '원뿔로 부르곤
합니다. 하지만 당연히 표준어가 아니고 표준어가 되기도 힘든 말입니다.
우리가 자주 쓰는 말에는 이런 것이 많습니다. 사람들 대부분이 무슨 뜻인
지 알지만 표준어가 되기는 힘든 말요.

이런 말을 부득이 써야 할 때는 보통 '투뿔'처럼 작은따옴표를 써서 '적절하
지 않지만 어쩔 수 없이 사용한다'는 의미를 독자들에게 전하는 것이 일반
적인 표기 방법입니다. 신문 기사에도 이런 것이 많이 보입니다. 하지만 국
립국어원이 정한 문장부호 사용법을 따르려면 이때는 작은따옴표가 아니
라 낱말 뒤에 소괄호를 붙이고 그 안에 물음표를 써야 합니다. '투뿔(?)'처럼
요. "특정한 어구의 내용에 대해 의심이나 빈정거림 등을 표시할 때, 또는
적절한 말을 쓰기 어려울 때 소괄호 안에 쓴다"라는 설명이 '물음표'에는 달
려 있는데, '작은따옴표'에는 없습니다.

현행 문장부호 사용법은 '인용한 말 안에 있는 인용한 말을 나타낼 때'와
'마음속으로 한 말을 적을 때'만 작은따옴표를 사용토록 하고 있는데, 어떤
말을 지정하거나 강조할 때는 물론 적절하지 않은 말을 나타낼 때도 쓸 수
있도록 해야 한다고 봅니다. 제가 이 책을 쓰면서 피부로 느낀 것이지만, 작
은따옴표를 그렇게 사용하지 않고서는 의미를 전달하기가 정말 어렵거든
요. 그래서 저는 이 책에서 어떤 말을 지정하거나 강조할 때, 적절하지 않은
말을 나타낼 때 작은따옴표를 썼습니다.

서지 마라

    쓸데없이 'ㄹ' 받침을 덧붙여 틀리는 낱말이 또 하나 있습니다. 물론 이 말도 열 명 가운데 여덟 명 정도는 틀립니다. 〈어휘 편〉에서 짧게 얘기한, "길다란 막대기를 집어 들었다"라고 할 때 쓰는 '길다란'입니다. '길다'에서 온 말이니 '길다란'으로 쓰는 것이 당연한 듯한데, 실제는 '기다란'으로 써야 합니다. 왜냐하면 '길다'에서 파생된 '기다랗다'를 활용한 말이기 때문입니다.

    우리말에는 원어原語에서 변한 말을 표준어로 삼는 것들이 꽤 있습니다. 크다 → 크다랗다 → 커다랗다, 우뚝 → 우뚝하니 → 우두커니가 그런 사례입니다. '기다랗다'도 어원은 '길다 → 길다랗다'이지만, 지금은 '기다랗다'를 표준어로 삼고 있습니다. 결론적으로 말해 '기다랗다'를 '기다란'으로 활용할 수는 있지만, '길다란'으로 활용할 수는 없겠죠?

    이 밖에 "매우 달다"를 뜻하는 '다디달다'와 "아주 가늘고 작다"를 의미하는 '자디잘다'도 'ㄹ' 받침을 넣어 '달디단'이나 '잘디잔'으로 쓰는 일이 흔한데, 이는 바른 표기가 아닙니다. '다디단'과 '자디잔'으로 써야 합니다. 아울러 '희디흰' '차디찬' '예쁘디예쁜' 등처럼 "용언의 어간을 반복해 그 뜻을 강조하는 연결 어미" '-디-'는 앞과 뒤를 모두 붙여 써야 한다는 것도 잊지 마세요.

양성은 양성끼리, 음성은 음성끼리, 그러나…

"몇 년 전 23명의 단출한 단원으로 창단 음악회를 열었다." "이삿짐이라고는 단출한 옷가방밖에 없어서 이사라기보다는….."

어느 신문에 실렸던 글입니다. 언뜻 봐서는 아무 잘못이 없는 것 같죠? 하지만 잘못 쓴 말이 있습니다. 바로 '단출한'입니다. 왜냐고요? 우리말에는 '단촐하다'라는 말이 없고 '단출하다'가 맞기 때문입니다.

"식구나 구성원이 많지 않아 홀가분하다"라거나 "옷차림이나 가진 물건 따위가 편리하고 가든하다"라는 뜻을 나타내는 말로 '단출하다'를 쓰는 일을 자주 봅니다. 양성모음은 양성모음끼리 어울리고, 음성모음은 음성모음끼리 어울리는 모음조화의 규칙성 때문에 그러는 것 같은데, '단출하다'는 그렇지 않습니다.

앞에서도 한번 얘기한 적 있죠? 모음조화가 우리말법의 큰 뿌리임에는 틀림없지만 모든 말에 적용되는 것은 아니라고요. 또 모음조화의 규칙성이 허물어지는 추세라고 말입니다.

예전에는 '깡총깡총'이 바른말이었지만 지금은 '깡충깡충'이 바른말이고, '소꿉놀이'는 아주 예전부터 '소꿉놀이'로만 썼습니다. 그뿐이 아닙니다. "밑을 무겁게 하여 아무렇게나 굴려도 오뚝오뚝 일어서는 어린아이들의 장난감"도 '오똑이'가 아니라 '오뚝이'가 바른말입니다. 우리말에서 아예 '오똑하다'라는 말이 없어졌습니다. 그러니 "오똑한 콧날이 참 예쁘다"거나 "토끼가 귀를 오똑 세우고 사방을 둘러봤다" 따위에서 보이는 '오똑한'이나 '오똑'도 쓸 수 없습니다.

이렇듯 우리말법에서 모음조화의 규칙성이 무너지고 있습니다. 하지만 그것은 어디까지나 일부분에서 그런 것일 뿐 아직까지는 대부분 규칙성을 지키고 있습니다. 그런데 그 규칙성을 무시하고 잘못 쓰는 말들이 많습니다.

그 대표적인 것이 "구름이 뭉개뭉개 피어난다"라거나 "하늘에 떠 가는 뭉개구름을 바라본다"라고 할 때 쓰는 '뭉개뭉개'나 '뭉개구름'입니다. '뭉개뭉개'의 '뭉'은 음성모음 'ㅜ'를 취하고 있잖아요? 그러면 뒤에 오는 말도 당연히 음성모음을 취해야 합니다. '개'가 아니라 '게'라는 얘기죠. '뭉게뭉게' '뭉게구름'처럼 말입니다. 만약 꼭 굳이 반드시 죽어도 '개'를 쓰고 싶다면 앞의 '뭉'을 '몽'으로 쓰면 됩니다. '몽개몽개'는 작은말, '뭉게

뭉게'는 큰말이거든요.

'물이 졸졸 샌다'와 '물이 줄줄 샌다'를 놓고 보면 '줄줄 샌다'고 할 때가 더 많이 새는 느낌이 납니다. 이렇게 음성모음은 크거나 많거나 둔탁한 느낌을 주는 반면 양성모음은 작거나 적거나 앙증맞은 느낌이 강합니다. 따라서 모음조화를 잘 살리면 글맛을 한껏 높일 수 있습니다. 아빠의 배가 불룩하면 아이의 배는 볼록한 것이 글맛을 높여 준다는 얘기입니다.

그건 그렇고요. "벌겋게 되다"라는 뜻의 말 '벌게지다'도 잘못 쓰는 사람들이 많습니다. '벌개지다'로 쓰는 거죠. 한번 인터넷에 들어가 '벌개진'이라는 말을 검색해 보세요. 무지 많습니다. 그렇게 써 놓은 신문이나 잡지 등의 기사들이 부지기수입니다. '벌게지다'의 '벌'은 음성모음 'ㅓ'를 취하고 있으므로 그 뒤에도 당연히 '게'가 와야지 '개'가 오면 안 됩니다.

그런데 어느 대학 교수가 우리말과 글을 바로 쓰자며 펴낸 책에서, '벌개지다'가 맞는다고 해 놓았지 뭡니까. 그리고 한때 몇몇 출판사의 국어사전에 '벌개지다'가 바른말로 올라 있기도 했습니다. 하지만 아닙니다. 한글맞춤법 제18항에서 '허옇다'가 '허예지다'가 되고 '하얗다'가 '하얘지다'가 됨을 밝히고 있듯이 우리말법의 큰 뿌리인 모음조화 현상에 비춰 볼 때 '벌게지다'나 '발개지다'가 백 번 천 번 맞는 말입니다. 〈표준국어대사전〉에도 그렇게 올라 있고, 지금은 모든 국어사전도 그렇게 고쳐 놓았습니다.

참, 모음조화와는 관련이 없는데 관련이 있는 것처럼 보이고, 젊은 사람들보다 조금 나이가 드신 분들이 많이 틀리는 말 중에 '쌍동이'가 있습니다. 예전에는 '쌍동이'나 '막내동이' '귀염동이' '늦동이' 등으로 썼습니다. '-동이'의 '동'이 한자 '童(아이 동)'이니까 그 어원을 밝혀 적도록 했던 거죠. 그런데 언중이 그 어원을 무시하고 모두들 '-둥이'로만 소리를 내니 어쩌겠습니까. 말과 글의 주인이 언중이니, 언중의 편의를 좇아 법을 고쳐야죠. 그래서 지금은 '쌍둥이' '막내둥이' '귀염둥이' '늦둥이' 등이 바른말이 됐습니다.

그러나 '쌍동이'가 '쌍둥이'로 바뀌었다고 해서 '쌍동아들'이나 '쌍동밤'도 '쌍둥아들'이나 '쌍둥밤'으로 바뀐 것은 아닙니다. '-동이'가 '-둥이'로 바뀐 것이지, '쌍동'이 '쌍둥'으로 바뀐 게 아니거든요.

그리고 "한 껍데기 속에 두 쪽이 들어 있는 밤"을 가리키는 '쌍동밤'을 '쪽밤' 또는 '쌍밤'으로 부르는 사람이 적지 않은데요. 하지만 '쌍밤'은 〈표준국어대사전〉에 없는 말이고, '쪽밤'은 "'쌍동밤'의 잘못"으로 다뤄지고 있는 말입니다. 또 "가을에 밤송이가 저절로 벌어지면서 떨어지는 밤톨"을 일컫는 말은 '알암'이 아니라 '아람'입니다. 밤뿐 아니라 상수리나 도토리도 충분히 익어 땅에 떨어진 것은 다 '아람'이라고 부릅니다.

1부   말법을 알아야 우리말 달인이 될 수 있다

헤롱헤롱거리지
마라

"무면허 음주운전자 법정 출두 때도 헤롱헤롱" "마취주사 때문에 헤롱거리는 강아지를 보니까, 가슴이 얼마나 아프던지…" 따위 예문에서 보듯이 "정신을 가누지 못하는 행동"이나 "버릇없이 경솔하게 자꾸 까부는 모양"을 일컫는 말로 '헤롱헤롱'이나 '헤롱거리다'가 널리 쓰입니다.

그러나 강아지도 사람도 헤롱거리지는 못합니다. 우리말에는 '헤롱헤롱'이나 '헤롱거리다'가 없기 때문이죠.

우선 '헤롱거리다'의 '롱'에 눈길을 줘 보세요. '롱'이 가진 모음이 뭐죠? 'ㅗ'입니다. 양성모음인 거죠. 그렇다면 그 앞의 말도 양성모음을 갖는 것이 자연스럽습니다. 모음조화 현상 때문입니다.

다시 말해 '롱'과 어울리려면 음성모음인 'ㅔ'가 들어간 '헤'로 쓸 것이 아니라 양성모음인 'ㅐ'를 지닌 '해'로 적어야 합니다. '헤롱헤롱' '헤롱거리다'가 아니라 '해롱해롱' '해롱거리다'가 바른말인 거죠.

그런데 '해롱거리다'의 큰말을 '헤룽거리다'로 생각하기 쉽습니다. 하지만 이것 역시 바른말이 아닙니다. 이때는 조금 낯설지만 '희룽거리다'로 써야 합니다.

조금 전에도 얘기했듯이 양성모음은 작은말, 음성모음은 큰말이 됩니다. 하지만 모두가 그런 것은 아닙니다. 더러는 음성모음과 중성모음이 어울려서 큰말을 이루기도 하거든요.

"기다란 물건의 한 군데가 패어 들어가 오목하다"를 뜻하는 '잘록하다'도 그런 말입니다. 이 말의 큰말은 '절룩하다'가 아니라 '질룩하다'랍니다. 물론 '잘룩하다'는 모음조화 현상에 어긋난 비표준어이고요. 아셨죠?

새는
푸드득 날지 않는다

'공원의 파란 하늘로 비둘기가 푸드득 날아가고…'

어느 일간지 사회면에 실린 기사의 한 부분입니다. 꽤 오래전 일인데, 저는 이 글을 읽다가 배꼽이 빠질 뻔했습니다. 왜냐고요? 여러분도 제 얘기를 들으면 웃다가 배꼽이 빠질지 모릅니다. 그러니까 일단 배꼽부터 꽉 잡고 제 얘기를 들어 보세요. 아셨죠?

우리가 흔히 새의 날갯짓을 표현할 때 쓰는 '푸드득'은 사실 새와는 눈곱만큼도 관계가 없습니다. '푸드득'은 '부드득'의 거센말로, '파드득' '포드득' '뿌드득' 따위와 같은 말이거든요.

즉 '푸드득'은 "단단하고 질기거나 번드러운 물건을 되게 문지르거나 마주 갈 때 나는 소리" 또는 "무른 똥을 힘들여 눌 때 나는 소리"를 뜻합니다.

따라서 그 신문 기사 내용은 "비둘기가 힘들여 똥을 누면서 파란 하늘로 날아갔다"는 뜻이니, 어떻게 웃음을 참을 수 있었겠습니까. 여러분이 생각해도 웃기지 않나요?

그렇다면 "새나 물고기가 날개 또는 꼬리를 힘차게 치는 소리"를 뜻하는 의성어는 뭘까요? 그것은 바로 '푸드덕'입니다. 또 '푸드덕'의 작은말은 '포드닥'이고요. 이 또한 모음조화의 영향을 받은 말입니다.

한편 의성어나 의태어를 반드시 국어사전에 오른 말만 써야 하는 것은 아닙니다. 국어사전에 사람들이 쓰는 의성어와 의태어를 모두 올려놓을 수는 없기 때문이죠. 예를 들어 "라면을 후르륵 찹찹 맛있게 먹는다"라는 표현에서 '찹찹'은 사람들이 많이 쓰지만, 〈표준국어대사전〉에 올라 있지 않은 말입니다. 하지만 '찹찹'이 음식을 먹는 모습이나 먹을 때 나는 소리의 의미로 사람들이 이해할 수 있다면 써도 됩니다. 이에 대해서는 국립국어원도 '온라인 가나다'에서 "의성어나 의태어는 사전에 등재돼 있지 않더라도 실제의 쓰임이 있다면 만들어쓸 수 있다"라고 밝히고 있습니다. 다만 〈표준국어대사전〉에 등재돼 있지 않은 어휘들은 표준어로 보기 어려우며, 표준어를 쓰고자 한다면 〈표준국어대사전〉에 등재된 어휘를 쓸 것을 권하고 있습니다.

그러나 사람들이 일상생활에서 많이 쓰는 의성어나 의태어에 비해 〈표준국어대사전〉에 올라 있는 말은 아주 적습니다. 사람들은 침을 '틱' 뱉는다고도 하고, 개가 '월월' 짖는다고도 말합니다. 하지만 '틱'이나 '월월'은 〈표준국어대사전〉에 없습니다. 그렇더라도 말맛 또는 글맛에 따라 '틱'과 '월월'을 쓸 수 있습니다. 말과 글은 사람들이 무슨 의미인지 알아들을 수 있는 데 존재 가치가 있는 거니까요.

다만 반드시 표준어로 표기할 필요가 있다면 〈표준국어대사전〉을 뒤져 봐야 합니다. 그리고 '푸드득'과 '푸드덕'의 예처럼, 〈표준국어대사전〉이 "새나 물고기가 날개 또는 꼬리를 힘차게 치는 소리"는 '푸드득'이 아니라 '푸드덕'으로 써야 한다고 밝히고 있는 내용은 사전대로 따르는 것이 좋습니다. 사실 "새가 푸드득 날았다"를 "새가 푸드덕 날았다"로 쓴다고 해서 말맛이나 글맛이 변하지도 않습니다. 그런 점에서 조금 전에 얘기한 '후르륵'도 '후루룩'으로 써야 합니다. 〈표준국어대사전〉이 '후르륵'을 "'후루룩'의 잘못"으로 다루고 있거든요.

아동바동하지 말고,
오도방정도 떨지 마라

우리말에는 모음 '으(ㅡ)'와 '우(ㅜ)'가 헷갈리는 것도 참 많습니다. 이런 말들 중에는 모음조화 현상과 연관된 것들도 있어 더욱 혼란스럽게 만듭니다.

"칼칼한 맛에 땀이 송글송글 맺히고, 매운맛이 밴 두부 맛에 반해 버린답니다" 따위 문장에서 보이는 '송글송글'도 그중 하나입니다. 우리말에 '탱글탱글'이나 '빙글빙글' 등처럼 '-글-글' 꼴이 많다 보니 "땀이나 소름, 물방울 따위가 살갗이나 표면에 잘게 많이 돋아나 있는 모양"을 일컫는 말로 '송글송글'을 쓰는 사람이 많습니다. 그러나 '송글송글'은 '송골송골'로 써야 합니다. 왜냐고요? 그래야 모음조화에도 어울리고, 모든 국어사전에 그렇게 올라 있기도 합니다.

그런데 보통 '송골송골'이라는 말이 있으면, 이 말의 큰말은 '숭굴숭굴'이 되는 것이 일반적입니다. '포동포동'의 큰말이 '푸둥푸둥'이 되는 것처럼 말이죠. 하지만 '송골송골'의 큰말처럼 보이는 '숭굴숭굴'은 '송골송골'과는 전혀 다른 뜻을 지니고 있습니다. '숭굴숭굴'은 "얼굴 생김새가 귀염성이 있고 너그럽게 생긴 듯한 모양" "성질이 까다롭지 않고 수더분하며 원만한 모양" "얽은 자국이나 구멍 따위가 꽤 큼직큼직한 모양" 등을 뜻하거든요. 땀과는 전혀 관련이 없습니다.

'소근소근'도 모음 '으(ㅡ)'와 '우(ㅜ)'를 헷갈려 쓰기 쉬운 말입니다. "남이 알아듣지 못하도록 작은 목소리로 자꾸 가만 가만 이야기하는 소리. 또는 그 모양"을 뜻하는 말은 '소곤소 곤'입니다. 그리고 이 말의 큰말은 '수군수군'이고요. 이들 말은 모두 모음조화의 영향을 받습니다.

그런데 모음 '오(ㅗ)'나 '우(ㅜ)'를 써야 할 곳에 '으(ㅡ)'를 써서 틀리는 '송골송골'과 '소곤소곤'의 경우와는 거꾸로 모음 '으(ㅡ)'를 써야 할 곳에 '우(ㅜ)'를 써서 틀리는 말도 있습니다. 바로 '아둥바둥'이 그렇습니다.

"오래 간다고 생각하면 주식을 너무 싸게 사려고 아둥바둥 할 필요 없습니다" 따위 예문에서 보듯이 "무엇을 이루려고 애를 쓰거나 우겨대는 모양"을 뜻하는 말로 '아둥바둥'을 쓰는 일이 흔한데, 이는 '아등바등'이 바른말입니다. 또 우리말을 조금 아는 사람들 중에는 '아등바등'이 모음조화에 어긋난다고 생각해 '아동바동'으로 쓰는 분들도 있습니다. 하지만 이것 역시 바른말이 아닙니다. 무조건 '아등바등'으로만 써야 합니다.

이처럼 모음조화를 잘못 이해해서 틀리기 쉬운 말에는 '오 두방정'도 있습니다.

"묵은 해니 새해니, 오도방정 떨 것 없다" 따위 문장에서 보 듯이 "몹시 방정맞은 행동"을 가리키는 말로 '오도방정'을 쓰는

1부 말법을 알아야 우리말 달인이 될 수 있다

일이 흔한데, 이 말은 '오두방정'으로 써야 합니다. 거듭 얘기하지만 우리말법에 모음조화 현상이 있지만, 모음조화를 어설프게 이해했다가는 잘못 쓰기 쉬운 말들이 많습니다. 따라서 자기가 확실히 알지 못하고 **김가민가하는**˚ 것은 그때마다 국어사전을 뒤져서 외워야 합니다. 그 수밖에는 없습니다.

🔖 **김가민가하는** ⊗ **긴가민가하는** ◎

"그런지 그렇지 않은지 분명하게 알지 못하다"를 뜻하는 말은 '긴가민가하다'입니다. 한자말 '其然가未然가하다'(기연가미연가하다)가 줄어든 말이거든요. 이러한 어원을 알면 '긴가민가하다'를 '김가민가하다'로 잘못 쓸 일이 적어집니다. '기연가'의 준말은 '김가'보다 '긴가'가 훨씬 자연스럽잖아요.

넝큼 고치슈! ✎

닁큼 닐리리로 고치슈!

밤의 매끈한 겉껍질을 까면 조금은 까끌까끌한 속껍질이 나옵니다. 혹시 그것의 이름이 뭔지 아시나요? 씹으면 떫은맛이 나는 밤의 속껍질을 이르는 말은 '보늬'입니다. 도토리의 속껍질 역시 '보늬'라고 부릅니다.

'보늬'처럼 우리말에는 '늬' 꼴의 글자를 지닌 말이 몇 가지 있습니다. 누구나 다 아는 '무늬'가 있고, "화살의 머리를 활시 위에 끼도록 에어 낸 부분"을 뜻하는 '오늬'도 있습니다. "서쪽 에서 부는 바람"을 의미하는 '하늬'도 있고요.

그런데 말이죠. 이들 말 중에서 아주 익숙한 '무늬'를 제외 하고는 무척 낯섭니다. 그래서인지 열이면 아홉은 '늬' 꼴의 말 을 바르게 쓰지 못합니다. 그런 예를 하나 들어 볼게요.

"박 영감이 '이리 오슈. ○○ 이리 오슈'라고 소리쳤다"라 는 문장에서 ○○에 들어갈 말은 '냉큼'과 '넹큼' 중 어느 것이 맞을까요? 얼핏 봐서는 두 가지 다 쓸 수 있을 것 같지만 '냉 큼'만 되고 '넹큼'은 못 씁니다.

앞에서 얘기했듯이 양성모음(ㅏ, ㅗ, ㅑ, ㅛ, ㅐ, ㅘ, ㅚ 등)을 가진 말이 작은말이면 음성모음(ㅓ, ㅜ, ㅕ, ㅠ, ㅔ, ㅝ, ㅟ 등)을 가진 말은 큰말이 되는 게 우리말법입니다. 따라서 '냉큼'이 작 은말이고, '넹큼'이 큰말이 되는 것은 아주 당연한 일이죠. 하 지만 실제는 그렇지가 않습니다. '애개'가 작은말이므로 '에계' 는 큰말이 되는 것과 달리 작은말 '냉큼'의 큰말은 좀 생뚱맞은 '닁큼'입니다.

'닁큼'! 혹시 이런 글자를 본 적이 있으신가요? 제가 30년 쯤 남의 글을 봐 왔지만 지금껏 '닁큼'이라고 적어 온 원고를 보지 못했습니다. 반면 '넹큼'으로 잘못 쓰는 사람은 아주 많이

1부 말법을 알아야 우리말 달인이 될 수 있다

봤죠.

"퉁소, 나팔, 피리 따위 관악기의 소리를 흉내 낸 소리"를 뜻하는 말도 열 명 가운데 아홉 명은 잘못 씁니다. 다들 '닐리리'로 적습니다. 당연합니다. 노래도 있잖아요. '닐리리 맘보'! 조선 후기에 만들어진 민요 '닐리리야'도 있고요.

하지만 제 아들과 딸이 쓰고 있고 제 아버지와 어머니가 쓰시던 '닐리리'나 '닐리리야'는 바른말이 아니라고 합니다. 국어사전들이요. 이 말 역시 '닝큼'처럼 '늴리리'나 '늴리리야'로 적도록 밝히고 있습니다.

하지만 제 생각은 조금 다릅니다. '닝큼'이나 '닐리리'는 '넹큼'이나 '닐리리'를 표준어로 삼아야 한다고 봅니다. '냉큼'과 '넹큼'이 작은말과 큰말로 충분히 어울릴 수 있고, 의성어인 '닐리리'를 '늴리리'로만 써야 한다는 주장은 문법적 설득력이 거의 없기 때문이죠. 무엇보다도 사람들은 대부분 '넹큼'이나 '닐리리'로 쓰고 있잖아요.

일을 서둔 것은 🖊
서툴렀기 때문이다

우리말 표준어규정 제16항은 "준말과 본

말이 다 같이 널리 쓰이면서 준말의 효용이 뚜렷이 인정되는 것은 두 가지를 모두 표준어로 삼는다"라고 규정하고 있습니다. 이에 따라 '머무르다/머물다' '서두르다/서둘다' '서투르다/서툴다'를 복수 표준어로 인정했지요.

그런데 말입니다. 이 규정의 비고란에는 "모음어미가 연결될 때에는 준말의 활용형을 인정하지 않음"이라고 적혀 있습니다. 무슨 말인고 하면, '머물다' '서둘다' '서툴다'의 어간 머물·서둘·서툴의 뒤에는 '-고/-다가/-며' 등 자음으로 시작하는 어미는 올 수 있지만, '-어라/-었' 등 모음으로 시작하는 어미는 붙지 않는다는 겁니다. '머물고' '머물다가' '머물며' 등으로는 쓸 수 있지만, '머물어라' '머물었다' 따위로는 못 쓴다는 얘기죠. 이는 '가지다'의 준말 '갖다'가 '갖아' '갖아라' '갖았고' 따위로 활용되지 않는 것에서 유추해 활용형을 제한한 것입니다.

그러면 '디디다'의 준말 '딛다'는 어떻게 될까요? 어떻게 되긴요? '딛어요' '딛은' '딛어라' '딛었고' 등으로는 쓸 수 없는 거죠. '내딛다'도 똑같습니다. '내딛어요' '내딛은' '내딛어라' 등은 안 됩니다. 모음어미는 꼭 본말에 붙여야 합니다. '내디뎌(내디디어)' '내디딘' '내디뎌라' 따위처럼 말입니다.

자, 지금까지의 얘기를 정리해 볼게요.

"이런 행사를 갖은 지 벌써 5년째다"라는 문장에서 '갖은'은 될까요, 안 될까요? 맞습니다. 안 됩니다. '가진'이라고 해야

1부 말법을 알아야 우리말 달인이 될 수 있다

합니다. 또 "그는 참 서툴었다"라는 표현의 '서툴었다'는 '서툴렀다'로, "바둑 세계에 첫발은 내딛은 민용이는…"에서 '내딛은'은 '내디딘'으로 써야 합니다. 아셨죠?

게 섯거라, ✎
당신이라면 서겠소?

　　　　　　우리가 흔히 말하고 자주 듣는 말인데, 막상 그것을 글자로 적으려면 어떻게 써야 할지 헷갈리는 말이 적지 않습니다.

흔히 '게 섯거라'로 쓰는 말도 그중 하나입니다. 이 표현은 신문에서 기사 제목으로도 자주 쓰이는데, "쿠팡 게 섯거라… 큐텐, 위메프 전격 인수" 등처럼 잘못 쓰는 일이 흔합니다. 또 이를 '계 섯거라'나 '개 섯거라'로 쓰는 사람도 있습니다. 하지만 '게 섯거라' '계 섯거라' '개 섯거라'는 모두 바른말이 아닙니다.

우선 '게' '계' '개' 중에서는 '게'만 바르게 적은 겁니다. '게'가 '거기'의 준말이거든요. 그리고 '섯거라'는 '섰거라'로 써야 합니다. 이때의 '섰거라'는 '서 있거라'가 줄어든 형태입니다.

우리말에서는 준말의 경우 본딧말의 형태를 그대로 유지하려는 경향이 있습니다. '가지다'가 '갖다'로, '디디다'가 '딛다'로 줄어드는 것도 그 때문입니다. 옛날에 가죽신을 만드는 일을 직업으로 하던 사람 있죠? 여러분이 '갓바치'나 '갖바치'로 알고 있는 사람 말입니다. 하지만 그 사람은 '갖바치'로 써야 합니다. 그 사람이 가죽으로 신을 만들었잖습니까. 그래서 가죽의 '죽'에 있는 첫소리가 앞말의 받침으로 쓰인 거죠. "짐승의 가죽, 힘줄, 뼈 따위를 진하게 고아서 굳힌 끈끈한 것", 즉 '아교풀'을 뜻하는 우리말 역시 '갖풀'입니다.

또 '이놈아'가 줄면 '인마'가 되고, '야 이놈아'가 줄면 '얀마'가 됩니다. 줄어든 '놈'의 'ㄴ'이 나타나는 거죠. 따라서 이를 '임마'나 '얌마'로 쓰는 것은 바른 표기가 아닙니다.

이렇게 본딧말과의 관련성을 유지하기 위해 '서 있거라'의 '있'에 있는 받침 'ㅆ'이 '서'에 붙어 '섰'의 형태가 됩니다. "더위야 물럿거라" 따위 표현에서 보이는 '물럿거라'도 마찬가지입니다. '물러 있거라'가 줄 때도 '섰거라'와 똑같이 '있'의 받침 'ㅆ'이 '러'에 붙어 '렀' 꼴을 취하게 돼 '물렀거라'로 써야 하는 거죠.

"가까이 있는 사람에게 무엇을 주면서 하는 말"인 '옜소'도 똑같습니다. '예('여기'의 준말) 있소'의 준말이므로 '옛소'로 쓰지 말고 반드시 '옜소'로 적어야 합니다.

어때요? 머릿속에 뭔가 찡~ 하고 흐르는 게 있죠? 우리말 공부는 이렇게 해야 합니다. 단어 하나하나를 외우면 괜히 머리

　　　　1부　말법을 알아야 우리말 달인이 될 수 있다

만 아픕니다. 그보다는 말의 원리를 찾고, 한글맞춤법과 표준어 규정을 만든 개념을 파악해 그것을 깨치는 것이 중요합니다.

'유관순 열사'를 ✎
류관순으로는 못 쓴다

지난 2007년 8월 1일부터 우리말의 큰 흐름 하나가 바뀌었습니다. 말 많고 탈 많던, 성씨의 두음법칙 적용 여부가 뒤집어진 것입니다. 이전에는 성이 柳인 사람은 한글 표기로 '유'만 쓸 수 있었는데, 이날부터 자기가 원하면 '류'로도 쓸 수 있게 된 거죠. 여기서 아주 중요한 것이 '자기가 원하면'입니다.

李, 林, 梁, 羅 등도 마찬가지입니다. '이'나 '리', '임'이나 '림', '양'이나 '량', '나'나 '라'로 쓸 수 있습니다. 자신이 원한다면요.

지난 2004년 대법원은 "호적에 한자로 된 성姓을 한글로 기재할 때에는 한글맞춤법에 의해 표기하도록 호적 예규에 규정돼 있다"라며 "버들 류柳씨나 오얏 리李씨, 그리고 그물 라羅씨 등을 호적부에 한글로 표기할 때에는 두음법칙에 따라 '유, 이, 나'로 각각 표기해야 한다"라고 밝혔습니다.

그러나 2007년 대법원은 다시 "기존에 쓰던 성씨에까지 두음법칙을 강요하는 것은 기존에 사용하던 헌법상 인격권과 자기결정권을 침해할 소지가 있다"라며 두음법칙 적용을 명시한 호적 예규를 위헌으로 판결했습니다. 개인의 성은 혈연집단을 상징하는 기호이자 개인의 동질성을 나타내는 고유명사이므로 국가가 표기법을 강제하는 것은 인격권 침해라는 게 당시 대법원의 판단이었죠.

이에 따라 국어심의회도 지난 2009년 한글맞춤법의 두음법칙 자체에는 손을 대지 않는 대신 '성씨도 두음법칙을 따라야 한다'는 해설서 부분을 삭제했습니다. 따라서 柳, 李, 林, 梁, 羅씨 등은 자신이 원할 경우 류, 리, 림, 량, 라씨로 쓸 수 있습니다.

그러나 우리 민족의 '영원한 누나' 유관순 열사를 '류관순'으로 적을 수는 없습니다. 이승만 전 대통령도 '리승만'으로 적을 수 없고요. 성씨의 한글 표기를 바꾸려면 아버지 또는 개인이 반드시 가정법원에 변경 신청을 내야 하기 때문입니다.

특히 역사 속의 인물은 지금까지 써 오던 대로 써야지, 지금의 규칙대로 후손들이 바꿀 경우 되레 큰 혼란을 불러올 수 있습니다. 어느 집안에서는 '리순신 장군'으로 부르고, 다른 집안에서는 '이순신 장군'으로 부르면 아주 우스운 일이 벌어지겠죠.

참, 그런데요. 제가 방금 유관순 누나에게 '열사'라는 말을 썼습니다. 그러나 다들 안중근 의사에게는 '열사' 대신 '의사'를 쓰니다. 혹시 그 이유를 아시나요?

늘 써 오는 말이지만, 정확한 의미를 아는 사람은 많지 않은 듯합니다. 제 주변의 기자들에게 물어봐도 제대로 의미를 구분하는 사람이 없더라고요.

독립유공자 예우에 관한 법률에 따르면 일제가 우리 국권을 침탈한 무렵부터 광복 때까지 국내외에서 독립운동을 하다 숨진 분들을 '순국선열'이라 부르고, 독립운동가 중 광복 후까지 생존하신 분들은 '애국지사'로 부릅니다.

그리고 순국선열 중 '의사'는 "주로 무력으로 싸우다 죽은 사람을 가리킬 때" 사용하며, '열사'는 "주로 맨몸으로 싸우다 죽은 사람을 가리킬 때" 씁니다. 그래서 안중근·윤봉길 의사이고, 유관순·이준 열사입니다. 김구 선생님은 애국지사이시고요.

선동열?

선동렬?

　　　　　　'무등산 폭격기'로 불리며 한때 우리나라 최고의 투수로 꼽히던 선동열 씨의 한자 이름은 '宣東烈'입니다. 한글로 적으면 '선동렬'이 되지요. 그러나 정작 본인은 예전부터 '선동열'로만 적어 왔으니, 신문 등에서도 그렇게 써 달라고 요구한 것으로 알려져 있습니다.

이 때문에 어느 신문은 그의 이름을 '선동열'로 적고, 또 어떤 신문은 원칙에 따라 '선동렬'로 적어 사람들을 헷갈리게 하곤 했죠. 선수복에 '선동열'이라는 글자가 뚜렷한 사진 아래에 '선동렬'이 **어찌구저쩌구하는**˚ 기사가 실릴 정도였습니다.

이 문제는 무엇이 옳다 그르다 따지다 보면 열흘 밤낮이 훌쩍 지나갈지도 모릅니다. 성씨의 두음법칙 적용 논란보다 더 복잡합니다. 다만 성씨까지 자신의 선택에 맡기기로 한 터이니, 이제 이름에도 문법적 잣대를 들이대서는 안 된다고 생각합니다. 더욱이 기업의 이름은 어법에 맞든 틀리든 자기네가 쓰고 싶은 대로 쓰게 하면서, 사람에게만 어법을 지키라고 강요하는 것은 옳지 않다고 봅니다.

예를 들어 '쌍용'이라는 회사도 어법을 따지면 '쌍룡'으로 해야 하잖아요. 또 프로야구나 프로농구 같은 스포츠 구단 중에서 이름을 외래어표기법에 맞게 지은 곳은 가뭄에 콩 나듯 합니다. 그런데 이런 기업들에는 찍소리 못 하고 그들이 써 달라는 대로

어찌구저쩌구하는 ⓧ **어찌고저쩌고하는** ◉

이제 이 정도는 탁 보면 척 하고 아시겠죠? 그렇습니다. 모음조화 현상!

1부 말법을 알아야 우리말 달인이 될 수 있다

써 주면서 누구보다 행복추구권과 자기결정권이 강한 개인에게만 말법을 강요하는 것은 옳지 않다고 봅니다. 그렇죠?

그런데 갑자기 이런 이야기를 왜 하냐고요? 무지 재미있으면서, 한편으로는 조금 한심한 일을 꼬집으려고 합니다. 궁금하시죠?

그것은 바로 '류'씨를 쓸 수 있도록 해 달라고 소송을 제기한 사람들이 자신들의 주장을 얘기하면서 "이문열·최병렬의 '열' '렬'처럼 성씨 이외의 이름은 본인이 원하는 대로 호적에 올리므로 성씨도 예외로 하는 게 옳다"는 논리를 폈다는 겁니다. 또 모 신문의 논설위원은 이 문제와 관련한 칼럼을 쓰면서 "1995년쯤 작가 이문열李文烈 씨를 인터뷰하던 말미에 짐짓 시비를 걸었다. 글 쓰는 양반이 왜 원칙대로 '이문렬'로 쓰지 않고 '이문열'로 쓰느냐고 따졌다"라고 했습니다.

이 무슨 코미디 같은 비유이고, 이 무슨 무식한 소리냐고요. '이문열'과 '최병렬'은 자기들이 쓰고 싶은 대로 쓴 것이 아니라, 그것이 어법에 맞는 표기입니다. 이문열을 '이문렬'로 쓸 수는 없습니다. '최병렬'도 어법에 맞게 적은 거고요. 이 얘기를 하고 싶어 사설이 좀 길었습니다.

한글맞춤법 제11항은 "한자음 '랴, 려, 례, 료, 류, 리'가 단어의 첫머리에 올 적에는 두음법칙에 따라 '야, 여, 예, 요, 유, 이'로 적는다"라고 규정하고 있습니다. 그러면서 '붙임'에서 "단어의 첫머리 이외의 경우에는 본음대로 적는다"라고 했지요. 하지만 거기서 끝나는 것이 아니라 "다만 모음이나 'ㄴ' 받침 뒤에 이어지는 '렬, 률'은 '열, 율'로 적는다"라고 덧붙여 놓았습니다.

즉 률(律/率/栗/慄)과 렬(列/烈/裂/劣)은 한 말의 어중·어말에 나올 때는 '률/렬'로 적는 게 원칙이나 '자율^{自律}' '백분율^{百分率}' '조율이시^{棗栗梨柿}' '전율^{戰慄}' '나열^{羅列}' '훈열^{勳烈}' '분열^{分裂}' '비열^{卑劣}' 등에서 보듯이 모음 또는 'ㄴ' 받침 뒤에서는 '율/열'로만 발음되므로 관용에 따라 '율/열'로 적기로 한 겁니다.

자, 이 내용을 정리하면 이렇게 됩니다. ▲우선 한자 '률'과 '렬'은 첫 소리로 나올 때는 무조건 '열'과 '율'로 적습니다. ▲그렇지만 한자 낱말의 중간이나 끝에 올 경우 앞말에 받침이 있을 때는 '률'과 '렬'로 쓰고, 받침이 없을 때는 '율'과 '열'로 쓰는 겁니다. ▲하지만 앞말에 받침이 있더라도 'ㄴ' 받침 뒤에서는 예외적으로 '율'과 '열'로 적습니다.

그러니까 '上昇率'과 '普及率'을 '상승율'과 '보급율'로 적는 것은 잘못입니다. '상승률'과 '보급률'로 써야 합니다. 선동열 씨의 이름도 어법을 따른다면 '선동렬'이 맞는 거죠. 이와 반대로 '韻律'과 '班列'은 '운률'과 '반렬'로 적는 것이 아니라 '운율'과 '반열'로 적어야 합니다. 결국 앞말에 받침이 있느냐와 없느냐('ㄴ' 받침 예외)만 따져 '률/렬'과 '율/열'을 구분하면 되는데, 의외로 이것을 잘못 쓰는 사람이 많습니다. 이 글을 읽는 여러분은 이제 그런 실수를 하지 않을 거죠?

참, 이런 내용을 좀 어설프게 아는 사람들이 꼭 틀리는 말이 있습니다. 〈어휘 편〉에서 짧게 살펴본, "불 따위가 이글이글 뜨겁게 타오름"을 뜻하는 '작열'입니다.

앞의 내용에 따르면, '작'에 'ㄱ' 받침이 있으니까 뒤에 오는 '열'은 '렬'로 적어야 합니다. 이 때문인지 "태양이 작렬하는 해변으로 여행을 떠난다"처럼 '해'와 관련한 말로 '작렬'을 쓰는 사람이 무척 많습니다.

그러나 〈어휘 편〉에서 얘기했듯이 해와 관련한 말에서는 '작렬'이 아니라 '작열'이라고 써야 합니다. 왜냐하면 이때의 한자는 '灼熱'이기 때문입니다. 列/烈/裂/劣 등은 본음이 '렬'이지만, 熱은 본음이 '열'입니다. '발열發熱'이나 '방열放熱'의 그 '열'입니다. 즉 두음법칙 적용 여부와 관계없이 '열'로만 써야 하는 거죠.

아차차! 이 두음법칙과 관련해 꼭 알아 두어야 할 것이 또 하나 있습니다.

제가 앞에서 한자음 '랴, 려, 례, 료, 류, 리'가 단어의 첫머리에 올 적에는 '야, 여, 예, 요, 유, 이'로 적지만, 단어의 첫머리 이외의 경우에는 본음대로 적는다고 했죠? 그러나 이것은 어디까지나 한자로만 이루어진 말에서 그렇다는 겁니다. '순우리말+한자'나 '외래어+한자'에서는 그렇지가 않습니다. 순우리말이나 외래어 뒤에 연이어지는 한자말은 어두에 온 것과 똑같이 취급합니다.

따라서 '독자란'과 '비고란' 등에서는 '欄'을 '란'으로 적지만 '가십gossip난'이나 '어린이난'에서는 '欄'을 '난'으로 써야 합니다. 'gossip欄'과 '어린이欄'에서는 '欄'이 처음 나오는 한자니까 두음법칙을 적용해야 하는 겁니다.

"분량이나 수량의 뜻을 나타내는 말"인 '량量'도 마찬가지입니다. 한자말 뒤에 붙어서는 '수출량' '노동량' 따위로 적지만 한자말이 아닌 말과 더해질 때는 '구름양' '쓰레기양' 등으로 적어야 합니다.

그러나 "축구나 농구 따위에서, 골이나 바스켓 쪽을 향해 공을 차거나 던져서 점수를 얻는 비율"을 뜻할 때의 '슛률shoot率'은 조금 다릅니다. 이것은 앞말에 받침이 있느냐 없느냐('ㄴ' 받침 예외)로 갈립니다. '슛'에는 받침이 있으므로 '슛률'이 맞는 표기입니다. 현재 〈표준국어대사전〉에 '슛률'이 등재돼 있지는 않지만, '우리말샘'에는 올라 있습니다. '슛율'은 어디에도 없고요. 에고고,* 우리말법이 좀 어렵기는 합니다.

📑 **에고고 ⊗ 애고고 ◎**

'애고고'라는 말이 좀 낯설게 느껴지시죠? 하지만 '아이고'의 준말은 '애고'가 되는 것이 당연하고, '애고'를 잇따라 내는 소리는 '애고고'입니다. 또 '어이구'가 줄면 '에구'가 되고, '어이구'를 잇따라 내는 소리는 '에구구'입니다.

1부 말법을 알아야 우리말 달인이 될 수 있다

한글맞춤법을 따라야 한다

요즘 우리나라 언론을 보면 북한 사람을 '최룡해'나 '리설주'처럼 북한식으로 적는 일이 흔합니다. 북한의 땅 이름 '용천'을 '룡천'으로 적기도 하고요.

그러나 국립국어원은 1992년 문화부 국어심의회 한글분과위원회 심의·결정 이후 줄곧 "북한의 고유명사 표기 시에는 두음법칙을 적용해야 한다"라고 밝혀 왔습니다. 예를 들어 '리득춘'은 '이득춘', '량강도'는 '양강도', '로동신문'은 '노동신문'으로 적도록 하고 있습니다. 하지만 이를 모르는 언론이 참 많은 것 같습니다. 아니면 알면서도 '한글맞춤법쯤이야' 하고 우리말법을 무시하는 언론이 참 많은 것이고요.

앞에서도 얘기했듯이 성과 이름에서 두음법칙 등 한글 표기의 예외를 인정받으려면 '자신이 원해 법원에 신청'을 해야 합니다. 만약 아버지가 자신의 아이를 '유'씨로 호적에 올렸는데, 성인이 된 자녀가 법원에 신청하면 '류'씨가 될 수 있는 거죠. 그러나 북한의 이설주 씨가 우리 법원에 '리설주'로 고쳐 달라고 신청할 리는 없으니까 우리는 '이설주'로 써야 하는 겁니다.

또한 성과 이름은 나누어지는 것으로 이름 역시 두음법칙이 적용됩니다. 따라서 중국 당나라의 무장인 '安祿山'도 '안+녹산'

으로 적어야 합니다. 북한 '최룡해'도 '최용해'가 맞는 표기이고요.

　　다만 이름이 외자인 경우에는 두음법칙을 적용해도 되고 적용하지 않아도 됩니다. 조선 선조 때의 무장으로 임진왜란 때 탄금대에서 배수진을 치고 왜군을 막다가 전사한 '申砬' 장군은 '신립'과 '신입' 아무거나 써도 됩니다.

연록은 있어도 ✎
연록색은 없다

　　　　　"물방울이 영롱히 맺힌 연록색 새순들 아래로는 맑은 계류가 흐른다." "연록색 새 옷으로 갈아입은 들판에 낮게 숨어 핀 진달래꽃이 정답다."

　　신문에 실린 멋진 표현들입니다. 그러나 안타깝게도 세상천지에 연록색을 띈* 나무는 없습니다. 아니, 그런 색은 세상에 없습니다. 왜냐고요? 뻔하잖아요. 우리말에는 그런 말이 없습니다.

　　흔히 '연록색'이라고 쓰는 말은 '연녹색'이 바른말입니다. '연록색'을 못 쓰고 '연녹색'으로 쓰는 것 역시 두음법칙과 관련이 있습니다.

　　연녹색軟綠色의 '綠'은 분명 '푸를 록' 자입니다. 더욱이 '록' 자 앞에 한자 '연軟'이 붙어 있습니다. 이런 조건이라면 '연록색'으로 쓰는 것이 옳아 보입니다.

하지만 '연녹색'은 "연한 녹색"을 뜻하는 말입니다. '연록+색'이 아니라 '연+녹색'으로 이루어진 말이라는 얘기죠. "연한 녹색"의 반대말 격인 "진한 녹색" 역시 '진록+색'이 아니라 '진+녹색'으로 이뤄진 말이니까 '진록색' 대신 '진녹색'으로 써야 합니다.

"푸른색과 자주색의 중간색"을 뜻하는 '남색'과 관련한 '연람색' '진람색' '검람색' 등도 '연남색' '진남색' '검남색' 따위가 바른 표기입니다. 이들 역시 '연+남색' '진+남색' '검+남색'의 구조거든요.

그렇다면 "푸른빛을 띤 녹색"은 '청록색'이나 '청녹색' 중 어

띈 → 띤

'띠다'와 '띄다'는 소리가 비슷해 잘못 쓰는 사례가 많은 말입니다. 하지만 그 구분법은 어렵지 않습니다. 우선 '뜨이다'의 준말인 '띄다'는 일상생활에서 주로 눈 또는 귀와 관련한 말에 쓰입니다. 눈에 보이거나 귀가 열린다는 의미로 쓰이죠, '눈에 띄다'와 '귀띔하다'처럼요. '띄다'는 또 "공간적으로 거리를 멀게 하다"를 뜻하는 '띄우다'의 준말이기도 합니다. 이런 '띄다'에서 '띄어쓰기'라는 말이 생겨났습니다.
이 외에 "용무나, 직책, 사명 따위를 지니다" "빛깔이나 색채 따위를 가지다" "감정이나 기운 따위를 나타내다" "어떤 성질을 가지다" 등의 의미를 나타낼 때는 '띠다'를 써야 합니다. '중대한 임무를 띠고' '붉은빛을 띤 장미' '노기를 띤 얼굴' '얼굴에 미소를 띠다' '보수적 성격을 띤 단체' 등처럼 쓰이는 거죠.

느 것을 써야 할까요? 그야 당연히 '청녹색'으로 써야 하지 않느냐고요? 그렇게 생각하기 쉽습니다. 하지만 실제는 그렇지 않습니다. 이때는 '청록' 그 자체가 하나의 빛깔이고, 그 뒤에 '색'이 더해진 말로 보아 '청록색'을 표준어로 삼고 있습니다.

또 '연록색'은 바른말이 아니지만, '색' 자를 떼고 쓸 때는 '연녹'이 아니라 '연록'이 됩니다. "수양버들은 연록을 베풀어 가지마다 늘어지고 햇빛은 대지에 김을 뿜어 내렸다" 따위로 쓰는 거죠. 이때는 '연록'을 '청록'처럼 하나의 빛깔로 보는 겁니다.

자, 이를 정리하면 '연록색' '진록색' '연람색' '진람색' '검람색' '연녹' '청녹색' 등의 말은 '연녹색' '진녹색' '연남색' '진남색' '검남색' '연록' '청록색' 따위로 써야 합니다.

연육교는
건너지 못한다

방금 제가 청록색은 '청록+색', 연녹색은 '연+녹색'의 구조로 이루어진 말이기 때문에 '청녹색'이나 '연록색'으로 쓰면 안 된다고 했죠? 이런 우리말법을 몰라 사람들이 툭하면 틀리는 말이 또 있습니다. '실락원失樂園'과 '연육교連陸橋'가 바로 그겁니다.

'실락원'은 그런 제목의 책이 출간되고 영화가 만들어질 정도로 아주 많이 쓰입니다. 그러나 '실락원'은 '연록색'처럼 우리말법의 두음법칙에 어긋나는 말입니다.

영국의 시인 밀턴이 지은 〈失樂園〉의 樂은 분명 '락' 자가 맞습니다. 또 앞에 한자 '失'이 있으니, '실락원'으로 쓰는 것이 옳은 것처럼 보입니다. 하지만 잘 생각해 보세요. '失樂園'의 뜻이 뭐죠? "낙원을 잃었다"는 것 아닌가요?

즉 失樂園은 '失+樂園'으로 이뤄진 말입니다. 따라서 樂園의 우리말 적기인 '낙원'으로 쓰고, 그 앞에 '실'을 더해 '실낙원'으로 써야 바른 표기가 됩니다. 만약 '실락원'으로 쓴다면 그 의미는 "즐거움을 잃은[失樂] 동산[園]"쯤이 될 겁니다.

'기념일記念日'이라고 할 때는 '기념+일'이니까 '念'을 '념'으로 적지만, "믿는 마음이 없이 입으로만 외는 헛된 염불"을 뜻하는 '공염불空念佛'은 '공+염불'이니까 '念'을 '염'으로 적는 것과 같은 이치입니다.

'연륙교連陸橋'도 똑같습니다. '連陸橋'의 '陸'은 땅을 가리키는 '뭍 륙' 자입니다. 하지만 육지陸地나 육교陸橋처럼 낱말의 첫소리로 올 때는 '육'으로 써야 합니다. 따라서 '連+陸橋'의 구조라면 '연육교'가 바른말이 되겠죠.

그런데 조금만 생각해 보세요. '連陸橋'의 의미가 뭐죠? "연결된 육교(연+육교)"인가요? 아니면 "땅과 연결된 다리(연

1부 말법을 알아야 우리말 달인이 될 수 있다

륙+교)"인가요? 당연히 섬과 육지를 연결해 주는, 즉 "땅과 연결된 다리"죠. 이렇게 '連陸(연륙)+橋(교)'의 구조라서 '연륙교'라고 써야 합니다.

이러한 이치에 따라 수냉식·공냉식과 고냉지 등은 틀린 표현이고, 수랭식·공랭식과 고랭지 등으로 써야 맞습니다.

두음법칙에서 또 하나 기억해 둘 것은 "준말에서 본음으로 소리 나는 것은 본음대로 적는다"는 겁니다. 무슨 소리인가 하면, '전국경제인연합회'는 '전국+경제인+연합회' 구조여서 '聯合會'를 '련합회'가 아닌 '연합회'로 적습니다. '연합회'에 두음법칙을 적용한 거죠. 하지만 '전국경제인연합회'가 '전경련'으로 줄면 두음법칙을 적용하지 않고 소리 나는 대로 '전경련'으로 씁니다. 그래서 국제연합은 '국련', 한국대학총학생회연합은 '한총련', 안전보장이사회는 '안보리'가 됩니다. '소련'도 소비에트사회주의공화국연방을 줄여 말하면서 '연방'의 두음법칙이 깨진 표기랍니다.

쥐어 준 돈은 못 받는다

"서희야, 이리 와. 엄마가 머리 빗어 줄게."
"싫어. 내가 빗을 거야."

"엄마가 예쁘게 빗어 준다니까."

(제가 아내를 째려봄)

"왜? 내가 또 잘못 말했어?"

"응!"

"뭐가?"

"빗어 준다는 게 말이 돼?"

"왜 말이 안 돼. 빗어 주는 게 빗어 주는 거지. 그럼 뭐라고 해!"

"빗겨 줘야지, 어떻게 빗어 주나!"

"…????…."

우리 집의 어느 날 아침 풍경입니다. 제 아내도 그러지만, '빗어 주다' 따위의 말이 꽤 널리 쓰입니다. 그러나 절대 남의 머리를 빗어 줄 수는 없습니다. 자기 머리를 빗을 때는 '빗다'를 쓸 수 있지만, 남의 머리에 빗질을 할 때는 '빗다'의 사역형인 '빗기다'를 써서 '빗겨 주다'라고 해야 하거든요.

이것을 문법적으로 설명하면 얘기가 아주 복잡합니다. 그것을 머릿속에 담아 두려면 가뜩이나 스트레스로 가득 찬 여러분의 머리가 폭발할지도 모릅니다. 그렇다고 그냥 넘어가기도 곤란합니다. 이와 비슷한 유형으로 틀리는 말이 아주 많거든요.

하지만 제가 누굽니까? 우리말 달인이잖습니까. 달인의 명예를 걸고, '빗어 주다'와 '빗겨 주다'의 차이를 아주 간단하게 설명해 드릴게요. 아래 예문을 꼼꼼히 읽어봐 주세요.

"나는 철수의 옷을 벗어 주었다." "나는 철수의 옷을 벗겨 주었다."

"나는 철수에게 옷을 입어 주었다." "나는 철수에게 옷을 입혀 주었다."

"나는 철수에게 밥을 먹어 주었다." "나는 철수에게 밥을 먹여 주었다."

자, 어때요? 감이 좀 잡히죠? 위의 문장들을 보면 왼쪽은 말이 안 됩니다. 그런데 "나는 딸의 머리를 빗어 주었다"가 되 겠냐고요? 당연히 안 되죠.

그래도 무슨 말인지 모르시겠다면 다시 아래를 보세요.

"옷을 벗었다." "옷을 벗겼다."

"옷을 입었다." "옷을 입혔다."

"밥을 먹었다." "밥을 먹였다."

왼쪽은 제가 저에게 하는 동작입니다. 반면 오른쪽은 제가 남에게나 남이 저에게 하는 동작입니다. 이런 원리로 제 머리 는 '빗을' 수 있지만, 남의 머리는 빗을 수 없고 '빗겨야' 하는 겁니다. 제가 아이들에게 얘기할 때 "아빠가 씻어 줄게"와 "아 빠가 씻겨 줄게" 중 뭐라고 말하는 게 편한지를 생각하시면 정 답이 확 떠오를 것 같네요.

이제 좀 감이 잡혔을 것으로 믿고, 여기서 퀴즈 하나!

방금 배운 것을 참고해서, "돈 따위를 나중에 받기로 하고 빌려주다"를 뜻하는 말은 '꿔주다'가 맞을까요, 아니면 '꾸어 주다'가 맞을까요?

답이야 뻔하죠. 만약 '꿔주다'가 바른말이라면 퀴즈를 낼 일이 있겠어요? 맞습니다. 이때의 바른말은 '뀌어주다'입니다. '꾸다'는 "뒤에 도로 갚기로 하고 남의 것을 얼마 동안 (제가) 빌려 쓰다"라는 뜻입니다. 반면 '뀌다(뀌이다)'는 "다음에 받기로 하고 남에게 돈이나 물건 따위를 빌려주다"라는 의미고요.

그러니까 '꾸다'는 빌리는 사람이 '나'지만, '뀌이다'는 빌리는 사람이 '남'입니다. 따라서 '뀌주다'라고 하면 "제가 남에게서 뀌다가 (거저) 주다"라는 의미가 되고 맙니다.

결론적으로 "나, 있다가˚ 갚을 테니 만 원만 뀌줘"라고 말할

있다가 → 이따가

"서울에 있다가 부산에 내려갔다"라는 표현에서 '있다가'는 기본형 '있다'를 활용한 것입니다. '먹다'를 "밥을 먹다…"로 쓴 것과 같은 꼴입니다.

그런데요. 이런 '있다가'가 [이따가]로 소리 나는 까닭에 "조금 지난 뒤에"를 의미하는 부사 '이따가'와 헷갈리는 경우가 종종 생깁니다. 더욱이 '있다'에는 "앞으로 사흘만 있으면 추석이다"처럼 "얼마의 시간이 경과하다"라는 뜻도 있어 부사 '이따가'와 더욱 헷갈리게 합니다. 보통은 '이따가'를 써야 할 때 '있다가'를 잘못 쓰곤 하죠.

하지만 '이따가'와 '있다가'의 구분은 의외로 간단합니다. 우선 '있다'의 높임이 '계시다'인 점을 활용하면 됩니다. "1년 있다가 귀국한대"를 "1년 계시다가 귀국하신대"로 써도 자연스럽습니다. 이런 경우는 '있다가'를 바르게 쓴 거죠. 즉 '있다가'를 '계시다가'로 바꿀 수 있는 문장이라면 '있다가'를 바르게 썼다고 보면 됩니다. 또 "꽃이 피고 있다가 시들었다" "3일 있다가 찾아오는 추석" 따위처럼 '있다가' 앞에는 장소·시간·사물 등 뭐가 있어야 문장이 됩니다. 이와 달리 부사 '이따가'는 "이따가 올래?"나 "이따가 보자" 따위처럼 장소·시간·사물 등을 뜻하는 말이 앞에 오지 않아도 문장을 만들 수 있습니다.

1부   말법을 알아야 우리말 달인이 될 수 있다

수는 있지만, "꿔준 돈이나 갚아"라고는 할 수 없습니다. 이때는 "꾸어준 돈이나 갚아"라고 해야 하는 겁니다. 아니면 "꿔 간 돈이나 갚아"라고 하든가요.

퀴즈 하나 더!

"아들에게 용돈을 쥐어 준 아빠"라는 문장에서 과연 아들은 용돈을 받았을까요? 못 받았을까요? 당연히 못 받았죠. 현재 돈을 쥐고 있는 사람은 아빠잖아요. '쥐다'는 "(자신의) 손가락을 다 오므려 엄지손가락과 다른 네 손가락을 겹쳐지게 하다"를 뜻합니다. "어떤 것을 잡게 하다"를 나타내려면 '쥐다'의 사역형인 '쥐이다'를 써야 합니다. 즉 남이 뭔가를 움켜쥐게 만들려면 내가 '쥐여 줘야' 하는 거죠.

산성비에 ✎
머리가 벗겨지지는 않는다

우리 주변에는 잘못 알려진 우리말 상식도 많지만, 잘못 알려진 일반 상식은 더 많습니다. 거짓 정보들이 넘쳐납니다. '산성비를 맞으면 머리가 빠진다'는 얘기도 그중 하나입니다. 그러나 요즘 우리나라에 내리는 산성비 때문에 머리카락이 빠질 일은 절대 없습니다.

만약 산성비 때문에 머리카락이 빠진다면 비가 오는 날에는 정부가 '재난 경보'를 내리고 모든 사람의 외출을 막고 나설 겁니다. 생각해 보세요. 전 국민이 대머리가 될 위기인데, 그 정도면 국가 재난 상태죠. 안 그렇습니까?

대기오염물질에는 질소산화물과 황산화물이 있습니다. 이 것이 수증기와 만나 질산이나 황산으로 변한 뒤 비에 흡수돼 내리는 것이 산성비죠. 하지만 우리나라에 내리는 산성비의 수소이온농도pH는 아주 심해도 4.4~4.9에 불과합니다. 반면 우리가 평소에 쓰는 샴푸는 pH3 정도로 산도가 산성비보다 10배 이상 높다고 합니다. 즉 산성비가 탈모를 일으킨다면 하루도 빠짐없이 샴푸를 사용하는 사람은 진즉 대머리가 됐을 것이라는 얘기입니다. 물론 산성비를 굳이 맞을 필요는 없습니다. 다만 그것 때문에 머리카락이 빠질 것으로 걱정할 필요는 눈곱만큼도 없습니다.

그건 그렇고요. 보통 대머리인 사람을 두고 '머리가 벗겨졌다'고 하는데, 〈어휘 편〉에서도 짧게 살펴봤듯이 '머리가 벗겨지다'는 아주 최근까지도 바른말이 아니었습니다. '벗겨지다'는 "덮이거나 씌워진 물건이 '외부의 힘'에 의해 떼어지거나 떨어지다"를 뜻하기 때문이죠. 하지만 탈모는 누가 머리카락을 뽑은 탓이 아니라 자연적으로 빠져서 생긴 일입니다. 이럴 때 쓰는 말은 '벗어지다'만 맞는 말이었습니다.

이 때문에 시중에 팔리고 있는 책이나 포털 사이트에 올라 있는 우리말 칼럼에는 '머리가 벗겨지면 큰일 난다'는 내용이 많이 보입니다. 저도 그런 글을 쓴 적이 있고요. 하지만 현재 〈표준국어대사전〉을 보면 '벗겨지다'의 여러 뜻풀이 중 하나가 "머리털이 빠져 맨살이 드러나게 되다"이고, 사용례로 '벗겨진 이마'와 '머리가 벗겨지다'가 올라 있습니다. '벗어지다'의 뜻풀이와 똑같습니다. 사람들이 '벗어진 이마'보다 '벗겨진 이마'를 더 널리 쓰는 점을 살펴 국립국어원이 '벗겨지다'를 '벗어지다'와 같은 말로 삼은 것이죠.

우리말은 이렇습니다. 문법도 중요하지만, 어떤 말을 사람들이 어떻게 쓰고 있느냐도 중요합니다. 더러는 그런 쓰임이 기존의 문법을 이기기도 합니다. 당연히 표준어는 늘 바뀝니다.

따라서 진정한 우리말 고수가 되려면 한글맞춤법이나 표준어규정 공부뿐만 아니라 '생활국어'에도 많은 관심을 가져야 합니다. 문법이 있어서 말이 만들어지는 것이 아니라 말이 문법을 만드는 것이니까요.

좋은 사람 있으면 소개시켜 달라고?
에이~ 바보!

하루는 TV를 보는데, 한 개그맨이 상대에게 "…를 소개시켜 주시죠"라고 하더군요. 그는 제가 이름과 얼굴을 정확히 연결 지을 수 있는 몇몇 연예인 가운데 한 명인데, 좀 실망스러웠습니다.

그러나 곰곰 생각해 보니, 우리 주변에서 '-시키다'를 잘못 쓰는 일이 무척 흔한 거 같더라고요. 사역형을 잘 몰라서 그러는 듯합니다. 2002년 개봉한 영화 〈좋은 사람 있으면 소개시켜 줘〉도 그중 하나죠.

'-시키다'는 명사 아래에 쓰여 "-하게 하다"라는 뜻을 나타내는 접미사라는 것쯤은 다들 아시죠? 그러니까 '-시키다'는 '명사+하다' 꼴의 동사에서 '-하다'의 자리에 붙어 그 동사가 사동의 구실을 하게끔 만드는 말입니다. 혼자 동사로 쓰이는 '시키다'도 접미사 '-시키다'와 의미는 거의 같습니다. 접미사 '-시키다'와 동사 '시키다'는 모두 자신이 주체가 돼 하는 일(주어가 표현의 중심이 된 문장)에는 쓸 수 없습니다.

도통 무슨 말인지 모르겠다고요? 이렇게 생각하시면 쉽습니다. '공부하다'와 '공부시키다'의 차이를 생각해 보세요. 또 '자장면을 해 먹다'와 '자장면을 시켜 먹다'는 어떻게 다른지 생각해 봐도 되겠네요.

"나는 공부했다"라고 하면 공부를 한 사람은 나입니다. 하지만 "나는 공부시켰다"라고 하면 공부한 사람은 내가 아니라 남이 됩니다. 자식이나 제자쯤 되겠죠.

또 "나는 자장면을 해 먹었다"라고 하면 자장면을 만든 사람은 나입니다. 그러나 "나는 자장면을 시켜 먹었다"라고 하면 자장면을 만든 사람은 내가 아니라 중국집 주방장쯤 될 겁니다.

그러면 '좋은 사람 있으면 소개시켜 줘'라는 표현은 무슨 뜻이 될까요? "좋은 사람이 있으면 (누군가에게) 소개할 수 있도록 해 줘" 정도의 의미가 될 듯합니다. 즉 '좋은 사람이 있으면 소개해 줘'는 "좋은 사람을 나와 맺어 줘"를 뜻하는 반면 '좋은 사람 있으면 소개시켜 줘'는 문장 자체가 비문이고 어거지°로 뜻풀이를 하면 "좋은 사람이 있으면 내가 그를 누군가에게 소개할 수 있도록 기회를 줘"라는 꼴이 되는 거죠.

친구가 믿기 어려운 말을 했을 때 흔히 쓰는 "야, 거짓말시키지 마"도 마찬가지입니다. 친구에게 "거짓말하지 말라"라고 충고하는 것이 아니라, "너 나에게 거짓말하게 만들지 마"라는

어거지 ⓧ 억지 ◉

"잘 안 될 일을 무리하게 기어이 해내려는 고집"을 뜻하는 말은 '억지'입니다.

뚱딴지같은 소리가 되고 마는 거죠.

'-시키다'를 잘못 쓴 사례를 좀 더 살펴볼게요. 아래의 예문들은 신문이나 방송에 나온 것들입니다.

"법원은 개시 결정까지의 기간을 단축시킬 것으로 알려졌다."

자, 이 문장에서 기간을 단축한 주체는 누구죠? 법원입니다. 누구에게 '단축하라고 시킨 것'이 아니잖아요. 이럴 때는 '단축시킬'이 아니라 '단축할'로 써야 합니다.

"깨끗한 선거를 실현시키는 방안이…."

여기서 선거를 깨끗이 치러야 하는 주체는 누구죠? 바로 우리(유권자)죠. 우리가 외국인 등에게 시키는 것은 아니잖아요. 따라서 이 문장의 '실현시키는'은 '실현하는'으로 썼어야 합니다.

"위원회로서는 김 회장을 해임시킬 수밖에 없었다."

김 회장을 **짜른** 주체가 누구인가요? 위원회입니다. 위원회가 다른 기관에 김 회장의 해임을 요구하고, 그 기관에서 김 회장을 자른 게 아닙니다. 그렇다면 여기서 '해임시킬'은 '해임할'로 쓰는 게 맞습니다.

어때요? 어떨 때 '-시키다'를 쓰지 말아야 하는지 감이 좀 오시나요? 사실 이거 꽤 복잡한 말법입니다. 이 부분 가지고 논문 하나는 뚝딱 나올 수 있을걸요. 해서 더 깊은 얘기는 블로그에서 전해 드릴게요. 그것도 괜찮죠?

일상생활에서 불필요하게 된소리를 써서 틀리는 말이 꽤 많습니다. '주꾸미'를 '쭈꾸미'로, '펄'을 '뻘'로, '좀생이'를 '쫌생이'로, '족집게'와 '족두리'를 '쪽집게'와 '쪽두리'로 쓰는 것이 대표적 사례죠. 또 조금 뒤에 가면 나오지만 외래어 표기에서는 된소리를 쓰면 100가지 중 99가지는 틀린 표기입니다.

일상생활에서 "나, 오늘 짤렸다" "어서 짤라" 따위처럼 쓰는 '짜르다'도 마찬가지인데요. '짜르다'는 무조건 '자르다'로 써야 합니다. "나, 오늘 잘렸다" "어서 잘라" 등처럼요.

또 "힘이 딸리다"처럼 '달리다'를 써야 할 때에 '딸리다'를 잘못 쓰는 일이 흔한데요. '딸리다'는 "어떤 것에 매이거나 붙어 있다" "어떤 부서나 종류에 속하다" 따위의 뜻을 가진 말입니다. 그래서 "화장실이 딸린 사무실" "딸린 식구" "염소는 솟과에 딸린 짐승이다" 등처럼 쓰입니다. 이 외에는 모두 '달리다'를 써야 합니다.

'딸리다'에 "다른 사람 뒤에서, 그가 가는 대로 같이 가게 하다"는 뜻도 있지만 '달리다' 역시 같은 의미를 가지고 있어 이런 뜻으로는 굳이 구분해 쓸 필요가 없습니다.

이 밖에 '거리끼다'를 '꺼리끼다'로, '부수다'를 '뿌시다'나 '뿌수다'로, '졸다'와 '졸리다'를 '쫄다'와 '쫄리다'로 쓰는 등 예사소리를 된소리로 잘못 쓰는 말이 정말 많습니다. '꺼리끼다' '뿌시다' '뿌수다' '쫄다' '쫄리다' 등은 국어사전에 없는 말이죠. 따라서 평소에 자신이 된소리로 발음하는 말들은 한 번쯤 국어사전을 뒤져 볼 필요가 있습니다. 그러면서 국어사전에 없는 말들을 정리해 놓다 보면 여러분은 어느새 우리말 고수가 돼 있을 겁니다.

라면과 몸은
붇지 않는다

"몸이 많이 불었다"라거나 "체중이 불어

걱정이다" 등은 널리 쓰이는 말입니다. 또 이들 문장 속의 '불었다'와 '불어'는 바른 표기입니다.

그러다 보니 살이 쩐다거나 몸무게가 늘었다는 의미로 '불다'를 쓰는 일이 흔합니다. "제가 살이 찌는 체질이 아닌데, 자꾸만 몸이 불고 있어요" "평소에 과식하지 않고 적당량만 먹으며 체중을 조절하다 보니 체중이 불지 않아요" 따위처럼 쓰는 거죠.

그러나 우리말에서 '불다'는 ①바람이 일어나서 어느 방향으로 움직이다 ②유행·풍조·변화 따위가 일어나 휩쓸다 ③입을 오므리고 날숨을 내어보내어, 입김을 내거나 바람을 일으키다 ④입술을 좁게 오므리고 그 사이로 숨을 내쉬어 소리를 내다 ⑤코로 날숨을 세게 내어보내다 ⑥숨겼던 죄나 감추었던 비밀을 사실대로 털어놓다 등 다양한 뜻이 있지만, 살이 찌거나 몸무게가 는다는 의미는 없습니다.

"물에 젖어서 부피가 커지다"라거나 "분량이나 수효가 많아지다"라는 뜻의 말은 '불다'가 아니라 '붇다'입니다. 그런데 '붇다'를 비롯해 '묻다' '듣다' '걷다' 등처럼 어간 말음에 'ㄷ' 받침이 있는 말은 활용할 때 특이한 형태를 띱니다. 모음으로 시작되는 어미 앞에서 'ㄷ'이 'ㄹ'로 변하는 것이죠.

"그에게 물었다(묻다)" "그런 소리를 들으니(듣다) 기분이 나쁘다" "그 길을 걸은(걷다) 적 있다" 따위처럼 쓰이잖아요. 그렇기 때문에 저 앞에서 예로 든 "몸이 많이 불었다" "체중이 불어 걱정이다" 등의 '불었다'와 '불어'는 바른말입니다. '불은 몸'으로 쓸 수도 있고요.

하지만 자음 앞에서는 'ㄷ'이 'ㄹ'로 바뀌지 않습니다. "묻지 않았다" "듣고 있다" "2시간 걷자니 다리가 아프다" 등처럼 'ㄷ' 받침이 그대로 쓰입니다. 따라서 "몸이 불고 있어요" "체중이 불지 않아요" 따위처럼 쓰지 못합니다. "몸이 붇고 있어요" "체중이 붇지 않아요"로 써야 하죠. '묻고 있어요'를 '물고 있어요'로, '듣지 않아요'를 '들지 않아요'로 쓸 수는 없잖아요.

'붇다'를 '(몸이) 불고 있다'나 '(체중이) 불지 않는다'로 잘못 쓰는 것과 같은 유형으로 틀리게 쓰는 말은 참 많습니다. "라면이 불기 전에 먹어라" "물을 많이 부었더니 국수가 불고 말았다" 등의 '불기'와 '불고'도 '붇기'와 '붇고'로 써야 합니다. 앞에서 얘기했듯이 "물에 젖어서 부피가 커지다"를 뜻하는 말은 '불다'가 아니라 '붇다'이니까요.

또 "부침개가 눌지 않도록 부쳐라" 역시 "부침개가 눋지 않도록 부쳐라"로 써야 합니다. "누런빛이 나도록 조금 타다"를 뜻하는 말이 '눋다'이거든요. 이 '눋다'가 모음을 만나면 '눌어' '눌은' 등이 되는데요. '눌은밥'도 여기서 나온 겁니다.

이 밖에 "한 여인이 우물물을 길고 있다"도 "한 여인이 우물물을 긷고 있다"로 써야 합니다. "우물이나 샘 따위에서 두

〈틀린 맞춤법으로 말하기〉

〈올바른 맞춤법으로 말하기〉

✚ "물에 젖어서 부피가 커지다" "분량이나 수효가 많아지다"라는 뜻의 말은 '불다'가 아니라 **'붇다'**입니다. 어간 말음에 'ㄷ' 받침이 있는 말은 모음으로 시작되는 어미 앞에서 'ㄷ'이 'ㄹ'로 변합니다. '노래를 들었다(듣다)'처럼요. 하지만 **자음 앞에서는 'ㄷ'이 'ㄹ'로 바뀌지 않는다**는 걸 기억하세요.

레박이나 바가지 따위로 물을 떠내다"를 뜻하는 동사는 '긷다'이기 때문이죠. 따라서 '물을 길어 오너라'는 되지만, '물을 길고 놀아라'는 '물을 긷고 놀아라'로 써야 합니다.

'-습니다'도 모르던
대통령

        2007년 5월, 한나라당에서 대통령 후보 경선이 한창일 때의 일입니다. 당시 이명박 전 서울시장의 자필 메모 한 장이 공개됐지요. 아주 짧은 글이었는데, 그 짧은 글에서 '예비 대통령'이라는 그분은 '며칠'을 '몇 일'로 쓰고, '-습니다'를 죄다 '-읍니다'로 쓰는 등 엉터리 국어 실력을 유감없이(?) 보여 줬습니다. 띄어쓰기도 아주 엉망이었죠.

  그래서 제가 '대통령 선거에 출마하겠다는 사람이 나랏말도 몰라서야 되겠느냐'는 뜻으로 '이명박 후보 공부하세요'라는 제목의 기사를 썼습니다. 이후 이 대통령이 '-습니다'를 '-읍니다'로 쓸 때마다 언론들이 이 문제를 지적한 일이 생각납니다.

  그런데 말입니다. 사실 이것은 이 전 대통령만의 문제가 아닙니다. 역대 대통령 중에서 우리말을 제대로 쓰신 분은 없다고 단언합니다. 그뿐 아니라 예전부터 청와대 누리집은 '오자의 바다'였습니다. 맞춤법에 어긋나는 말, 일본말 찌꺼기, 주술 관계도 안 맞는 문장이 넘쳐나지요. 교육부와 문화관광체육부를 비롯한 각 부처의 누리집도 별반 다르지 않습니다. 몇몇 글은 우리말 공부를 한창 하고 있는 외국인이 써 놓은 듯한 느낌이 들 정도입니다.

제가 예전에는 한글날마다 이를 지적하곤 했는데, 관계자들이 귓등으로도 듣지 않아 지금은 포기한 상태입니다. 하지만 이번에 책을 새로 쓰고 블로그를 다시 운영하면서 틈틈이 대통령실과 정부 부처의 누리집에 등장하는 우리말 오류들을 지적해 볼까 합니다. 기다려 주시고, 기대해 주세요.

있슴은 없고, ✎
있음만 있다

여러분은 이명박 전 대통령과 달리, 예전에 '-읍니다'로 쓰던 것을 이제는 '-습니다'로 적어야 한다는 사실을 아실 겁니다. 그쵸?* 그런데 '-습니다' 때문인지, '있다'의 명사형을 '있슴'으로 잘못 쓰는 사람이 의외로 많습니다. '있음'으로 써야 하는데도 말입니다.

"합쇼할 자리에 쓰여, 현재 계속되는 동작이나 상태를 있는 그대로 나타내는 종결어미" '-읍니다'가 '-습니다'로 바뀐 것은 분명한 사실입니다. 하지만 "명사를 만드는 접미사" '음'이 '슴'으로 바뀌지는 않았습니다.

무슨 말인지 얼른 이해되지 않으시죠? 그럴 겁니다. 사실 저도 처음에는 헷갈렸던 내용입니다. 하지만 조금만 설명을 들으면 금방 아시게 되니까 걱정하지는 마세요.

그쵸?

'그렇지요'를 줄이면 '그렇죠'가 됩니다. 둘 다 맞는 표기입니다. 그런데 이를 더 줄여 '그죠'나 '그쵸'라고도 씁니다. '그렇지'를 줄여 '그지'와 '그치'로도 쓰고요. 이들 말은 현재 표준어다, 아니다 단정하기 어렵습니다. 국립국어원도 '온라인 가나다'에서 "현실적으로 구어에서 쓰이고 있는 말로 잘못이라 하기는 어렵다. '그리하다'의 준말 '그렇다'의 어간 '그렇-'에 종결 어미 '-지'와 보조사 '요'가 결합해 이루어진 '그렇지요'를 줄여 '그렇죠'로 쓰는데, 이를 다시 '그죠'로 줄여 쓴다. 현실 언어를 반영한 '우리말샘'에는 '그죠'가 '그렇죠'를 줄인 말로 올라 있다"라고 밝히고 있습니다. 그러면서도 "공식적인 문서에서 쓰는 것이라면 '그렇지요'와 '그렇죠'로 씀이 적절하다"라고도 했습니다.

우리가 쓰는 말이 언제나 표준어일 필요는 없습니다. 어린 학생이 선생님께 정답게 말하면서 "쌤, 그쵸"라고 했다고, 우리말을 병들게 한다고 야단칠 선생님은 안 계실 겁니다. 그보다는 "그치!"라며 맞장구를 쳐 주시겠죠.

저는 소설처럼 구어를 살려 쓰는 것이 좋은 글에서는 '그쵸'나 '그죠'를 써도 괜찮다고 봅니다. 하지만 표기법을 정확히 해야 하는 시험이나 공식 문서에서는 쓰지 않는 것이 좋습니다.

'먹읍니다'를 바르게 소리 내려면 [머금니다]라고 해야 합니다. '돋읍니다'도 [도듬니다]로 발음해야 하죠. 하지만 실제로 여러분은 어떻게 소리 내시죠? [먹씀니다]나 [돋씀니다]로 소리 내지 않나요? 물론 저도 그렇습니다. 그게 현실입니다. 여러분이나 저나 모두 '읍니다'로 쓰면서 소리는 [습니다]로 내왔습니다.

이런 언어 현실을 반영해 1988년에 종결어미 '-읍니다'를 '-습니다'로 바꿨습니다. '먹다'는 '먹습니다'로, '놓다'는 '놓습니다'로 활용하게 한 거죠. 그러다 보니 1988년 이전에 이 전 대통령처럼 '국문을 떼신 분'들은 '-읍니다'가 너무 익숙해 좀처럼 '-습니다'를 받아들이지 못하기도 하십니다. 제 아버지도 어머니도 평생 '-읍니다'만 쓰셨지요.

그러나 '-읍니다'를 '-습니다'로 바꾸기는 했지만 "동사나 형용사 어간에 붙어 명사를 만드는 어미" '음'을 '슴'으로 바꾼 적은 없습니다. '먹다'의 명사형은 '먹슴'이 아니라 '먹음'이고, '놓다'의 명사형과 '젊다'의 명사형 역시 '놓슴'과 '젊슴'으로는 못 씁니다. 사실 그렇게 쓰는 사람도 없죠.

그러니까 '있다'도 '있습니다'로 활용하지만 명사형은 '있음'입니다. '없다' 역시 '없습니다'로 활용하지만 명사형은 '없음'이고요.

　　　　　1부　말법을 알아야 우리말 달인이 될 수 있다

'선동열 있음에'는
틀린 말

    '있다'와 관련해 잘못 쓰는 말로는 '있음에' 꼴도 있습니다. 우리말을 꽤 안다고 자부하는 사람들도 '있음에'를 잘못 쓰는 일이 흔합니다. "손잡고 함께 걸어 줄 친구가 있음에" "그대가 있음에" 따위 문장에서 보이는 '있음에'처럼 말입니다.

  오래전에 어느 스포츠 신문이 '선동열 있음에'라는 제목을 대문짝만하게 실은 적이 있습니다. '국보급' 투수 선동열 선수가 있어 든든하다는 내용의 기사였죠.

  하지만 이때의 '있음에'는 틀린 말입니다. "-가 있기에" "-가 있어(서)" "-가 있으니까" 등의 뜻으로 쓸 때는 '있음에'가 아니라 '있으매'로 써야 하거든요. '있다'뿐 아니라 '먹다'나 '달리다' 등도 "제가 해 준 요리를 그가 맛있게 먹으매 마음이 흡족했다"나 "말을 타고 비탈길을 달리매 우달이는 훨훨 나는 듯한 기분에 젖었다"처럼 '음에(ㅁ에)'가 아니라 '-으매(-매)로 써야 합니다. "어떤 일에 대한 원인이나 근거를 나타내는 연결어미"는 '음에(ㅁ에)'가 아니라 '-으매(-매)'거든요.

  신라의 향가인 〈제망매가〉에 나오는 "생사로난 예 이샤매 저히고…"의 '이샤매(있으매)'도 그런 '-으매(-매)'입니다.

바람을
피지 마라

우리말을 공부할 때는 단어 하나하나를 마구잡이로 외우기보다는 그 단어를 이룬 형태소를 정확히 아는 것이 더 효과적입니다. 그러면 반복적으로 틀리는 여러 언어의 바른 표기를 한꺼번에 알 수 있게 됩니다.

예를 하나 들어 볼게요. 우리말에 '피다'라는 동사가 있습니다. '피다'는 "꽃봉오리 따위가 벌어지다" "연탄이나 숯 따위에 불이 일어나 스스로 타다" "사람이 살이 오르고 혈색이 좋아지다" "구름이나 연기 따위가 커지다" "가정의 수입이 늘어 형편이 나아지다" "천에 보풀이 일어나다" "웃음이나 미소 따위가 겉으로 나타나다" "곰팡이, 버짐, 검버섯 따위가 생겨서 나타나다" "액체가 종이나 천에 묻어 퍼지다" 등 참 많은 의미를 담고 있습니다.

그런데 이 말은 "봄이 됐는지 개나리가 활짝 피었다" "그 나무는 가지가 죽어 잎이 피지 않는다" "공기가 습해 연탄불이 잘 피지 않는다" "그에게도 얼굴이 부옇게 피던 시절이 있긴 있었다" "소나기가 오려는지 먹구름이 검게 피었다" "스웨터에 보푸라기가 피었다" "종이가 질이 나빠 잉크가 피어 글씨를 알아볼 수 없다" 등의 예에서 보듯이 절대 목적어를 취하지 않습니다. 자동사라는 얘기죠.

그러나 이 '피다'에 '우'가 끼어들어 '피우다'가 되면 얘기가 달라집니다. "꽃을 피우다" "불을 피우다" "연기를 피우다" "아편을 피우다" "재롱을 피우다" "소란을 피우다" "딴청을 피우다" "거드름을 피우다" "고집을 피우다" "어리광을 피우다" "게으름을 피우지 말고 열심히 일해라" "화물 자동차 한 대가 뿌연 먼지를 피우며 지나갔다" 따위의 표현에서 보듯이 하나같이 목적어를 취합니다.

이때의 '우'는 "일부 동사 어간 뒤에 붙어 사동의 뜻을 더하는 접미사"입니다. 여기서 사동접미사가 어쩌고저쩌고하면 머리만 아플 테니까 그냥 건너뛰고, 이것 하나만 알아 두세요. '피다' 앞에는 목적어가 오지 못하지만, '피우다' 앞에는 꼭 목적어가 있어야 한다는 것을 말입니다.

그러면 '바람을' 뒤에는 '피고'와 '피우고' 중 뭐가 와야 할까요? 그렇죠! 당연히 '피우고'가 와야 합니다. '담배를' 뒤에도 마찬가지고요. 따라서 "바람(을) 피다 걸렸다"나 "담배(를) 한 대 피고 올게"의 '피다' '피고'는 '피우다' '피우고'로 써야 합니다. 특히 '바람피우다'는 그 자체로 하나의 동사이므로, 동사적 용법으로 사용할 때는 '바람 피우고'처럼 띄어 쓰지 말고 '바람피우고'로 붙여 써야 합니다.

기본형이 있고 거기에 '우' 들어간 말 앞에는 무조건 목적어

가 있어야 합니다. '밤이 새다'가 '밤을 새우다'가 되고, '자리가
비다'가 '자리를 비우다'가 되듯이 말입니다. 다만 '밤을 새우다'
와 '자리를 비우다'를 '밤 새우다'와 '자리 비우다'처럼 목적격
조사 '을/를'을 생략하고 써도 됩니다. '춤을 추다'를 '춤추다'로
쓴다고 해서 '춤이 추다'로 쓴 것은 아니듯이 말입니다.

우리말 좀 안다고
으시대지 맙시다

우리말의 모음은 소리가 이루어지는 곳에
따라 전설모음·중설모음·후설모음으로 나뉩니다. 전설모음은
"혀의 앞쪽에서 발음되는 모음"으로, 'ㅣ, ㅔ, ㅐ, ㅟ, ㅚ' 따위가
있습니다. 중설모음은 "혀의 가운데 면과 입천장 중앙부 사이
에서 나오는 모음"으로, 'ㅡ, ㅓ, ㅏ' 등이 여기에 속합니다. 또
"혀의 뒤쪽에서 나오는 모음"인 후설모음에는 'ㅜ, ㅗ' 따위가
있지요.

그런데 우리말 중에는 중설모음이나 후설모음이 전설모음
으로 바뀌는 경우가 더러 있습니다. 이를 유식한 말로는 '전설
모음화'라고 합니다. '즌흙'이 '진흙'으로, '즌믈다'가 '짓무르다'
로 바뀐 것이 대표적인 사례라 할 수 있죠.

1부 말법을 알아야 우리말 달인이 될 수 있다

그러나 모든 말에 전설모음화가 적용되는 것은 아닙니다. 오랜 세월을 거치면서 굳을 대로 굳은 말만 바뀐 꼴을 인정받을 수 있습니다. 그런데도 '쓸데없이'를 '씰데없이'로 소리 내는 것처럼, 중설모음을 살려 써야 할 것을 전설모음으로 잘못 바꿔 쓰는 말이 몇 가지 있습니다.

"어울리지 않게 으쓱거리며 뽐내다"라는 뜻의 '으시대다', "조용히 일어나는 모양" 또는 "머리털이 난잡하게 일어서거나 흩어진 모양"을 일컫는 '부시시하다', "소름이 끼치는 듯한 모양"을 나타내는 '으시시하다'가 바로 그런 것들입니다. 이들 말은 '으스대다' '부스스하다' '으스스하다'가 바른말입니다.

이처럼 '스'를 써야 할 것을 '시'로 잘못 쓰는 데는 그만한 이유가 있기는 합니다. 'ㅅ'은 전설자음이기 때문에 중설모음 '으'를 붙여 소리 내기보다는 같은 위치에서 소리가 나는 전설모음 '이'를 붙여 발음하는 것이 훨씬 편합니다.

그러나 현재의 우리말법은 그런 것을 거의 인정하지 않습니다. '으스대다' '부스스하다' '으스스하다'만을 표준어로 삼고 있는 거죠. 이 말들도 무척 많이 틀리는 것이니까 꼭 기억해 두시기 바랍니다.

뚝배기에 담긴 ✎
곱빼기
_____

　　　　　　우리말법 공부에서 된소리 적기 규정을 완
벽하게 익히기는 꽤 어렵습니다. 된소리 규정만 제대로 알아도
우리말 고수 소리를 들을 만합니다.

　자, '울쩍하다'와 '울적하다', '숫쩨'와 '숫제', '덥썩'과 '덥
석', '시끌벅쩍하다'와 '시끌벅적하다', '싹뚝'과 '싹둑' 등에서
어느 것이 바른 표기일까요? 둘 중 하나는 분명 틀린 말입니
다. 헷갈리시죠?

　그러나 우리말의 된소리 적기 규정은 의외로 간단합니다.
그러니 지금부터 눈을 동그랗게 뜨고, 한 5분 동안 우리말 여
행을 떠나 보자고요.

　한글맞춤법 제5항은 "한 단어 안에서 뚜렷한 까닭 없이 나
는 된소리는 다음 음절의 첫소리를 된소리로 적는다"라고 규
정하고 이를 ▲두 모음 사이에서 나는 된소리 ▲'ㄴ, ㄹ, ㅁ, ㅇ'
받침 뒤에서 나는 된소리의 경우로 나누고 있습니다.

　이때 두 모음 사이(앞말에 받침이 없는)에서 나는 된소리는
어려울 것이 없습니다. '기쁘다' '오빠' '배꼽' '소쩍새' 등처럼
소리 나는 대로 적으면 그만이기 때문이죠.

　문제는 앞말에 받침이 있는 경우입니다. 이때는 ①'ㄴ, ㄹ,

ㅁ, ㅇ'을 받침으로 할 때와 ②그 외의 받침일 때로 나뉘는데, ①의 뒷소리가 된소리로 나면 된소리로 적고 ②의 뒤에서는 된소리로 발음되더라도 된소리로 적지 않아야 합니다.

①은 '산뜻하다' '살짝' '듬뿍' '몽땅' 등이 그 사례입니다. 그리고 ②는 '몹씨(×) → 몹시(○)' '색씨 → 색시' 등이 그 예로, 'ㄱ, ㄷ, ㅂ, ㅅ' 따위의 받침 뒤에서는 된소리로 적지 말아야 합니다.

따라서 '숫쩨'는 '숫제'가, '덥썩'은 '덥석'이, '시끌벅쩍'은 '시끌벅적'이, '싹뚝'은 '싹둑'이 바른말입니다. '깍뚜기'도 '깍두기'가 바른말임은 두말하면 잔소리죠. 여기까지가 1단계입니다.

자, 위의 내용을 다시 한번 찬찬히 읽어 보세요. 그런 뒤 2단계로 넘어갈게요. 1단계 ①의 얘기대로라면 '눈꼽'과 '울쩍하다' '울쌍' 등은 바른 표기여야 합니다. 하지만 천만의 말씀, 만만의 콩떡입니다.

한글맞춤법 제5항 첫머리의 '한 단어(형태소)'에 정답의 열쇠가 있습니다. '배꼽' '살짝' '듬뿍' 등은 둘로 쪼개질 수 없는 '한 단어'입니다. 이런 한 형태소의 말에서만 1단계 ①의 규정이 적용됩니다. 그러나 '눈곱'은 두 형태소의 말입니다.

'배꼽'과 '눈곱'은 닮은 듯하지만 다른 말입니다. '곱'은 원래 옛날에 기름[膏:곱 고]을 뜻하던 말이었습니다. 여러분이 맛있게 드시는 곱창에도 기름기가 많습니다. 그리고 곱은 현재도 부스럼이나 헌 데에 끼는 고름 모양의 물질을 의미하는 말로 쓰입니다.

그러나 배꼽의 '꼽'은 '곱'에서 온 듯하지만, 지금의 배꼽에는 '곱'의 의미가 없습니다. 동물이나 식물의 진화처럼 말도 진화하면서 형태나 의미가 다르게 분화하는 것이 많습니다. 결론적으로 배꼽은 한 단어이므로 '배꼽'이 바른 표기입니다.

하지만 '눈곱'은 다릅니다. 눈곱이 뭡니까? 눈에서 나오는 진득진득한 액이잖아요. 눈곱의 곱에는 "기름이나 고름 모양의 이물질"이란 의미가 남아 있는 거죠. 그래서 각각의 뜻을 밝혀서 '눈곱'으로 써야 합니다.

또 '울적하다'는 '울적'이 한자 '鬱寂'이고 '울상'은 우리말 '울'에 한자어 '相'이 더해진 말이므로, 비록 '울쩍하다'와 '울쌍'으로 발음되더라도 한자음을 밝혀 '울적하다'와 '울상'으로 적어야 합니다. 이것으로 2단계 끝.

그런데 말입니다. 한글맞춤법 제13항은 "한 단어 안에서 같은 음절이나 비슷한 음절이 겹쳐 나는 부분은 같은 글자로 적는다"라고 규정하고 있습니다. 즉 '딱딱' '똑딱' '쓱쓱' '짭짤' 따위처럼 같은 음절이나 비슷한 음절이 겹쳐질 때는 (1단계 ②의 규정과 달리) 비록 'ㄱ' 'ㅂ' 등의 받침 뒤에라도 된소리로 적어야 한다는 겁니다. 물론 이때의 된소리는 앞말의 된소리와 같은 것이어야 하죠. 그래서 새 이름 '딱다구리'도 '딱따구리'로 적습니다. 이것으로 최종 단계도 *끄~읕!*

자, 어때요? 뭔가 감이 잡히죠? 된소리 규정, 그거 별거 아닙니다.

'뚝배기'와 '곱빼기'가 '-배기'와 '빼기'로 표기가 달라지는 것도 된소리 규정과 관련이 있습니다. '뚝배기'는 '뚝'과 '배기'로 나누어지지 않는 '한 단어'로 보고, '곱빼기'는 '곱+빼기' 꼴로 보는 거죠.

우리말에서 '뚝'은 "울음을 뚝 그쳐라" "물이 뚝 끊겼다" 등처럼 부사로는 홀로 쓰이지만, 명사로는 홀로 쓰이지 않습니다. 흔히 '강뚝' 따위를 얘기하면서 쓰는 '뚝'은 '둑'을 잘못 쓴 말입니다. 즉 '뚝배기'는 한 단어이므로, 서 앞에서 말한 1단계 ②의 규정에 따라 '뚝배기'로 적습니다.

하지만 '곱빼기'는 다릅니다. 우선 '곱'은 여러분도 다 알다시피 홀로서도 의미가 있습니다. 거기에 "'그런 특성이 있는 사람이나 물건'의 뜻을 더하는 접미사" 또는 "'비하'의 뜻을 나타내는 접미사"로 쓰이는 '-빼기'가 붙어서 만들어진 말이 '곱빼기'입니다. '곱빼기'와 같은 유형의 말로는 '밥빼기'와 '악착빼기'도 있습니다. 이들 말도 앞말의 받침이 'ㄱ'과 'ㅂ'이지만 한 형태소의 말이 아니므로 각각의 형태소를 밝혀 '밥빼기'와 '악착빼기'로 적는 것입니다.

된소리 규정을 잘 몰라 틀리는 말이 많으므로 복습을 한번 할게요. 무시하는 것 아니냐며 괜히 '눈쌀'을 찌푸리지 마세요. 방금 얘기한 '눈쌀'도 정말 많은 사람이 잘못 쓰는 말입니다. 하지만 '눈쌀'은 찌푸릴 수가 없습니다. 우리말에 '눈쌀'이 없거든요.

제가 조금 전에 "한 형태소 안에서 받침이 없거나 'ㄴ, ㄹ, ㅁ, ㅇ' 받침 뒤의 첫소리가 된소리로 나면 된소리로 적는다"라고 한 것 기억하시죠? '오빠' '잔뜩' '글썽' '움찔' 등이 그러한 예들이죠. 하지만 한 형태소가 아니면 각각의 형태소를 밝혀 적어야 한다고도 했죠?

저 앞에서 얘기했듯이 형태소란 "뜻을 가진 가장 작은 말의 단위"입니다. 여기서 "뜻을 가졌다"는 것에 주목해야 합니다. 오빠에서 '오'나 '빠'는 무슨 뜻이죠? 뜻이 없죠. 그러니까 이때의 '오'와 '빠'는 형태소가 아닙니다. '오빠'가 형태소인 겁니다.

잔뜩, 글썽, 움찔 등도 마찬가지입니다. 잔과 뜩, 글과 썽, 움과 찔로 나뉠 수 있나요? 그럴 수는 없죠. 그러니까 잔뜩, 글썽, 움찔 등은 그 말 자체가 한 형태소입니다. 그래서 "'ㄴ, ㄹ, ㅁ,

ㅇ' 받침 뒤의 첫소리가 된소리로 나면 된소리로 적는다"는 규정을 적용받는 거죠.

하지만 '눈쌀'은 그렇지 않습니다. '눈쌀'은 한 형태소의 말이 아니란 얘기죠. 이미 '눈'에는 뜻이 있습니다. 영어로 하면 eye 말입니다. '쌀'로 소리 나는 말도 실제는 '살'이겠죠.

이렇게 둘 이상의 형태소가 더해진 말은 형태소 각각의 원형을 밝혀 적어야 합니다. 그래서 '눈쌀'은 소리가 그렇게 나더라도 '눈살'로 적어야 합니다. 눈의 살을 찌푸리는 거니까요. '눈'의 받침 'ㄴ' 때문에 뒤의 말 '살'이 '쌀'로 소리 나는 것일 뿐입니다.

이런 말은 많습니다. '눈동자'나 '눈빛'도 그렇습니다. 소리는 [눈똥자]나 [눈삗]으로 나잖습니까. 하지만 그렇게 적을 수 없는 일이고, 그렇게 적는 사람도 없을 겁니다.

여기서 퀴즈 하나. 그러면 눈살과 함께 많이 찌푸리는 '이마+살'은 '이마쌀'과 '이맛살' 중 뭐가 바른말일까요? 맞습니다. '이맛살'입니다. '이마'와 '살'이 더해지면서 그 사이에 사이시옷이 붙은 거죠.

퀴즈 둘. "몹시 귀찮게 구는 짓"을 뜻하는 말로 '선배의 ○○에 시달리는 후배들'에서 ○○에 들어갈 말은 '등쌀'일까요? 아니면 '등살'일까요? 정답은 '등쌀'입니다. 선배의 '등'에 붙은 '살' 때문에 후배가 시달리는 게 아니니까요. "몹시 귀찮게 구는 짓"을 뜻하는 '등쌀'은 둘로 나누어지지 않는 한 형태소의 말인 겁니다.

반말짓거리는
하지 마라

된소리 규정을 몰라 틀리기 쉬운 말에는 '욕찌거리'도 있습니다. "'욕설'을 속되게 이르는 말"로 '욕찌거리'를 쓰는 사람이 적지 않습니다. 그러나 '욕찌거리'는 바른말이 아닙니다. '욕'의 받침 'ㄱ' 때문에 뒷소리가 된소리로 나는 것일 뿐 '욕찌거리'는 '욕지거리'로 써야 합니다.

'극성스럽다'도 [극썽스럽따]로 소리 나지만 한 형태소 안에서 'ㄱ, ㄷ, ㅂ, ㅅ, ㅈ' 등의 받침 뒤에 오는 첫소리가 된소리로 나도 된소리로 적어서는 안 됩니다. '극성스럽다'를 '극썽스럽다'로 쓰지 못하는 것처럼 '욕지거리'를 '욕찌거리'로 적어서는 안 되는 거죠.

그런데요. '욕지거리'와 비슷한 글 꼴이면서 '욕지거리'보다 더 자주 틀리는 말이 있습니다. "어디서 반말짓거리야"라고 할 때 쓰는 '반말짓거리'가 그것입니다. 여러분도 이런 표현을 쓴 적 있으시죠? 사실 저도 무의식중에 툭 내뱉을 때는 그렇게 말

합니다. 잘못 입에 밴 습관이 쉽게 사라지지 않는 거죠.

흔히들 "반말을 하는 일"을 '반말하는 짓'으로 생각하고, 그런 '반말짓'에다 '-거리'를 붙여 '반말짓거리'로 쓰는 듯한데, 이는 바른말이 아닙니다. '욕지거리'처럼 '반말지거리'로 써야 합니다. 〈표준국어대사전〉을 비롯한 모든 국어사전에도 "반말로 함부로 지껄이는 일. 또는 그런 말투"를 뜻하는 말로 '반말지거리'가 올라 있습니다.

아울러 "반말하는 짓"을 뜻하는 말은 '반말짓'이 아니라 '반말질'입니다. 여기서 '-질'은 "(일부 명사 뒤에 붙어) '그런 일' 또는 '그런 행위'의 뜻을 더하는 접미사"랍니다. 주먹질, 싸움질, 뒷걸음질 등에 붙어 있는 '-질'이 모두 그런 '-질'이죠.

물은 물이요, 산은 산이오

여러분이 가장 흔히 쓰면서, 그만큼 많이 틀리는 말이 서술격 조사 '이다'일 듯합니다. 틀리는 내용도 아주 다양하죠.

그중 하나가 "내가 주인이요" 따위의 표현에서 자주 쓰는 '-이요'입니다. 이 표현 속의 '주인이요'는 '주인이오'가 바른 표기입니다. '-이요'는 "이것은 책이요, 저것은 공책이다"라는 표현에서 보듯이 두 가지 이상의 것을 연결할 때만 쓰이거든요. 이 밖에 존대를 나타내지 않을 때는 '-이오'로 적어야 합니다. '-이요'는 연결형 어미이고, '-이오'는 종결형 어미인 거죠. 이를 달리 말하면 '-이요' 뒤에는 쉼표가 오지만, '-이오' 뒤에는 마침표가 온다고 할 수 있습니다.

그런데 '-이요' 말고 그냥 '-요'는 존대의 뜻을 나타낼 때도 쓰입니다. 이런 경우에는 '요'를 빼도 뜻이 통한다는 특징이 있습니다. '그러면 좋지 → 그러면 좋지요', '천만에 → 천만에요', '우리 집에 가세 → 우리 집에 가세요' 따위가 그런 사례입니다.

그래서 예전에는 선생님이 "책 좀 가져오렴"이라고 얘기했을 때 학생이 "책을 가져오라는 말씀이시죠?"라는 의미로 되묻는 경우 "책요?"라고 하는 것이 바른 표기였습니다. '-요'를 빼면 반말이 되고, 넣으면 존대가 되는 거죠. 하지만 이런 사례에서 대부분은 "책이요"라고 말하지 "책요"라고 하지는 않습니다. 이런 점을 살펴 국립국어원이 최근에 존대어로 '-이요'도 쓸 수 있도록 했습니다. 이 점도 꼭 기억해 두기 바랍니다. 출판된 지 좀 오래된 책이나 예전에 쓰인 우리말 칼럼 등에는 옛날 내용을 그대로 담고 있는 것이 많거든요.

산이에요?
뫼예요?

　　'-이어요'와 '-이에요' '-예요'는 모두 맞는 말입니다. 하지만 쓰임에는 조금 차이가 있습니다. 이 때문에 이를 잘못 쓰는 사람이 많습니다. 하지만 이것 역시 구분법은 무척 간단합니다. 앞말에 받침이 있을 때는 '-이어요'와 '-이에요'를 모두 쓸 수 있지만, 받침이 없을 때는 '-예요'를 써야 한다는 거죠.

　그러니까 '사람'처럼 받침이 있는 말 뒤에는 '-이어요'와 '이에요'가 붙어 '사람이어요'와 '사람이에요'로 쓸 수 있지만, '나무' 뒤에는 '-예요'만 붙어 '나무예요'로 쓰입니다. 따라서 "괜찮은 거에요"라는 표현에서 '거에요'는 '거예요'를 잘못 쓴 겁니다.

　이때 '-투성이' '개구쟁이' 등처럼 '이' 자로 끝나는 말을 조심해야 합니다. 자칫 '-투성이에요' '개구쟁이에요'로 쓰기 쉬운데, '-이'까지가 한 말이므로 '-투성이예요' '개구쟁이예요'로 써야 한답니다.

　그리고 또 하나, '아니다'를 활용한 '아니에요' 있죠? 이것을 '아니'까지를 한 말로 보고, 여기에 '이에요'가 줄어든 '예요'를 붙여 '아니예요'로 쓰는 사람이 많은데, 이 또한 바른말이 아닙니다.

자, 아래 표를 잘 보세요.

이다	아니다
이고	아니고
이더니	아니더니
이라	아니라
이므로	아니므로
이어서	아니어서
일지라도	아닐지라도

어때요? 뭔가가 보이시지 않나요? '이다'의 어간에 붙는 어미가 '아니다'에도 똑같이 붙죠? 그렇습니다. '아니다'는 '이다'와 똑같이 활용하는 말입니다. 그렇다면 '이+어요(에요)'가 '아니다'에서는 어떻게 되겠어요? 당연히 '아니+어요(에요)'가 되겠죠. '아니어요'와 '아니에요'가 되는 겁니다.

이름에 붙는 '-이다'도 잘못 쓰는 사례가 적지 않습니다. 우리가 누구를 가리킬 때 이름 끝 글자에 받침이 있는 경우와 없는 경우에 따라 차이를 보이기 때문인데요. 예를 들어 '철수'와 '영희'같이 받침이 없으면 '철수가'와 '영희는'처럼 이름 뒤에 바로 조사를 붙일 수 있습니다. 하지만 '민용'이나 '순옥'처럼 받침이 있으면 얘기가 달라집니다.

　　　　　1부　말법을 알아야 우리말 달인이 될 수 있다

"민용은 안 온대?" "순옥이 그랬어?" 따위처럼 이름 뒤에 조사가 바로 붙으면 아주 어색합니다. 반면 "민용이는 안 온대?" "순옥이가 그랬어?" 등처럼 이름 뒤에 '-이'를 붙이고 나서 다시 조사를 붙이면 자연스러워집니다. 이런 '-이'를 유식한 말로 "받침 있는 사람의 이름 뒤에 붙어 어조를 고르는 접미사"라고 합니다.

따라서 선생님이 "어제 너를 도와준 친구가 누구니?"라고 물었을 때 그 친구 이름이 '민용'이라면 "민용이에요"가 아니라 "민용이예요"라고 답해야 합니다. 즉 '민용(이름)+이(접미사)'까지를 한 말로 보고 그 뒤에 '-이에요'의 축약형 '-예요'를 붙이는 겁니다.

하지만 받침 있는 이름 뒤에 '-이어요'와 '-이에요'가 붙는 경우도 있습니다. 누구를 지칭하는 것이 아닌 상황, 즉 선생님이 "너, 이름이 뭐니?"라고 물어서 "제 이름은 (엄)민용이에요"라고 할 때는 '민용' 뒤에 접미사 '-이'가 필요 없습니다. 이럴 때는 '민용' 뒤에 '-이어요'나 '-이에요'를 붙여야 합니다.

제 **깐**°에는 쉽게 설명한다고 했는데, 이해가 됐는지 모르겠네요. 만약 부족한 점이 있다면 블로그에서 보충하도록 할게요.

명사 '깐'은 "일의 형편 따위를 속으로 헤아려 보는 생각이나 가늠"을 뜻합니다. "저희 깐에도 보통 때와는 다른 기색을 느낀 듯했다" 따위처럼 쓰이죠. 이와 달리 의존명사 '딴'은 "(인칭 대명사 뒤에서 '딴은' '딴에는' '딴으로는' 꼴로 쓰여) 자기 나름대로의 생각이나 기준"을 나타냅니다. "내 딴은 최선을 다했다"가 바른 사용례이고요. 그 말이 그 말 같지만, 인칭 대명사 뒤에서 인칭 대명사의 생각을 전하는 데는 '깐'보다 '딴'이 더 적절합니다.

그리고 나서

할 것은 별로 없다

"철수가 먼저 말했다. ○○○ 나서 조금 있다가 누군가 질문을 했다."

이런 표현에서 여러분은 ○○○에 '그리고'와 '그러고' 중에서 어떤 말을 쓰시나요? 아마 '그리고'를 쓸 겁니다. 여러분뿐만 아니라 대부분의 사람이 그렇게 씁니다. 우리말을 꽤 안다는 기자들이나 전문 작가들 중에도 그렇게 쓰는 사람이 많습니다.

그러나 '그리고 나서'로는 문장을 시작할 수 없습니다. 이유는 간단합니다. 이때의 '나다'가 보조동사이기 때문이죠.

"밥을 먹고 난 뒤" "잠을 자고 나서" "실컷 울고 나면" 등의 예문에서 보듯이 보조동사 '나다'는 "(동사 뒤에서 '-고 나다' 구성으로 쓰여) 앞말이 뜻하는 행동이 끝났음을 나타내는 말"입니다. 즉 '나다' 앞에는 반드시 동사가 와야 합니다. 보조동사이니까 앞에 본동사가 와야 하는 거죠. 그러나 '그리고'는 동사가 아닙니다. 접속부사죠.

그러면 '그리고 나서'는 어떻게 써야 바른 표현이 될까요? 바로 '그러고 나서'입니다. 이때의 '그러고'는 "상태, 모양, 성질 따위가 그렇게 되게 하다"나 "일 따위를 어떤 정도나 범위 이상으로 하다"를 뜻하는 동사 '그러하다'의 준말인 '그러다'를 활용한 형태입니다. 보조동사 '나다' 앞에는 반드시 본동사가 와야 한다는 조건을 충족하게 하는 말인 거죠.

물론 "크레파스로 그림을 그리고 나서 벽에 걸었다" "포물선을 그리고 나서 떨어졌다" 등처럼 동사 '그리다'를 활용한 뒤에 '나다'를 붙인 '그리고 나서'는 쓸 수 있습니다. 하지만 한 문장을 끝내고 다른 문장을 시작할 때에는 '그리고 난 뒤' '그리고 나서' '그리고 나면' 등이 아니라 '그러고 난 뒤' '그러고 나서' '그러고 나면' 따위로 써야 합니다.

"행사장에서도 그가 먼저 **아는 척**˚을 했다. 그리고는 친한 사람 대하듯 말을 걸었다" 같은 문장에서 보이는 '그리고는'도 무조건 '그러고는'으로 써야 합니다. 이때의 '그러고는' 역시 '그러하고는'이 줄어든 말입니다.

아는 척 → 알은척

'아는 척하다'는 본동사 '알다'와 보조동사 '척하다(=체하다)'가 함께 쓰인 표현입니다. 여기서 '척하다'는 "앞말이 뜻하는 행동이나 상태를 거짓으로 그럴듯하게 꾸밈을 나타내는 말"이고요. 따라서 '아는 척하다(=아는 체하다)'는 "알지 못하면서 아는 것처럼 거짓말을 한다"는 의미가 됩니다. "잘 모르면서 아는 척하지 마"라고 하는 것이 일반적인 쓰임이죠.

"사람을 보고 인사하는 표정을 짓다" 또는 "어떤 일에 관심을 가지는 듯한 태도를 보이다"를 나타내려면 '아는 척하다'가 아니라 '알은척하다(=알은체하다)'를 써야 합니다. "남의 일에 함부로 알은체하지 마라" "아무도 나에게 알은체하는 사람이 없었다" 따위처럼요. '알은척하다'와 '알은체하다'는 그 자체가 하나의 말로 반드시 붙여 써야 합니다.

우리를 ✎
자유케 하는 것은 없다

10여 년 전의 성경을 보면 "진리가 너희를 자유케 하리라"라는 표현이 나옵니다. 이를 빌려다 "술이 너를 자유케 하리라"라는 우스갯소리처럼 '○○이 ○○를 자유케 하다'라는 표현을 참 많이 만들어 썼지요.

그러나 세상의 어떤 것도 무엇을 자유케 할 수는 없습니다. '자유하다'라는 말이 없거든요. '자유하다'가 없으니 '자유하게'라는 활용형이 나올 수 없고, '자유하게'가 없으니 '자유케'라는 축약형도 만들어질 수 없는 거죠.

명사 뒤에 '하다'가 붙어 동사가 되는 말이 많지만, 모두가 그런 것은 아닙니다. 오직 명사로밖에 쓰지 못하는 말도 많습니다. '자유'도 그중 하나입니다. '하다'가 붙을 수 없는 말인 거죠.

'자유케'라는 말이 가능하려면 "나를 자유하게 해 줘" "자유하는 삶을 살고 싶어" 따위 표현도 쓸 수 있어야 합니다. 하지만 이렇게 쓰는 사람은 없습니다. 다들 "나를 자유롭게 해 줘" "자유로운 삶을 살고 싶어" 등으로 쓰죠. 즉 "구속이나 속박 따위가 없이 제 마음대로 할 수 있다"를 뜻하는 말은 '자유하다'가 아니라 '자유롭다'입니다.

따라서 "진리가 너희를 자유케 하리라"는 "진리가 너희를 자유롭게 하리라"로 써야 바른 표현이 되는 겁니다.

그런데요. 이거 아세요? 요즘 출간되는 성경에는 '자유케'가 '자유롭게'로 바뀌었다는 사실을 말입니다. 제가 15년 전에 〈건방진 우리말 달인〉에서 주장한 얘기가 받아들여진 듯해 기분이 아주 좋답니다. 그러니 이제 여러분도 '자유케 하다' 같은 말은 쓰지 마세요.

진실된 마음도

없다 ✎

　　"진실된 친구가 없어요" "그녀의 진실된 마음을 알고 싶어요" 따위 표현에서 보듯이 '진실되다'는 꽤 널리 쓰이는 말입니다. 특히 종교 얘기를 할 때 '진실된 믿음'이라는 말을 많이 씁니다. 그러나 '진실되다' 역시 바른말이 아닙니다. '진실하다'로 써야 합니다.

　　우리말에서 접미사 '-되다'는 "(서술성을 가진 일부 명사 뒤에 붙어) '피동'의 뜻을 더하고 동사를 만드는 말" 또는 "(몇몇 명사, 어근, 부사 뒤에 붙어) 형용사를 만드는 말"로 쓰입니다.

　　이 중 '진실되다'의 '-되다'는 형용사를 만드는 접미사로 쓰인 경우입니다. 그리고 우리말 형용사에 '거짓되다'도 있고, '참되다'도 있습니다. 따라서 '진실되다'가 맞는 말처럼 보입니다. '거짓'과 '참'에 '-되다'가 붙어 형용사를 만들었으니, '진실'에 되다가 붙어 형용사를 만드는 것도 가능할 듯 보이거든요.

　　하지만 실제는 그렇지가 않습니다. '거짓되다'나 '참되다'가 가능한 것은 '거짓하다'와 '참하다'라는 형용사가 없기 때문입니다. 그래서 '거짓'과 '참'이라는 명사에 '-되다'를 붙여 형용사를 만든 거죠(여기서 뜬금없이 "생김새 따위가 나무랄 데 없이 말쑥하고 곱다는 의미의 '참하다'가 있잖아요" 하고 딴지 걸지 마세요. 그 '참하다'를 얘기하는 게 아니니까요).

하지만 '진실'은 이미 '진실하다'라는 형용사가 있습니다. '진실한 믿음' '진실한 친구' 따위로 쓰는 '진실하다' 말입니다. 이 때문에 군이 '진실되다'라는 말을 만들 필요가 없습니다.

여러분이 잘못 쓰는 말에는 이처럼 멀쩡한 형용사가 있는데도 그것을 쓰지 않고, 부질없이 '-되다'를 붙여 쓰는 게 더러 있습니다. '행복되다'도 그중 하나입니다. '행복된 인연'이나 '행복된 가정' 따위로 쓴 표현을 종종 보는데, '행복하다'라는 형용사가 있으므로 '행복한 인연'이나 '행복한 가정'으로 써야 합니다. 실제로도 그게 훨씬 자연스럽고요.

아무튼 '명사+접미사'로 만들어진 말을 파생어라고 하는데, 이들 파생어는 대개 국어사전에 올라야 표준어의 자격을 얻게 됩니다. 하지만 어느 국어사전도 '진실되다'와 '행복되다'를 표제어로 올려놓지 않았습니다. 우리 언어생활에서 아무 필요가 없기 때문이죠. '진실된'이 자주 쓰이는 것은 사실이지만, 멀쩡한 '진실한'에 비해서는 그야말로 **새 발에 피**˚잖습니까. 꼭 기억하세요! '진실된'이 아니라 '진실한'으로, '행복된'이 아니라 '행복한'으로 써야 한다는 것을요.

새 발에 피 → 새 발의 피

아주 적은 분량이나 미미한 영향력 등을 비유적으로 나타내는 사자성어로 '조족지혈(鳥足之血)'이 있습니다. 이를 우리말로 표현하면 '새 발의 피'입니다. 저 앞에서 얘기한 '옥에 티'는 "옥에도 티가 있다"를 줄여 쓴 것이지만, '새 발의 피'는 "새의 가느다란 발에서 피가 나 봐야 얼마나 나겠냐"는 뜻을 함축하고 있는 말입니다. 아마 여러분도 '얼굴에 난 피를 닦아라'를 '얼굴의 피를 닦아라'로 쓰지, '얼굴에 피를 닦아라'로 쓰지는 않으실 겁니다. 〈표준국어대사전〉도 '조족지혈'의 뜻풀이에서 "새 발의 피'라는 뜻으로, 매우 적은 분량을 비유적으로 이르는 말"이라고 설명해 놓았답니다. '새 발의 피'와 함께 '하늘에 별 따기'도 '하늘의 별 따기'가 바른 표현이라는 것을 알아 두시기 바랍니다.

삼가하지 말고,
서슴치도 마라

앞에서도 얘기했듯이 우리가 쓰는 말에는 '입말'이라는 것이 있습니다. 일상적인 대화체에서 많이 쓰는 말이 입말입니다. 이런 입말은 입에서는 아주 자연스럽지만, 표기상으로는 바른말이 아닌 것이 많습니다.

물론 '입말'이 큰 세력을 얻어 모든 사람이 너나없이 쓰면 바른말로 인정받기도 합니다. 외래어표기법에 어긋난 '짜장면'

이 바른말로 인정받은 것이 대표적인 사례죠. 또 예전에는 틀린 표기로 여겨지던 '사랑이 뭐길래'의 '-길래'를 비롯해 '메꾸다' '남사스럽다' '먹거리' '맨날' '복숭아뼈' '두리뭉실하다' '찌뿌둥하다' 등도 최근에 표준어의 옷을 입었습니다. 이들 말은 예전엔 '-기에' '메우다' '남우세하다' '먹을거리' '만날' '복사뼈' '두루뭉술하다' '찌뿌드드하다' 등으로만 쓰도록 했었죠.

하지만 이들 말이 복수 표준어로 인정받은 것은 새로 표준어가 된 말들이 우리말법의 큰 뿌리를 훼손하지 않는 말이기 때문입니다. 이와 달리 어떤 말이 사람들의 입에 자주 오르내리더라도 그 말이 우리말법의 원칙을 크게 흔드는 말이라면 바른말로 인정받기 어렵습니다.

"말을 삼가하시오"라거나 "피곤할 때는 운동을 삼가하고 푹 쉬는 게 좋다" 따위처럼 쓰는 '삼가하다'도 그런 말 가운데 하나입니다. 앞 예문 속의 '삼가하시오'는 사극 같은 데서 흔히 듣는 대사입니다. '삼가하고' 역시 너나없이 쓰는 말이고요. 그러나 이들은 바른 표현이 아니며, 앞으로 바른말로 인정받기도 어렵습니다. 우리말에 '삼가하다'라는 동사가 없기 때문이죠.

우리말을 웬만큼 아는 사람들도 틀리기 쉬운 '삼가하다'의 바른말은 '삼가다'입니다. 따라서 '삼가하시오'나 '삼가하고'는 '삼가시오'나 '삼가고'처럼 '하'를 빼고 써야 합니다. '삼가해야' 역시 '삼가야'가 바른 표기입니다.

'삼가다' 말고, 괜히 '하'를 끼워 넣어 소리 내는 말로는 "엄기자는 서슴치 않고 앞으로 나섰다" 따위로 쓰는 '서슴치'도 있습니다.

"결단을 내리지 못하고 머뭇거리며 망설이다"라는 뜻의 말은 '서슴하다'가 아니라 '서슴다'입니다. "말과 행동에 망설임이나 거침이 없다"는 의미로 쓰는 '서슴없이'가 바로 '서슴다'의 어간 '서슴'에 '없이'가 붙어서 이뤄진 말이죠.

아무튼 '머금다'를 활용할 때 '머금하지'라고 쓰는 사람은 없습니다. 따라서 '서슴다'를 '서슴하지'로 활용할 수 없으며, '서슴하지'가 없으므로 그의 준말 꼴인 '서슴치'라는 말도 있을 수 없습니다. '미소를 머금치 않고 째려보았다'가 아니라 '미소를 머금지 않고 째려보았다'가 바르듯이 '서슴치'는 '서슴지'가 바른 표기입니다.

하렸다?
하렷다!

제가 앞에서 '게 섯거라' '물럿거라' '옛소'는 '게 섰거라' '물렀거라' '옜소'로 써야 한다고 했죠? 이들 말에는 '있다'가 줄면서 녹아들었는데, '있'의 쌍시옷(ㅆ)이 그 존재감을 보여 준다고 한 거 기억나시죠? 그런데 이와 반대로 시옷(ㅅ) 받침을 적어야 하는 말을 쌍시옷으로 적어 틀리는 말도 있습니다.

"어서 이실직고하렸다" "여봐라, 당장 홍길동이라는 작자를

잡아 오렸다" 따위 예문에서 보이는 '하렸다'와 '오렸다'의 '렸'
도 그중 하나입니다.

정답부터 얘기하면 이때의 '렸'은 '렷'으로 써야 합니다.
"('이다'의 어간, 받침 없는 용언의 어간, 'ㄹ' 받침인 용언의 어간
또는 어미 '-으시' 뒤에 붙어) 경험이나 이치로 미뤄 틀림없이
그러할 것임을 추측하거나 다짐하는 뜻을 나타내는 종결어
미" 또는 "명령의 뜻을 나타내는 종결어미"가 바로 '-렷다'
이거든요.

이 '-렷다'에 대해 〈표준국어대사전〉은 "다시는 두말 못 하
렷다" "네가 바로 길동이렷다" "다시는 내 앞에 나타나지 말렷
다" 따위 용례를 들어 놓고 있습니다.

그리고 "그래, 나를 놀렸겄다" "울음을 웁니다. 살려고 우는
거라면, 그러면 저도 울 수는 있다. 우는 것이 목숨줄이라 했겄
다" 등의 글에서 보이는 '-겄다'도 '것다'로 써야 합니다.

우리말에서 '-것다'는 "(예스러운 표현으로) 해라 할 자리에
쓰여, 경험이나 이치로 미루어 틀림없이 그러할 것임을 추측하
거나 다짐하는 뜻을 나타내는 종결어미"입니다.

〈표준국어대사전〉은 '-것다'에 대해서는 "이놈, 네가 날 속
이려 들었것다" "그 처녀는 얼굴도 고운 데다가 몸 건강하것다,
마음씨 착하것다, 서로 데려가겠다고 할 만하지" "이번에도 네
가 1등을 했것다" 등의 용례를 들어 놓고 있습니다.

아무튼 우리말에는 '겄다'로 쓸 수 있는 말이 아예 없다는 것을 염두해 두기* 바랍니다. 아울러 이 '-것다'를 "몸 건강하겠다, 마음씨 착하겠다, 최고 신랑감이지"처럼 '-겠다'로 쓰는 일도 흔한데요. 이것 역시 '-것다'를 잘못 쓴 사례임을 꼭 기억해 두세요.

> **염두해 두기 ⊗ 염두에 두기 ◉**
>
> "내일 회의는 오전 7시에 한다는 점을 염두해 두시기 바랍니다" 따위처럼 '염두해'나 '염두하고' 같은 말이 많이 쓰입니다. 하지만 우리말에는 '염두하다'가 없습니다. '염두(念頭)'는 한자 그대로 "생각의 시초"를 뜻하고 비유적으로는 "마음속"을 의미합니다. 동사나 형용사로는 쓰이지 않는 명사입니다. 그래서 '염두에도 없다' '염두에 두다' '염두 밖의 일' 따위처럼 써야 합니다.

너네도 없고,
지네도 없다

"너네 집에 가도 되니?" 따위처럼 "듣는 이가 친구나 아랫사람들일 때, 그 사람들을 가리키는 2인칭 대명사"나 "듣는 이가 친구나 아랫사람일 때, 그 듣는 이를 포함한 여러 사람을 이르는 2인칭 대명사"로 '너네'가 널리 쓰입니다. 그러나 '너네'는 바른말이 될 수 없습니다.

우리말에서 접미사 '-네'는 우선 "몇몇 명사 뒤에 붙어 '같은 처지의 사람'이라는 뜻을 더하는 말"로 쓰입니다. '동갑네' '아낙네' '여인네' 등이 그런 용례죠.

또 '-네'는 "사람을 지칭하는 대다수 명사 뒤에 붙어 '그 사람이 속한 무리'라는 뜻을 더하는 말"로도 사용됩니다. '철수네' '김 서방네' '아저씨네' 따위가 그렇게 쓰인 사례죠.

이런 뜻을 살펴보면 '-네'는 복수의 의미를 지녔음을 알 수 있습니다. 따라서 '너'에 '-네'가 붙으면 '너'의 복수형이 될 것처럼 보입니다. 하지만 뜻풀이를 좀 더 꼼꼼히 살피면 '-네'는 "어떤 사람들의 무리"를 뜻하는 말이지, 사람을 직접 가리키는 인칭 대명사에 붙어 복수를 만드는 말이 아님을 알 수 있습니다. 우리말에는 인칭 대명사가 있고, 거기에는 복수형도 따로 있습니다.

제1인칭에 '나' '저' '우리'(복수형), 제2인칭에 '너' '자네' '너희'(복수형), 제3인칭에 '이' '그' '저' '이이들'(복수형), 미지칭에 '누구' '누구들'(복수형), 부정칭에 '아무' '아무들'(복수형) 따위가 있지요. 따라서 2인칭 대명사(듣는 사람을 이르는 대명사)가 사용돼야 할 상황에서는 '너희'를 써야 합니다.

설명이 좀 어려우면 그냥 '너네'는 무조건 '너희(들)'로 써야 한다고 생각하면 됩니다. 아울러 '너네'와 같은 의미로 쓰는

'니네'와 '니들'도 무조건 잘못 쓴 말입니다. '니'라는 인칭 대명사가 없으니까요.

3인칭 대명사로 '지네(들)'도 참 많이 쓰입니다. "일본 사람들이 계속 독도가 지네들 땅이라고 우긴다"라고 할 때 보이는 '지네(들)' 말입니다. 하지만 이때의 '지네'도 '저희'로 써야 합니다.

'저희'는 1인칭 대명사인 '우리'의 낮춤말로 쓰이는 동시에 "앞에서 이미 말했거나 나온 바 있는 사람들을 도로 가리키는 3인칭 대명사"로도 쓰입니다.

"아들 내외가 또 사정을 하러 집에 찾아왔지만, 저희가 뭐라 해도 내 마음은 바뀌지 않을 것이다" "공부를 하는 동생들도 잡비 정도는 저희가 벌어 썼다" 따위가 그렇게 쓰인 '저희'입니다.

이것 역시 '지네(들)'는 무조건 '저희(들)'로 써야 한다고 생각하시면 됩니다.

나를 잡아 잡수? ✎
뭘 잡숴!

"언제든지 로그인하면 장바구니에서 나

를 잡아 잡수 하고 기다리고 있는데 큰일이네요" 따위 예문에서 보듯이 '나를 잡아 잡수'는 꽤 널리 쓰이는 표현입니다. 다만 젊은 사람들보다는 나이가 좀 드신 분들이 많이 쓰시죠. 블로그나 카페 등에도 이런 제목의 글이 많이 보입니다. 그러나 '잡아 잡수'는 글을 쓰다 만 꼴의 말입니다. '잡수'는 '잡수다'의 어간이기 때문이죠.

'(분위기를) 돋우다'를 '(분위기를) 돋우'로 쓰지 못하고 '(분위기를) 돋워'로 써야 하듯이 '(나를 잡아) 잡수다' 역시 '(나를 잡아) 잡숴'로 써야 합니다.

'잡수다'를 활용하면서 '잡수'로 쓰는 것처럼 어느 말의 어간만 써서 틀리는 말이 꽤 있습니다. "내일 뵈요"의 '뵈요'도 그중 하나입니다. '뵈다'가 기본형이므로, 어간 '뵈'에 모음 '어'를 붙여 활용한 뒤 존경을 나타내는 조사 '요'를 덧대 '봬요'로 써야 하거든요(한글맞춤법 제16항: 어간의 끝음절 모음이 'ㅏ, ㅗ'일 때에는 어미를 '-아'로 적고, 그 밖의 모음일 때에는 '-어'로 적는다).

쐬다, 쬐다, 괴다 따위도 쐐(요), 쫴(요), 괘(요) 등으로 써야 합니다. '안 되다' 역시 '안 되'가 아니라 '안 돼'를 종결형으로 써야 하고요.

그러나 이런 것은 모두 뒤에 모음 어미가 올 때이고, 자음 어미가 올 때는 '쐬고' '쬐며' '괴자니' 따위로 쓰는 게 맞습니다.

'놀자구려' 했더니
'살 만하구면' 하대

"진짜 짜증 나게 만드는구만" 따위 표현에서 보듯이 "('이다'의 어간, 형용사 어간 또는 어미 '-으시-' '-었-' '-겠-' 뒤에 붙어) 해할 자리나 혼잣말에 쓰여, 화자가 새롭게 알게 된 사실에 주목함을 나타내는 종결어미"로 '-구만'을 쓰는 일이 흔합니다.

하지만 우리말에서 종결어미 중 '-구만'은 없습니다. 반드시 '-구면'으로 써야 합니다. "진짜 짜증 나게 만드는구면" 따위로 써야 하는 거죠. 이 '-구면'은 줄여서 '-군'으로 써도 괜찮습니다. "학교가 참 크구면"을 "학교가 참 크군"으로 써도 되는 거죠.

'-구면'을 '-구만'으로 잘못 쓰는 것만큼 많이 틀리는 종결어미에는 '-구료'도 있습니다. "자! 당신도 노래 한 곡 하시구료!" 따위처럼 쓰는 '-구료' 말입니다. 하지만 '-구료'는 무조건 '-구려'로 써야 합니다.

이런 것은 정말 묻지도 따지지도 말고, 그냥 그렇게 쓰면 됩니다.

같은 듯 다른
숟가락과 젓가락

        교열 일을 하면서 남의 글을 읽다 보면 저도 모르게 웃음이 피식 나올 때가 많습니다. 특히 글쓴이가 맞춤법을 지키기 위해 애썼지만, 결국 엉뚱한 글자를 적어 놓은 것을 보면 웃음을 참기 어렵습니다.

    한번은 어느 분이 수저에 대한 이야기를 하면서 '젓가락' 때문인지, '숟가락'도 '숫가락'으로 적어 놓은 것을 보고 킥킥거린 적이 있습니다. 그런데 인터넷을 검색해 보니, '숟가락'을 '숫가락'으로 잘못 적어 놓은 글이 의외로 많은 것은 보고 적잖이 놀랐습니다. 여러분은 '숟가락'을 '숫가락'으로 적지는 않으시죠?

    '숟가락'과 '젓가락'은 같은 구조이면서 조금 다른 말입니다.

    우선 '젓가락'은 한자말 '저箸'에 순우리말 '가락'이 더해진 말인데, 그 소리가 [저까락 / 젇까락]으로 나므로, 사이시옷 규정에 따라 사이시옷이 첨가된 겁니다.

    그렇다면, 즉 '수저'의 '저' 뒤에 '가락'이 붙으면서 [저까락 / 젇까락]으로 소리가 나 '젓가락'으로 적어야 한다면, '수'에 '가락'이 붙어서 [숟까락]으로 소리가 나는 만큼 '숫가락'으로 써야 할 것처럼 보입니다.

하지만 '숟가락'은 그렇지가 않습니다. 그것은 '수'의 원말이 '술'이기 때문입니다. "한 술 뜨고 나가라"라고 할 때의 '술' 말입니다. 이 '술'이 '숟'으로 변하는 것에 대해 한글맞춤법 제29항은 "끝소리가 'ㄹ'인 말과 딴 말이 어울릴 적에 'ㄹ' 소리가 'ㄷ' 소리로 나는 것은 'ㄷ'으로 적는다"라고 규정하고 있습니다.

무슨 말인가 하면, 원래 'ㄹ' 받침을 가지고 있던 말이 어느 말과 결합하면서 'ㄹ'이 'ㄷ'으로 변했고, 그런 말이 사람들의 입에서 아주 굳어진 것이라면, 굳이 어원을 밝히지 않고 그냥 발음대로 적는다는 얘기입니다.

다시 말해 원래 '숟가락'은 '술+가락'의 구조를 가진 말인데, '술가락'보다 '숟가락'으로 발음하는 것이 편해 예부터 사람들이 그렇게 써 왔으니, 굳이 '술가락'으로 쓰지 않는다는 거죠.

이처럼 받침 'ㄹ'이 다른 말과 부딪치면서 발음하기 편한 'ㄷ'으로 변하는 것 같은 현상을 '음운상통(音韻相通: 한 단어의 어떤 음소가 의미의 분화를 가져옴이 없이 비슷한 다른 음소로 교체되는 일)' 또는 '호전互轉'이라고 합니다. '님군'이 발음하기 편한 '임금'으로 바뀐 것도 그런 겁니다.

'숟가락'처럼 우리말 중에는 원말에 있던 'ㄹ' 받침이 다른 말과 결합하면서 'ㄷ'으로 바뀐 것이 더러 있습니다. 음력 12월을 뜻하는 '섣달'이 그렇고, 음력 3월 초사흗날을 가리키는 '삼진날'도 그러하고, 내일을 의미하는 '이튿날' 역시 그러한 말입니다.

설날과 이어지는 음력 12월은 원래 '설달'로 불리던 말인데, 그 발음이 '섣달'로 굳어져서 그냥 '섣달'을 바른말로 삼은 겁니다. "어느 날의 다음 날"을 의미하는 '이튿날' 역시 '이틀+날'이 '이튿날'이 된 것이고, 이에 따라서 '사흘날'이나 '나흘날'도 '사흗날'과 '나흗날'로 써야 합니다.

"바늘, 실, 골무, 헝겊 따위의 바느질 도구를 담는 그릇" 역시 '반짓고리'가 아니라 '반짇고리'로 써야 합니다. '바느질고리'의 준말이 '반질고리'이고, 그것이 '반짇고리'로 변한 것이죠. "여름에 생풀만 먹고 사는 소"를 뜻하는 '푿소'도 '풀+소'가 변한 말입니다.

팔힘 센 사람은 없다

저는 사람들이 많이 쓰는 말이 표준어가 돼야 한다고 생각합니다. 하지만 무조건 그래야 한다고 생각하지는 않습니다. 한글맞춤법에 어긋나는 말, 특히 다른 말의 쓰임과 헷갈릴 우려가 있는 말은 표준어가 돼서는 안 됩니다. 그

말 때문에 다른 말이 더 헷갈릴 염려가 있거든요.

여러분이 "팔의 힘"을 뜻하는 말로 흔히 쓰는 '팔힘'도 그런 말입니다. "주부 팔씨름대회에서 주부들이 팔힘을 겨루고 있다" 등의 예처럼 신문과 방송에서도 흔히 나오지만, 조금만 생각하면 '팔힘'이 왜 바른말이 될 수 없는지 금방 알 수 있습니다.

여러분은 "염치나 두려움이 없이 제 고집대로 하는 비위가 좋다"는 뜻의 말로 '배힘이 좋다'와 '뱃심이 좋다' 중 무엇을 쓰시나요? '뱃심이 좋다'고 하시죠? 또 "굳세게 버티거나 감당해 내는 힘"을 '뚝힘'이라고 하시나요? 아니죠? 당연히 '뚝심'이라고 하실 겁니다.

바로 그겁니다. 우리말의 '힘'은 어떤 말과 결합하면서 뒤에 올 때는 'ㅎ'이 'ㅅ'으로 변하는 특성이 있습니다. 그래서 '팔힘'도 합성어로서 하나의 명사가 될 때는 '팔심'으로 써야 합니다.

"보람 없이 쓰는 힘" 역시 '헛힘'이 아니라 '헛심'이고, "밥을 먹고 나서 생긴 힘"도 '밥힘'이 아니라 '밥심'입니다.

개구진 아이는 없다

"이제훈 '개구진 표정'" "열두 살 여리고 개

구진 아들 때문에 고민입니다" 등의 예문에서 보듯이 '개구지다'는 참 널리 쓰이는 말입니다. 하지만 이 말은 '현재' 비표준어로 다뤄지고 있습니다. 제가 현재에 따옴표를 한 이유가 뭔지 아시죠? 맞습니다. 앞으로 표준어가 돼야 한다는 뜻입니다.

〈표준국어대사전〉에 '개구지다'라는 말은 없습니다. 예전에는 '짓궂다'의 경북 지방 사투리로 '개궂다'가 올라 있었는데, 지금은 그마저 없어졌습니다. 대신 국립국어원 우리말샘에 "'짓궂다'의 전남 방언"으로 '개구지다'가 올라 있습니다.

저는 이 부분이 정말 마뜩지 않습니다. 사람들은 '개구지다'와 '짓궂다'를 분명히 구분해 씁니다. 우선 '짓궂다'는 "장난스럽게 남을 괴롭고 귀찮게 하여 달갑지 아니하다"라는 사전의 뜻대로 부정적 의미로 사용합니다. 반면 '개구지다'는 "장난이 지나쳐 말썽을 부리는 면이 있지만 그 모습이 귀엽다" 정도의 의미로 사용하고 있습니다. '개구지다'는 '짓궂다'에 비해 부정적 의미가 아주 적습니다.

놀이터에서 놀다가 옷에 흙을 잔뜩 묻히고 돌아온 아이에게 "아이고, 이 개구진 녀석 좀 보게"라고 말하는 어머니는 있어도, "아이고, 이 짓궂은 녀석 좀 보게"라고 말하는 어머니는 없을 겁니다.

따라서 제 생각으로는 '개구지다'는 표준어가 돼야 합니다. 그럴 만한 이유도 충분합니다. 우선 사람들이 널리 쓰는 말이니 표준어로 삼지 못할 까닭이 없습니다. 특히 '개구쟁이'라는 말이 있는데, 이 말의 뿌리라고 할 수 있는 '개구지다'를 표준어로 삼지 않으면 앞뒤가 맞지 않습니다.

'개구쟁이'는 한글학회가 1929년에 시작해서 1957년에 완간한 〈큰사전〉(16만 4125개의 어휘 수록)에 오르지 않은 말입니다. 즉 생긴 지 얼마 되지 않았다는 뜻이죠. 최근에야 표준어가 된 '개구쟁이'의 어원은 '개구지다'일 것이라는 게 제 추측입니다.

결론적으로 현재 사전에 방언으로 올라 있는 '개구지다'는 표준어가 돼야 한다는 것이 제 생각입니다. 아울러 다른 많은 단어가 그러했듯이 언젠가 '개구지다'도 표준어가 될 것으로 믿습니다.

'7부 바지'는 못 입는다?

하루는 블로그 이웃이 질문을 보내왔습니다. 병원에서 온도를 '36도 5부'로 표기해 놓을 것을 봤는데, 여기서 '5부'가 어떤 수치를 나타낸 거냐는 질문이었죠. 언뜻 생각하기엔 답이 아주 간단할 것 같았는데, 정확한 답을 알려

주기가 의외로 힘들었습니다.

우리 생활에서 '부'는 흔히 10분의 1을 나타냅니다. 1캐럿이라면 10부를 뜻하죠. '7부 바지' 등에 쓰이는 '부'도 마찬가지입니다.

그러나 어느 국어사전에도 10분의 1을 뜻하는 '부'라는 말이 없습니다. 〈표준국어대사전〉에 의존명사 '부'가 있기는 하지만, 이 말은 '푼'의 잘못으로 다뤄지고 있을 뿐입니다. 게다가 1푼은 전체 수량의 100분의 1로 쓰인다고 합니다. 흔히 10분의 1을 뜻하는 말로는 '할'이 쓰이고요. 그러나 '할'과 '부'는 어감이 아주 다릅니다.

결국 '부'는 일상생활에서는 널리 쓰이지만, 국어사전들이 그 쓰임새를 인정하지 않는 말로 봐야 할 듯합니다. 국어사전들이 '10분의 1'을 뜻하는 '부'를 하루바삐 표제어로 올려놓았으면 좋겠습니다. 사람들이 정말 많이 쓰는 말이니까요.

끄들리며
살지 말자

"자녀들에게 *끄들려* 다니면서 그들을 무작정 떠받드는 모습이 보기 싫다" "그 인간 머리채를 *끄들어* 놓아야겠다" 따위처럼 '*끄들다*'와 '*끄들리다*'(또는 '*끄둘리다*')는 꽤 널리 쓰이는 말입니다.

대개 "무엇을 움켜쥐고 함부로 휘두르거나 그런 일을 당하다" 또는 "자기 의지보다 남의 뜻에 의해 행동함"을 뜻할 때 쓰곤 하죠. 하지만 우리말에 '*끄들다*'와 '*끄들리다*'는 없습니다. 아니, 우리나라에만 없습니다. 이들 말은 북한에서는 표준어(문화어)로 대접받고 있지만, 우리의 국어사전들은 인정하지 않고 있습니다.

우리가 널리 쓰는데도 비표준어로 다뤄지는 말에는 북한이 문화어로 삼고 있는 말이 참 많습니다. 그렇게 이질화한 말들이 어서 동질성을 찾았으면 좋겠습니다. 말이 같아야 생각도 같아지고, 그래야 나라도 같아질 수 있잖아요.

아무튼 '*끄들다*' '*끄들리다*' '*끄둘리다*'는 현재로선 '꺼들다'와 '꺼둘리다'로 써야 합니다. 이 중 '꺼들다'는 "잡아 쥐고 당겨서 추켜들다"(머리털을 꺼들다)나 "함께 거들거나 들고나오다"(아무런 반응이 없던 방현령 재상까지도 한 말을 꺼들고 나선다)를 뜻합니다.

또 '꺼둘리다'는 '꺼두르다'(준말은 '꺼둘다')의 피동사인데, '꺼두르다'는 "(…을) 움켜쥐고 함부로 휘두르다"를 뜻합니다. "멱살을 꺼두르다" "머리채를 꺼두르며 싸운다" 따위가 〈표준국어대사전〉이 밝히고 있는 용례이고요.

이렇듯 국어사전들은 '멱살'이나 '머리채' 등 어떤 사물에 대해서만 쓸 수 있는 것처럼 예를 들고 있지만, 이를 응용해서 어떤 말이나 사상 등과 관련해 써도 괜찮다고 봅니다. 물론 그보다는 쓰는 사람이 거의 없는 '꺼들다'나 '꺼둘리다'보다 너나없이 다 쓰는 '끄들다'와 '끄들리다'를 복수 표준어로 삼는 게 더 좋을 듯하고요.

'비러먹다'와 '빌어먹다'는 달라야 한다

사람들의 말 씀씀이와 국어사전의 뜻풀이가 반드시 일치하는 것은 아닙니다. 그런 말 중에는 사람의 말 씀씀이를 국어사전들이 따라가지 못하는 것이 많습니다. "내가 이 비러먹을 여드름 때문에 못 살겠다" "비러먹을 회사, 정말 가기 싫다" 따위 문장에서 보이는 '비러먹다'도 그런 말 가운데 하나입니다.

모든 국어사전은 '비러먹다'를 "'빌어먹다'의 잘못"으로 다루고 있습니다. 그리고 국어사전들은 '빌어먹다'를 "남에게 구걸해 거저 얻어먹다"라는 뜻으로만 풀이해 놓고 있지요. 〈표준국어대사전〉의 예문들도 "밥을 빌어먹다" "거리를 쏘다니며

　　　　1부　말법을 알아야 우리말 달인이 될 수 있다

빌어먹다" "빌어먹는 형편에 집이 있을 리 없다" 따위처럼 '구걸'하는 의미만 살려 있습니다.

그러나 사람들이 '비러먹다'(아니면 '빌어먹다'든)를 쓸 때는 구걸과 아무 관계가 없는 경우가 많습니다. 화가 나거나 짜증이 날 때, 더러는 욕을 하고 싶은 어떤 대상을 얘기할 때 쓰는 일이 흔하죠. 따라서 국어사전들이 서둘러 사람들의 말 씀씀이를 살펴 '비러먹다'를 새로운 표준어로 삼든지, 아니면 '빌어먹다'에 새로운 뜻풀이를 추가해야 한다고 생각합니다.

제 생각으로는 '빌다(남의 물건을 공짜로 달라고 호소해 얻다)+먹다'로 이뤄진 '빌어먹다'는 "구걸하다"는 의미로 남겨두고, 어떤 욕 따위를 나타내는 말은 어원이 불분명하니 그냥 소리 나는 대로 '비러먹다'로 썼으면 좋겠습니다. 그러나 이것은 저 혼자의 생각일 뿐이고, 현재는 '비러먹다'를 써서는 안 됩니다.

참, '빌어먹다'와 똑같은 의미의 말로는 '배라먹다'도 있습니다. 또 "남에게 구걸하는 짓을 낮잡아 이르는 말"로 '비럭질'도 쓰입니다. '비럭질'은 '빌+억+질'로 이뤄진 말을 소리 나는 대로 표기한 겁니다. 그래서 '비러먹다'도 될 듯하다는 것이 제 생각입니다.

대빵 크고,
딥다 힘들다

"감자바위는 정말 딥다 큰데 양파바위로도 불린다" "머리만 가분수로 딥다 크다" 따위 예문에서 보듯이 '딥다'라는 말은 꽤 널리 쓰입니다. 아마 여러분도 "이 고추 딥다 매워" "딥다 큰 찐빵" 등의 말을 자주 쓰실 듯합니다. 그렇죠?

하지만 이 '딥다'는 조금 이상한 말입니다. 당연히 표준어도 아니고요. "'크게, 또는 할 수 있는 데까지 한껏'이라는 뜻을 나타내는 말"은 '딥다'가 아니라 '대빵'입니다. "용량 대빵 큰 건전지 추천해 주세요" 따위로 쓰는 그 '대빵' 말입니다. 국어사전들이 '대빵'에 '은어'라는 누명(?)을 씌우기는 했지만, 표준어인 것은 분명합니다. 〈표준국어대사전〉에도 표제어로 올라 있으니까요.

그러나 '대빵'에 '은어'라는 족쇄를 채운 것은 마음에 들지 않습니다. '은어'라고 하면 "어떤 계층이나 부류의 사람들이 다른 사람들이 알아듣지 못하도록 자기네 구성원들끼리만 빈번하게 사용하는 말"인데, '대빵'은 누구나 알아듣는 말이고, 남녀노소 다 쓰는 말인 만큼 어서 '은어'라는 누명을 벗겨 주었으면 좋겠습니다.

그런데 일상생활에서는 '대빵' 못지않게 '댑다'도 참 널리 쓰입니다. 그래서 왜 그럴까 하고 곰곰이 생각해 보니 '댑다'와 소리가 비슷한 '딥다' 때문인 듯합니다.

여러분은 '댑다'를 언제 쓰시나요? "세차게, 마구"라는 의미로 쓰시죠? "들입다 뛰었다"를 "댑다 뛰었다"로, "들입다 고생만 했다"를 "댑다 고생만 했다"로, "그는 들입다 화부터 냈다"를 "그는 댑다 화부터 냈다"로 쓰시잖아요. 하지만 이들 표현 속의 '댑다'는 '딥다'로 써야 합니다. '딥다'는 "세차게, 마구"를 뜻하는 '들입다'의 준말이고, 당연히 표준어입니다. 그런데 '들입다'가 준 '딥다'를 '댑다'로 잘못 소리 내는 버릇이 몸에 밴 듯합니다.

또 일상생활에서 '대빵'으로 써야 할 표현에 "야, 이 빵 딥다 크다"라거나 "오늘 날씨 딥다 좋다" 따위처럼 '딥다'를 사용하는 일도 흔한데, '대빵'과 '딥다'는 의미가 다른 말입니다.

결론적으로 '댑다'는 '대빵'이나 '딥다'로 써야 합니다. 그중 '대빵'은 "크게" 또는 "한껏" 등의 의미로 쓰이고, '딥다'는 "마구" "세차게" 등의 뜻을 나타냅니다. "대빵 큰 얼음을 딥다(들입다) 먹었더니 머리가 다 아프다" 따위처럼 써야 하는 거죠.

존망과 존폐는
위협받지 않는다

교열 일을 하다 보면 좀 무게감이 있는 글에서 '존망이 위협받다'나 '존망이 흔들리다' 등의 표현을 자주 접하게 됩니다. 속칭 '가방끈이 긴 분'들이 이런 말을 많이 씁니다. 하지만 그럴 때마다 저는 아주 단호하게 수정해 버립니다. '존망'은 위협받지 않고, 흔들리지도 않거든요.

'존망存亡'은 "존속과 멸망 또는 생존과 사망을 아울러 이르는 말"입니다. 존속과 멸망, 혹은 생존과 사망이 함께 위협받거나 흔들릴 수는 없습니다. 존속과 생존이 위협받거나 흔들리는 것이지, 멸망과 사망이 위협받거나 흔들린다는 표현은 아주 어색합니다.

'존폐'도 마찬가지입니다. '존폐存廢' 역시 '존속'과 '폐지'를 아울러 이르는 말이잖아요. 그런데 이를 두고 "수출 부진으로 기업의 존폐를 걱정해야 할 형편이다" 따위처럼 쓰곤 합니다. 그러나 '폐업'을 걱정하는 것은 당연하지만, '존속'을 걱정한다는 것은 말이 안 됩니다. 또 '존폐의 위기'도 '존립을 위협받다'나 '폐지될 위기를 맞다' 따위처럼 문장 속 의미에 맞게 정확히 써야 합니다.

이들 외에 '찬반' '생사' 등 양면성을 지닌 말 중에는 뒤에 오는 말에 따라 의미가 이상해지는 표현이 많습니다. 이런 말을 쓸 때는 한자의 뜻을 잘 살펴보고, 전체 의미에 맞게 정확히 써야 합니다.

진위 여부를 물으면 헷갈린다

　　　　　　　양면성을 지닌 말 뒤에 '위기' '위협' '흔들리다' 등 일방적인 뜻의 말을 붙여 의미를 모호하게 만드는 표현도 있지만, 양면성을 지닌 말에 또다시 양면성을 지닌 말을 써서 이상한 말 꼴을 만드는 표현도 있습니다. 그중 대표적인 게 '여부'입니다.

여부與否는 한자 그대로 "그러함과 그러하지 아니함"을 뜻합니다. 그런데 이 여부를 "17일 찬반 여부를 의결한다"라거나 "진위 여부 공방 계속돼" 따위처럼 쓰면 아주 이상해집니다. 여기서 '찬반'은 "찬성과 반대"를 뜻합니다. 따라서 그 뒤에 '여부'가 붙은 '찬반 여부'는 "찬성과 반대를 하는지 안 하는지"라는 이상한 말 꼴이 되고 맙니다. "찬성을 하는지 안 하는지"나 "반대를 하는지 안 하는지"라는 원래의 의미가 아주 이상하게 꼬인 거죠.

‘진위眞僞’ 역시 “진짜와 가짜”를 뜻하므로, 그 뒤에 ‘여부’가 붙은 ‘진위 여부’는 “진짜와 가짜가 맞는지 아닌지”라는 괴상한 의미의 표현이 되고 맙니다. 이 역시 “진짜인지 아닌지”나 “가짜인지 아닌지”의 의미를 지닌 표현이 돼야 하죠.

결국 ‘여부’가 “그런지, 아닌지”를 뜻하므로 그 앞에는 ‘찬성’이나 ‘반대’, ‘진짜(진실)’나 ‘가짜(거짓)’ 중 하나만 와야 의미가 통하게 됩니다.

그런 점에서 ‘승부욕’ 역시 아주 이상한 말입니다. 권력욕(권력을 잡으려는 욕심)이나 명예욕(명예를 얻으려는 욕심)이란 말에서 알 수 있듯이 욕慾 자가 들어간 단어는 어떤 욕심을 뜻합니다. 따라서 ‘승부욕’이라고 하면 “승부를 가지려는 욕심”의 의미를 갖게 되죠. 하지만 승부勝負는 ‘이길 승勝’과 ‘질 부負’가 더해진 말입니다.

이런 ‘승부’에 ‘욕’이 붙으면 “이기거나 지려는 욕심”이라는, 아주 괴상한 표현이 되고 맙니다. ‘승부욕’은 ‘승리욕’으로 쓰는 것이 옳습니다. 다만 〈표준국어대사전〉에는 ‘승부욕’과 ‘승리욕’ 모두 올라 있지 않습니다.

아울러 “반드시 이기려는 마음”을 뜻하는 말로 ‘호승심好勝心’도 널리 쓰입니다. “패배와 승리의 갈림길에서 유독 ‘호승심’이 충만한 사람들이 있다”처럼요. 그러나 〈표준국어대사전〉에는 ‘호승好勝’도 없고, ‘호승심’도 없습니다.

이럴 때는 참 난감합니다. 하지만 한자사전에 호승好勝이 "승벽勝癖이 몹시 강함. 경쟁심이 매우 왕성함. 지기를 싫어하고 이기기를 좋아함"의 뜻으로 올라 있는 만큼 '호승심'을 쓸 수 있다는 것이 저의 생각입니다.

누구에게도
생사여탈권은 없다

대립되는 두 의미를 가지고 있어 자주 틀리는 말에는 '생사여탈권'도 있습니다. "당신이 보유한 '코인' 생사여탈권, 미국 손에 달려 있다" 따위처럼 '생사여탈권'은 아주 널리 쓰이는 말입니다. 하지만 그 말의 구조를 조금만 생각하면 바른말이 될 수 없음을 금방 알 수 있습니다.

'생사여탈권'은 '생사+여탈+권'으로 이뤄진 말입니다. 이때 '생사生死'는 "삶과 죽음(사느냐 죽느냐)"을 뜻합니다. 또 '여탈與奪'은 "주는 일과 빼앗는 일"입니다. '권權'은 말 그대로 "권리"이고요.

즉 '생사여탈권'이라고 하면 "사느냐 죽느냐를 주느냐 빼앗느냐의 권리"를 뜻하게 됩니다. 이때 '주느냐 빼앗느냐'(여탈)에는 '권리'라는 말이 붙는 것이 자연스럽습니다. 그러나 '사느나 죽느냐'(생사)에는 '권리'가 붙는 게 어색합니다. '사느냐 죽느냐'는 누구에게 행사하는 권리가 아니라 내가 스스로 내리는 선택의 문제이기도 하니까요.

'권리'라는 말과 어울리려면 '사느냐 죽느냐'가 아니라 '살리느냐 죽이느냐'가 돼야 합니다. 그런 말은 '생사'가 아니라 '생살生殺'입니다. 역사 드라마 등에서도 "죽이고 살릴 사람의 이름을 적어 둔 명부"를 '살생부' 또는 '생살부'라고 하지, '사생부'나 '생사부'라고는 하지 않습니다.

그런데요. 예전에 〈표준국어대사전〉에 '생사여탈'과 '생살여탈'이 같은 뜻으로 함께 올라 있었습니다. 그래서 제가 〈더 건방진 우리말 달인〉에서 '생사여탈'이 왜 옳지 않은지 조목조목 따졌습니다. 그랬더니 어떻게 된 줄 아십니까? 지금은 〈표준국어대사전〉에 '생사여탈권'은 없고, '생살여탈권'만 올라 있답니다. 제가 이런 사람입니다.

남을 ✎

놀래키지 마라

"또한 꽉 짜인 틀을 벗어나 즉흥 연주를 비롯한 돌발 행동으로 팬들을 놀래킬 계획이다" 같은 예문에서 보듯이 '놀래키다'는 누구나 자주 쓰는 말입니다. "(누구를) 놀라게 하다'라는 의미로는 열이면 열 모두 그렇게 씁니다.

그러나 국어사전들은 절대로 이 말을 쓸 수 없다고 고집합니다. '놀라다'의 사동사는 '놀래다'뿐이며, 반드시 이 말만 써야 한다고 주장하고 있죠.

하지만 현실적으로 "뒤에서 갑자기 나타나서 그를 놀랬다"라거나 "그들이 그에게 충격을 가한 것은 그를 놀랠 심산이었다" 따위로 쓰는 사람은 거의 없습니다.

이렇듯 현재는 잘못된 말이라 해도 사람들이 모두 쓴다면 그것을 표준어로 삼아야 한다는 것이 제 생각입니다. 물론 거기에는 '어떤 말이 활용하는 전체에 같은 원칙이 적용'되고, '다른 말에 미치는 영향이 없어야 한다'는 조건이 충족돼야 합니다.

어떤 말의 활용형 일부가 어색하다고 해서 그 말의 활용형 전체를 바꿔 버리면 다른 부분에서 또 헷갈릴 염려가 있고, 다른 말과 다른 원칙을 적용하면 뭔가를 또 외워야 하는 불편이 따르기 때문입니다.

그러나 '놀래키다'는 그렇지 않습니다. '놀래다'는 거의 쓰이지 않습니다. 또 '놀래키다'는 '놀라다'에 '이키'가 붙은 꼴이라 볼 수 있는데, '이키'는 이미 우리말에서 사동사를 만드는 말로 쓰이는 접사입니다. '돌다'의 사동사가 '돌이키다'죠.

제 생각에는 누구도 쓰지 않는, '놀라다'에 사동의 뜻을 더

하는 접미사 '이'가 붙은 '놀래다'보다 너나없이 쓰는, '놀라다'
에 사동의 뜻을 더하는 접미사 '이키'가 붙은 '놀래키다'로 쓰
는 것이 좋을 듯싶습니다.

하지만 이것 역시 저 혼자만의 생각입니다. 여러분은 어색
하더라도 "제가 남을 놀라게 하다"라는 의미로 쓸 때는 '놀래
다'로 써야 합니다. 그것이 영 어색하다면(당연히 어색하지만)
'놀래다'를 '놀라게 하다' 꼴로 써도 괜찮습니다.

아울러 자신이 깜짝 놀라면서 "아이고, 놀랬잖아"라고 얘
기해서도 안 됩니다. '놀래다'는 내가 남을 놀라게 하는 것이지
내가 놀라는 것이 아니거든요. 자신이 놀랐다는 의미를 나타낼
때는 '어제 얼마나 놀랐는지 몰라' '아이고, 놀라라' 따위로 써
야 합니다.

태풍은 절대
비켜 가지 않는다

'놀래키다'와 함께 '-키-'가 들어가 있는 말 중에 자주 틀리는 것이 몇 개 있습니다. '비키다'도 그중 하
나입니다.

여러분뿐 아니라 신문과 방송에서도 "공이 골대를 살짝 비

켜 갔다”“태풍이 비켜 갔다” 등처럼 뭔가가 본래의 방향에서 빗나가는 경우를 일컬을 때 ‘비켜(비키어) 가다’를 쓰는 일이 흔합니다. 하지만 ‘비켜 가다’는 내가 의도적으로 누군가를 피해서 갈 때나 쓸 수 있는 말로, 생활 속에서 쓸 일이 거의 없습니다. ‘비켜 가다’를 쓸 상황이라면 다들 ‘피해 가다’를 쓰거든요.

‘비키다’는 “무엇을 피해 있던 곳에서 한쪽으로 자리를 조금 옮기다”를 뜻합니다. “길에서 놀던 아이가 자동차 소리에 깜짝 놀라 옆으로 비켰다” 따위처럼 쓰이죠.

또 “방해가 되는 것을 한쪽으로 조금 옮겨 놓다”(통로에 놓였던 쌀독을 옆으로 비켜 놓았다) “무엇을 피해 방향을 조금 바꾸다”(사람들을 비켜 가며 빨리빨리 걸었다) “(‘길’이나 ‘자리’ 따위와 함께 쓰여) 다른 사람을 위해 있던 자리를 피해 다른 곳으로 옮기다”(상여가 지나가자 그들은 묵묵히 길을 비켜 주었다) 등의 뜻으로 쓰이기도 합니다.

위의 뜻들을 잘 살펴보면 ‘비키다’는 “어떤 의지를 가지고 자리나 방향을 바꾸는 행동”을 가리키는 말임을 알 수 있습니다. 그러나 축구 선수가 찬 공은 자신이(?) 어떤 의지를 가지고 자리나 방향을 바꿀 수 없습니다. 사람이 잘못 차서 빗나가는 거죠. 태풍도 마찬가지입니다. 태풍이 무슨 깊은 뜻을 가지고 방향을 바꾸는 것이 아니라 자연환경의 변화에 따라 저절로 진로가 슬쩍 바뀌는 겁니다.

공이나 태풍처럼 뭔가가 "비스듬히 스쳐 지나다"를 뜻할 때
는 '비껴가다'를 써야 합니다. "각도는 좋았으나 공은 골대를
살짝 비껴갔다" 따위처럼요. '비껴가다'는 "어떤 감정, 표정, 모
습 따위가 얼굴에 잠깐 스쳐 지나가다"를 뜻하기도 합니다. "그
의 눈가에 후회하는 빛이 비껴가는 것을 나는 보았다"처럼 쓰
이는 거죠. 이 '비껴가다'는 하나의 동사로 '비껴 가다'로 띄어
써서는 안 됩니다. 반면 '비켜 가다'를 쓸 일이 있다면 띄어 써
야 하고요.

'들이키다'와 '들이켜다'도 구분해 쓰지 않으면 틀리기 쉽습
니다. '들이키다'는 "안쪽으로 가까이 옮기다"를 뜻하고, '들이켜
다'는 "물이나 술 따위의 액체를 단숨에 마구 마시다" 또는 "공
기나 숨 따위를 몹시 세차게 들이마시다"를 의미하거든요.

그런데 사실 일상생활에서 '들이키다'를 쓰는 일은 거의 없
습니다. "사람이 다닐 수 있도록 화분을 들이키고 손님을 맞
았다" "의자를 들이키고 앉아라" 등이 '들이키다'를 제대로 쓴
사례인데요. 이런 상황에서 사람들은 '들이키다' 대신 '옮기다'
'피하다' '당기다' 등을 적절히 가려 씁니다. 게다가 '들이키다'
에 '-고' '-더니' '-며' 같은 자음 어미가 아니라 모음 어미가
붙으면 '들이켜다'를 활용할 때처럼 '들이켜서' '들이켰다' 꼴
이 됩니다.

그래서 저는 '들이키-'만 보면 무조건 틀렸다고 생각합니

다. 여러분도 저처럼 생각하시는 게 속 편할지 모릅니다.

또 "가는 것이 이리저리 뒤섞이다" 또는 "관계, 일, 감정 따위가 이리저리 복잡하게 되다"를 뜻하는 '얽히고설키다'도 많이 틀리는 말이니 꼭 기억해 두시기 바랍니다.

우리말에 '얽다'는 있습니다. "노끈이나 줄 따위로 이리저리 걸다"나 "이리저리 관련이 되게 하다"를 뜻하는 동사죠. 이런 '얽다'의 피동사가 '얽히다'입니다. 하지만 우리말에 '섥다'는 없습니다. 따라서 '얽다'의 의미적인 관련성을 살펴 앞은 '얽히고'로 쓰지만, '섥다'라는 말은 아예 없으므로 뒤는 소리 나는 대로 '설키다'로 씁니다. 이 '설키다' 때문에 '얽히고'를 '얼키고'로 쓰는 일이 많은 듯한데, 이는 바른 표기가 아닙니다. 아울러 '얽히고설키다'가 한 말이므로 반드시 붙여 써야 합니다.

까칠한 사람을 싫어하는
까슬까슬한 국어사전

어떤 사람의 성격 등을 나타낼 때 '까칠하다'를 쓰는 일이 아주 흔합니다. 여러분도 "까칠한 성격을 고쳐라" "까칠한 내 여자(남자) 친구" 등의 말을 자주 쓰실 겁니다.

그러나 '까칠하다'는 "야위거나 메말라 살갗이나 털이 윤기가 없고 조금 거칠다"라는 뜻으로, 사람의 성격과는 눈곱만큼도 관계가 없는 말입니다. "며칠 밤을 고생했더니 얼굴이 까칠해졌다" 따위가 바른 쓰임이죠.

그런데 이즈음에서 하나 의문이 듭니다. 정말 사람의 성격 따위를 나타내는 말로는 '까칠하다'를 쓰지 못하는 것일까 하는 의문 말입니다.

제 생각으로는 쓸 수 있다고 봅니다. 살갗이 메말라 있듯이 사람의 마음이 메말라 있다는, 비유적 의미로 쓸 수 있는 거죠. 또 이런 의미의 뜻풀이가 국어사전들에 빨리 올라야 한다고 생각합니다.

그건 그렇고요. 그러면 "성질이 보드랍지 못하고 매우 까다롭다"를 뜻하는 바른말은 무엇일까요? 잘 모르시겠죠? 그건 바로 '가슬가슬하다'(큰말은 '거슬거슬하다', 센말은 '까슬까슬하다')입니다. 이 '가슬가슬하다'는 "살결이나 물건의 거죽이 매끄럽지 않고 까칠하거나 빳빳한 모양"을 뜻하기도 합니다.

제가 성격 등을 나타낼 때 '까칠하다'도 쓸 수 있다고 말한 까닭이 여기에 있습니다. '가슬가슬하다'가 "살결이나 물건의 거죽이 매끄럽지 않고 까칠하거나 빳빳한 모양"을 뜻하면서 사람의 그런 성격을 나타내는 말로 쓰이듯이, '까칠하다'도 "살갗이 메말라 거칠다"라는 뜻과 함께 사람의 그런 성격을 나타내는 뜻도 가져야 한다는 거죠.

하지만 현재 국어사전에는 '까칠하다'에 그런 뜻풀이가 달려 있지 않습니다. 하지만 **멀잖아**˚ 뜻풀이가 수정·보강돼서 사람의 성격 따위를 나타낼 때도 '까칠하다'를 쓸 수 있게 될 것으로 생각합니다. 저는 국립국어원을 믿습니다.

멀잖아

형용사 '멀다'는 '거리'가 많이 떨어져 있거나 '시간' 사이가 길다는 의미로 다 쓰입니다. 이런 '멀다'에 보조형용사 '않다'를 붙여 '멀지 않다'라고 하면 거리와 시간을 나타내는 말로 두루 쓸 수 있습니다. 하지만 '멀지 않다'가 변한 '머지않다'는 반드시 시간에만 써야 합니다. '머지않다'를 줄여 '머잖다'로 쓸 수도 있고요. 그러나 공간적으로 떨어져 있음을 뜻할 때는 '머잖다'가 아니라 '멀잖다'를 활용해야 합니다. 결국 '머잖은 미래'는 되지만, '머잖은 곳'은 안 됩니다. 이와 달리 '멀잖은 서울'과 '멀잖은 9월'은 모두 됩니다.

굳은살은
배기지도 박히지도 않는다

"그의 왼손 손가락들에는 굳은살이 박혀 있다" "굳은살도 배기고 바늘에 찔린 흉터도 많다" 등의 예문에서 보듯이 굳은살이 생겼다는 의미로 '박히다'와 '배기다'를 쓰는 일이 참 많습니다. 그러나 '굳은살' 뒤에는 '배기다'와 '박히다'가 올 수 없습니다.

국어사전들에 따르면 '배기다'는 "바닥에 닿는 몸의 부분에 단단한 것이 받치는 힘을 느끼게 되다"를 뜻하는 말입니다. 방바닥에 오래 누워 있으면 허리가 뻐근해지죠? 그게 바로 '배기

엉덩이

제가 이 책에서 줄곧 말하고 있지만, 우리말은 늘 변합니다. 따라서 우리말 고수가 되기 위해서는 국어사전을 뒤지는 일을 게을리하면 안 됩니다. 어제는 이런 뜻이었는데, 오늘은 그렇지 않은 말이 정말 많거든요. 여러분이 잘못 쓰는 일이 너무 많으면 국립국어원이 그 말을 표준어로 삼거나 의미를 바꾸곤 하기 때문입니다. '엉덩이'가 대표적인 사례입니다.

'엉덩이'는 얼마 전까지만 해도 "볼기(뒤쪽 허리 아래, 허벅다리 위의 양쪽으로 살이 불룩한 부분)의 윗부분"을 가리키는 말이었습니다. 그래서 '엉덩이 깔고 앉아라' 같은 말은 아주 이상한 표현이었죠. 볼기의 윗부분이 바닥에 닿으려면 앉는 것이 아니라 누워야 하니까요.

우리가 앉을 때 바닥에 닿는 부위는 볼기 중 '궁둥이'입니다. 지금도 "볼기의 아랫부분. 앉으면 바닥에 닿는, 근육이 많은 부분"을 뜻하는 말은 여전히 '궁둥이'입니다. 다만 이제는 '엉덩이'에 '궁둥이'의 뜻도 더해졌습니다. 사람들이 "엉덩이 붙일 의자 하나 없다" "오래 앉아 있었더니 엉덩이가 아프다" 따위처럼 '궁둥이'를 써야 할 때에 '엉덩이'를 쓰는 일이 많아 엉덩이의 뜻이 확장된 거죠. 그래서 엉덩이는 볼기의 윗부분과 아랫부분을 모두 뜻할 수 있는 말이 됐습니다.

하지만 '궁둥이'는 여전히 '엉덩이'의 뜻으로는 못 씁니다. "옷을 궁둥이에 걸치고 다닌다"라고는 못 쓰는 겁니다. 바지나 치마가 궁둥이까지 내려가면 큰일 나죠. 아울러 볼기와 관련해 많이 쓰이는 '방뎅이'와 '궁뎅이'는 표준어가 아닙니다.

1부 말법을 알아야 우리말 달인이 될 수 있다

는 것'입니다. "오래 앉아 있었더니 **엉덩이°**가 배긴다" "방바닥
에 종일 누워 있었더니 등이 배긴다" 따위로 쓰이지요.

'배기다'는 "(주로 부정 표현이나 의문문에 쓰여) 참기 어려운
일을 잘 참고 견디다" 또는 "(흔히 '-지 않고는' 뒤에서 부정어와
함께 쓰여) 어떤 동작을 꼭 하고야 맒을 이르는 말"로도 쓰입니
다. "일이 힘들어 배겨 내지 못하겠다" "하루라도 너를 보지 않
고는 배길 수 없어 이렇게 달려왔다" 등처럼 쓰이는 겁니다.

'굳은살'과 관련해서는 무조건 '박이다'를 써야 합니다. '박
이다'는 "버릇, 생각, 태도 따위가 깊이 배다"(주말마다 등산하는
버릇이 몸에 박여 이제는 포기할 수 없다 / 선생티가 박인 삼촌은 언
제나 훈계조로 말한다)를 뜻하기도 하지만, 그 자체가 "손바닥이
나 발바닥 따위에 굳은살이 생기다"를 의미하기도 합니다.

'굳은살'과 비슷한 말인 '못'(주로 손바닥이나 발바닥에 생기는
단단하게 굳은 살)에도 '박이다'를 쓸 수 있습니다. 반면 '점'이나
'주근깨', '사상'이나 '정신' 등에는 '박히다'를 써야 합니다.

화는 삭이고,
김치는 삭히고

제가 방금 굳은살은 배기거나 박히는 것이

아니라 '박이는 것'이라고 얘기했는데, '박이다'와 '박히다'를 헷갈리는 것 못지않게 잘못 쓰기 쉬운 말이 무지 많습니다. 그 중에는 '삭이다'와 '삭히다'도 있습니다.

'삭이다'와 '삭히다'는 모두 '삭다'의 사동사입니다. 따라서 이를 구분하기 위해서는 '삭다'의 의미부터 알아야 합니다. 국어사전들은 '삭다'를 다음과 같이 풀이해 놓고 있습니다.

① 물건이 오래돼 본바탕이 변해 썩은 것처럼 되다.

　삭은 나무토막 / 옷감이 삭다 / 밧줄이 삭아 끊어졌다

② 걸쭉하고 빡빡하던 것이 묽어지다.

　죽이 삭다 / 고추장이 삭다

③ 김치나 젓갈 따위의 음식물이 발효돼 맛이 들다.

　젓갈이 삭다 / 엿기름물에 만 밥이 삭아서 밥알이 뜨면 솥에 넣고 끓였다 식혀서 식혜를 만든다

④ 먹은 음식물이 소화되다.

　밥이 삭다 / 오전 내내 가만있으니 아침 먹은 것도 삭지 않은 것 같다

⑤ 긴장이나 화가 풀려 마음이 가라앉다.

　분이 삭다 / 온갖 서글픔도 가라앉고 그리움도 한스러움도 삭아버린 하얀 앙금 같은 것이 고여 왔다

⑥ 불이 사그라져서 재가 되다. =사위다

장작불이 삭다

⑦ 사람의 얼굴이나 몸이 생기를 잃다.

며칠 앓더니 몸이 많이 삭았구나 / 그의 얼굴이 삭은 걸 보니 고
생이 많은가 보다

⑧ 기침이나 가래 따위가 잠잠해지거나 가라앉다.

약을 먹었는데도 기침이 삭질 않는다

　그러면서 위의 '삭다' 중 ④⑤⑧의 사동사로는 '삭이다'를
쓰고, ③의 사동사로만 '삭히다'를 쓴다고 밝히고 있습니다. 따
라서 "밥을 삭혀 끓인 감주" "김치를 삭힌다" "멸치젓을 삭힌
다" "민속주는 곡식을 삭혀서 만드는 경우가 많다" 등처럼 무
엇을 인위적으로 발효시키는 의미에서만 '삭히다'를 쓰고, 분
한 감정이나 기침 등을 가라앉히는 일을 뜻할 때는 '삭이다'를
써야 합니다. "분을 삭히지 못했다"가 아니라 "분을 삭이지 못
했다"로 써야 하는 거죠.
　'썩이다'와 '썩히다'도 잘 구분해야 합니다. '썩이다'는 "걱
정이나 근심 따위로 마음이 몹시 괴로운 상태가 되다"라는 뜻
을 나타내는 '썩다'의 사동사입니다. 그 외에 음식물 등이 썩는
다든지 "물건이나 사람 또는 사람의 재능 따위가 쓰여야 할 곳
에 제대로 쓰이지 못하고 내버려진 상태에 있다"라는 뜻을 나
타낼 때는 '썩이다'가 아니라 '썩히다'를 써야 합니다.

삭이다
먹은 음식물을 소화하다.

삭이다
긴장이나 화를 풀어 마음을 가라앉히다.

삭히다
김치나 젓갈 따위의 음식물을 발효시켜 맛이 들게 하다.

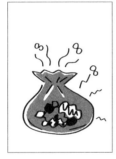

썩히다
유기물이 부패 세균에 의하여 분해됨으로써 원래의 성질을 잃어 나쁜 냄새가 나고 형체가 뭉개지는 상태가 되게 하다.

썩히다
물건이나 사람 또는 사람의 재능 따위가 쓰여야 할 곳에 제대로 쓰이지 못하고 내버려진 상태로 있게 하다.

썩이다
걱정이나 근심 따위로 마음이 몹시 괴로운 상태가 되게 만들다.

'하'는 되,
'해'는 돼

　　　　　　아주 쉬운 말인데, 너무 너무 너어~무 많이 틀리는 말이 동사 '되다'의 활용형입니다. 누구나 하루에도 수십 수백 번씩 '되다'라는 말을 쓸 겁니다. 그런데도 '되'를 쓸 때와 '돼'를 써야 할 때를 구분하지 못하는 사람이 정말 많습니다. 아마 여러분도 그러실걸요. 아니라고요? 그럼 아래를 봐 보세요.

　　① '선생님은 내게 세상에 쓸모 있는 사람이 ○ 라'고 하셨다.
　　② 아들아, 너는 세상에 쓸모 있는 사람이 ○ 라. 알았지?

　　①과 ②의 ○ 에 들어갈 말이 '되'와 '돼' 중 어느 것인지 아시겠어요? 잘 모르시겠죠? 사실 이 말을 제대로 구분해 쓰는 사람은 그리 많지 않습니다. 제가 회사에서 일을 하다 보면, 글 쓰는 것이 직업인 기자 중에서도 '되'와 '돼'를 확실히 구분해 쓰는 사람이 별로 없답니다.

　　하지만 이 글을 읽는 분은 누구나 5분 뒤면 '되'와 '돼'를 100% 구분할 수 있게 될 겁니다. 너무 너무 너어~무 많이 틀리는 것과 달리 구분하는 방법은 아주 아주 아아~주 간단하거든요.

　　우선 간단히 설명하면 '되'는 '되다'의 어간(동사나 형용사의 모양이 바뀔 때 변하지 않는 부분)이고, '돼'는 '되'에 어미(어간 뒤에 붙는 부분) '어'가 붙은 말 '되어'가 줄어든 것입니다. 즉 '돼'는 '되어'입니다.

그렇다면 구분법은 아주 간단해지죠. '되어'로 읽어 말이 되면 '돼'로 쓰고, 그렇지 않으면 '되'로 쓰면 되는 거죠, 뭐.

예를 하나 들어 볼게요. '꽃이 되어면서'가 말이 되나요? 안 되죠. 그러니까 '꽃이 되면서'가 바른 표기인 겁니다. 이와 달리 '사람이 되어먹지 않았다'는 어떤가요? 자연스럽죠. 따라서 이 말은 '사람이 돼먹지 않았다'고 써야 합니다. '민용이 그놈은 참 되먹지 못했어'라고 할 때 '되먹지'는 바른말이 아닌 거죠.

아래 표를 한 번 읽어 보세요.

그름 ⓧ	옳음 ◉
어른이 돼지(되어지) 않으면…	어른이 되지 않으면…
얼음이 되 버렸다	얼음이 돼(되어) 버렸다.
꽃이 돼고(되어고) …	꽃이 되고…

그런데 말입니다. 이것만으로는 조금 부족한 구석이 있습니다. 저 앞의 ①과 ②를 해결할 수가 없거든요. 언뜻 봐서는 둘 다 '되어'를 넣어도 될 것 같거든요. 사실 이 문제에 대해서는 간접명령어가 이렇고 직접명령어가 저렇고, 문어체가 어쩌고 구어체가 저쩌고 하며 한참 떠들어야 합니다. 하지만 그렇

게 하면 이 글을 읽는 여러분이 이 우달이에게 '잘난 척한다'고 하거나 '괜히 머리만 아프게 한다'고 **궁시렁거릴*** 거 아닙니까. 그래서 여기서 그런 것은 생략할게요. 대신 기막힌 비법 하나를 알려드리겠습니다.

이 글의 소제목처럼 '하는 되, 해는 돼'만 알면 됩니다. 뭔 소리냐 하면, 다름 아니라 '되'나 '돼'를 넣을 자리에 '하'를 넣어서 말이 되면 '되'를 쓰고, 말이 되지 않으면 '돼'를 쓰라는 얘기입니다. 거꾸로 '해'를 넣어 자연스러우면 '돼'를 쓰고, 그렇지 않으면 '되'를 쓰라는 소리이고요.

①에서 "'… 해라'고 하셨다"가 말이 되나요? 안 되죠. "'하라'고 하셨다"는 게 자연스럽습니다. 그러니까 ①의 ○는 '되'가 바른 표기입니다.

②에서는 "'…을 해라.' 알았지"와 "'…을 하라.' 알았지" 중

궁시렁거릴 ✖ 구시렁거릴 ◎

문학 작품 등에 많이 나오고 사람들도 많이 쓰는데, 정작 국어사전에는 올라 있지 않은 말들이 적지 않습니다. '궁시렁거리다'도 그런 말 가운데 하나입니다. "못마땅하여 군소리를 듣기 싫도록 자꾸 하다"를 뜻하는 말로는 '구시렁거리다(=구시렁대다)'만 올라 있습니다. "못마땅하여 군소리를 자꾸 듣기 싫도록 하는 모양"을 뜻하는 부사도 '구시렁구시렁'만 올라 있고, '궁시렁궁시렁'은 없습니다.

어느 것이 더 자연스러운가요? 당연히 "'…을 해라.' 알았지"
죠. 제 어머니가 제게 한 말씀을 그대로 옮긴다고 치면 "민용
아, 공부 좀 해라", 이렇게 말씀하셨겠지, "민용아, 공부 좀 하
라", 이렇게 하셨겠어요? 그러니까 ②의 ○는 '돼'가 바른 표기
입니다.

그리고 말입니다. 조금 전에 얘기했던 돼먹지도 그렇습니
다. '해 먹지'는 되지만, '하 먹지'는 말이 안 됩니다. 그러니까
'돼먹지'가 바른말인 겁니다.

'되다'가 종결형으로 쓰인 '안 돼'도 마찬가지입니다. '안 해'
는 말이 되지만 '안 하'는 도저히 용서(?)가 되지 않잖아요. 안 그
래요? 바로 코앞의 '되지 않잖아'도 '해지 않잖아'는 말이 안 되
잖아요. 또 '안 되잖아'는 '안 해잖아'가 안 되고, '안 되고'는 '안
해고'로 쓸 수 없고 말입니다. '되'와 '돼'의 구분법, 참 쉽죠?

'않다'는

'-지'하고만 논다

'돼'나 '되'만큼은 아니지만, '않다'와 '안
하다'도 많은 분이 제대로 구분해 쓰지 못하는 말 가운데 하나
입니다. 실제로 최근 한 고등학생의 논술문을 읽는데, '… 소득

을 버려서는 않될 것이다' '… 반대해서는 않된다' 등의 표현이 자주 눈에 띄었습니다. 논술 공부를 꽤 한 듯한 학생인데도 '않다'와 '아니 하다(되다)'를 제대로 구분하지 못하더라고요.

하지만 이것 역시 아주 쉽게 구분하는 법이 있습니다. 이 우달이가 그 기막힌 우리말 비급을 또 하나 펼쳐 읽어 드릴게요. 그것은 바로 '-지'를 생각하라는 겁니다. '않다'나 '아니 하다(되다)' 앞에 '-지'가 있으면 '않다'를 쓰고, '-지'가 없으면 '아니 하다(되다)'를 쓰라는 거죠.

'용서하지 않고' '먹지 않으면 안 된다' '공부를 안 해도 된다' '공부가 안 된다' 등처럼 말입니다.

물론 '않다'에는 '말을 않고 떠났다' 같은 용법도 있지만, 이때의 '않고'는 '안 하고'로 써도 되므로, 방금 제가 말한 대로 하면 우리말을 잘못 쓰는 일은 없을 겁니다.

금방 왔는데, 벌써 간대

이 글의 제목에서도 보이듯이 '-데'와 '-대'는 참 많이 쓰이면서, 그만큼 틀리는 사례도 많은 말입니다. 그러나 그 구분법은 의외로 간단합니다. 일단 '-다고 해'만 생각하면 됩니다. '-다고 (하)해'를 넣어서 말이 되면 '-대'를 쓰고, 말이 되지 않으면 '-데'를 쓰면 되는 거죠.

예를 하나 들어 볼게요.

"어제 철수에게 들었는데, 오늘 철수는 올 수 없대."

어때요? 이해가 되시나요? 뭔 말인지 모르시겠다고요? 그럼 예를 하나 더 들어 볼게요.

"어제 철수네 집에 갔는데, 철수 동생이 철수가 집에 없대잖아. 그래서 집으로 돌아왔는데, 엄마 말씀이 철수가 우리 집에 왔었대."

이제 감이 잡히죠? 그겁니다. '-다고 (하)해', 이것만 기억하면 됩니다.

그리고 '-대'는 "왜 이렇게 일이 많대?" "신랑이 어쩜 이렇게 잘생겼대?" "입춘이 지났는데 왜 이렇게 춥대?" 따위처럼 "어떤 사실에 대한 의문을 나타내는 종결어미"로도 쓰입니다. 이때는 놀라거나 못마땅하게 여기는 뜻이 섞여 있습니다.

뭔 말인지 또 이해가 안 되신다고요? 걱정하지 마세요. 이 우달이가 왜 갑자기 유식한 척하며 '의문을 나타내는 종결어미'라는 말을 썼겠습니까. 거기에 밑줄 좍악~ 치세요. 그리고 생각해 보세요. 그 말이 무슨 뜻인지를요. 맞습니다. 마침표 대신 물음표가 달려야 할 문장에 '-대'를 쓴다는 얘기입니다. 반면 '-데'는 "그 친구, 말을 아주 잘하데." "그 친구는 아들만 둘

이데." "고향은 하나도 변하지 않았데." 등처럼 물음표가 붙지
않습니다.

날개와 가시는 ✎
돋히지 않는다

　　　　　　　　"날개 돋힌 듯이 팔린다"거나 "가시가 돋힌
말이다" 따위는 참 널리 쓰이는 표현입니다. 하지만 이들 말의
'돋히다'는 바른말이 아닙니다. 〈어휘 편〉에서 살짝 살펴본 '닫
치다 / 닫히다'와 달리, 우리말에는 '돋치다'는 있어도 '돋히다'
는 없습니다.

　'돋히다'는 "해나 달 따위가 하늘에 솟아오르다"(해가 돋다)
"입맛이 당기다"(밥맛이 돋아 밥을 두 그릇이나 먹었다) "(…에서)
속에 생긴 것이 겉으로 나오거나 나타나다"(나뭇가지에 싹이 돋
다) "살갗에 어떤 것이 우툴두툴하게 내밀다"(온몸에 소름이 돋
다) "감정이나 기색 따위가 생겨나다"(얼굴에 생기가 돋는다) 따
위 뜻을 지닌 '돋다'에 피동을 나타내는 접사 '히'가 붙은 꼴의
말입니다.

　즉 '돋히다'라고 하면 남에 의해 내가 돋음을 당한 것을 의
미하게 됩니다. 하지만 앞의 뜻풀이에 보듯이 '돋다'는 언제나

자기 스스로의 작용에 의해 어떤 현상이 일어납니다. 누구의 영향을 받아 어떤 작용을 일으키는 의미로 쓰일 수 없는 말입니다. 피동접사 '히'가 붙을 수 없다는 얘기입니다.

우리가 흔히 '돋히다'로 쓰는 말은 무조건 '돋치다'로 써야 합니다. 묻지도, 따지지도 말고요. 이때 '돋치다'의 '치'는 '돋다'를 힘주어 말할 때 쓰는 강세어입니다.

피동사를 잘못 만든 말에는, 오래전에 모 방송국에서 방영한 〈신이라 불리운 사나이〉의 '불리운'도 있습니다. '불리운'이 가능하려면 기본형이 '불리우다'가 돼야 합니다. 그러나 '불리우다'는 '부르다'의 피동형 '불리다'에 다시 사동접사 '우'를 더해 놓은 이상한 말입니다.

'민용이라고 부르다'를 피동태로 쓰면 '민용으로 불리다'가 되는데, 여기에 공연히 사동을 나타내는 '우'를 집어넣은 것이 '불리우다'입니다. 바른말이 아님은 두말하면 잔소리요, 입만 아픈 얘기입니다. 아울러 '불리운'만큼 많이 쓰이는 '불려진'도 바른 표기가 아닙니다. '불리어지다'에서 '리'와 '-어지다'가 모두 피동을 만드는 말이기 때문입니다. 한 번만 쓰면 충분한 것을 두 번 쓴 거죠. '불려진' 또는 '불려지는'이 보이면 무조건 '불린'으로 쓰세요. 그게 맞는 표기입니다.

깜박이 켜고
끼어들어도 소용없다

제가 〈어휘 편〉에서 '끼여들기'는 '끼어들기'로 써야 한다고 한 말, 기억하시죠? 그와 조금 관련 있는 얘기입니다.

우리말에 "불빛이나 별빛 따위가 잠깐 어두워졌다 밝아지는 모양. 또는 밝아졌다 어두워지는 모양" "눈이 잠깐 감겼다 뜨이는 모양" "기억이나 의식 따위가 잠깐 흐려지는 모양" 따위의 뜻을 가진 '깜박'이라는 부사가 있습니다. 이 '깜박'보다 정도가 좀 세다 싶을 때는 '깜빡'으로 씁니다. '깜박'과 '깜빡'은 의미가 똑같은 말이죠.

그런데 이 말에서 파생한 "자동차의 방향 지시등을 달리 이르는 말"로는 '깜박이'를 쓰지 못합니다. 반드시 '깜빡이'라고만 해야 합니다. '깜빡이'는 일종의 전문용어로, 이런 말들은 한 가지 형태만 표준어로 삼는 것이 관례거든요. 이 때문에 〈표준국어대사전〉도 '깜박이'는 "깜빡이의 잘못"이라고 풀이해 놓았습니다.

이 밖에 자동차와 관련한 말 중에는 잘못 쓰는 외래어도 수두룩합니다. 이런 것은 원래 저 뒤에 가서 외래어 표기를 설명할 때 얘기해야 하는데, 자동차 얘기가 나온 김에 여러분이 함께 외울 수 있도록 여기서 짚어 볼게요.

우선 "방열기"를 뜻하는 '라지에이터'는 '라디에이터'가 바른 표기입니다. 또 "변속기"를 뜻하는 '미숑'은 완전히 일본식 영어로, '트랜스미션'이 바른말입니다. "자동차의 경적"을 뜻하는 '크락션'은 '클랙슨'으로 써야 하고요. '클랙슨'은 이 제품을 만든 회사의 이름에서 따온 말입니다. "소음기"를 '마후라'라고 부르는 사람도 많은데, 이것은 '머플러'로 적어야 합니다.

지금 제가 외래어 표기를 알려 주는 것은 이런 말을 널리 쓰라고 그러는 게 아닙니다. 그보다는 뜻풀이에 나오는 우리말 로 쓰는 것이 백 배 천 배 좋습니다. 다만 부득이하게 외래어를 써야 할 경우에는 그나마 표기법에 맞게 쓰시라고 일러두는 것뿐입니다.

함박 웃지 말고
함빡 웃으세요

앞에서도 수차례 살펴봤듯이 우리말에는 꼴이 비슷한 글자가 아주 다른 의미를 나타내는 것이 참 많습 니다. 그런 것이 우리말 공부를 어렵게 만들지요. '함박'과 '함 빡'도 그중 하나입니다. '함박'이나 '함빡'은 그게 그거인 것 같지만, 의미는 아주 딴판이거든요.

'함박'은 "함박꽃"이나 "함지박" 또는 "(주로 '함박만 하다'라는 구성으로 쓰여) 벌어진 입이 매우 크다"를 뜻합니다. 품사는 명사고요. 이와 달리 '함빡'은 "분량이 차고도 남도록 넉넉하게" 또는 "물이 쪽 내배도록 젖은 모양"을 의미하는 부사입니다.

따라서 '함박+웃음'이라고 하면 "(함박꽃이나 함지박처럼) 크고 환하게 웃는 웃음"을 뜻합니다. 그러나 '함박웃음'이라는 말이 있다고 '함박 웃었다'라고 쓸 수 있는 것은 아닙니다. "크게 웃었다"라고 할 때는 부사 '함빡'을 써서 "함빡 웃었다"라고 해야 합니다. '명사'와 '부사'를 구분해야 하는 거죠.

일반명사는 주격 조사나 목적격 조사의 힘을 빌려 용언과 함께 문장을 이룰 수 있지만, 용언을 바로 수식할 수는 없습니다. "놀이가 재미있다"나 "놀이를 잘한다"로 쓸 수 있지만, "놀이 재미있다"나 "놀이 잘한다"는 문장이 될 수 없는 거죠.

하지만 "정말 재미있다"나 "정말 잘한다" 따위처럼 부사는 용언을 바로 수식할 수 있습니다. 그래서 '함빡 웃다'는 되지만 '함박 웃다'는 안 되는 겁니다.

품사를 알면
우리말 공부가 쉬워진다

우리말을 잘 알려면 동사·형용사 등 품사를 제대로 공부해야 합니다. 품사에 따라서 활용이 달라지는 것이 우리말이기 때문입니다.

저 앞에서 얘기했듯이 '알맞다'와 '걸맞다'가 형용사인 것을 알아야 '알맞는'이나 '걸맞는'으로 쓰지 않고, '알맞은'과 '걸맞은'으로 쓰게 됩니다.

또 〈어휘 편〉에서 얘기했듯이 '때문'이나 '뿐'은 불완전명사로서 혼자서는 쓰이지 않고, '이 때문(그 때문)'이나 '그뿐만(먹을 뿐만) 아니라' 등처럼 반드시 그 앞에 다른 말이 와야 합니다. 따라서 "…라고 말했다. 때문에 나는 어쩔 수 없이…"또는 "…라고 말했다. 뿐만 아니라 그는 또…" 따위 문장은 비문이 됩니다. "…라고 말했다. 이 때문에 나는 어쩔 수 없이…" 또는 "…라고 말했다. 그뿐만 아니라 그는 또…"처럼 써야 바른 문장이 되는 거죠.

이런 얘기를 들으면 덜컥 겁부터 날지 모릅니다. 하지만 사실 그렇게 어려운 내용은 아닙니다. 다만 처음 듣다 보니 조금 생소한 것일 뿐입니다. 접두사도 그렇습니다. 접두사接頭辭는 한자말 그대로 어떤 낱말 앞[頭]에 붙어서[接] '의미를 첨가'

하거나 '다른 낱말을 만드는' 말입니다.

예를 들어 '풋사과'나 '풋고추'를 보면 '사과'와 '고추' 앞에 '풋'이 붙어서 "사과는 사과인데, 덜 익은 사과" "고추는 고추이되 덜 여문 고추"를 나타냅니다. 즉 '풋'은 "'처음 나온' 또는 '덜 익은'의 뜻을 더하는 접두사"입니다. '풋내기'라는 말에서 보듯이 '풋'은 "'미숙한' '깊지 않은'의 뜻을 더하는 접두사"이기도 합니다.

또 '들끓다'라는 말을 보면 '끓다' 앞에 '들'이 붙으면서 '끓다(액체가 몹시 뜨거워져서 소리를 내면서 거품이 솟아오르다)'의 의미가 사라지면서 "한곳에 여럿이 많이 모여 수선스럽게 움직이다"라거나 "기쁨, 감격, 증오 따위의 심리 현상이 고조되다"라는 다른 뜻으로 변했습니다.

이런 접두사를 제대로 알아야 하는 것은 접두사와 글 꼴이 같은 '관형사(체언 앞에 놓여서, 그 체언의 내용을 자세히 꾸며 주는 품사. 뒤에 오는 말과 반드시 띄어 씀)'가 많아 띄어쓰기에서 사람들을 헷갈리게 하거나 의미를 전달하는 데 오해를 불러일으키는 일이 흔하기 때문입니다.

예를 들어 '새'는 "이미 있던 것이 아니라 처음 마련하거나 다시 생겨난" 또는 "사용하거나 구입한 지 얼마 되지 아니한"을 뜻할 때는 관형사가 됩니다. 그래서 '새 옷'이나 '새 신'은 띄어 써야 합니다. 하지만 '새'가 앞의 뜻을 갖지 않은 채 어떤 낱말의 앞에 온다면 그것은 붙여 쓰는 접두사입니다. '새빨갛다' 처럼요.

관형사 '새'와 접두사 '새'는 '새 집'과 '새집'으로 확연히 구분할 수 있습니다. 최근에 지어 아무도 살지 않던 집은 띄어 쓰는 '새 집'이지만, 이미 누가 살던 집으로 이사 가면서 쓰는 말은 붙여 쓰는 '새집'입니다. 지은 지 오래된 집이라도, 이사를 가는 사람들은 '새집으로 이사 간다'고 하지 '헌 집'으로 이사 간다고는 하지 않습니다.

'새신랑' '새색시'의 '새' 역시 접두사입니다. 결혼한 지 얼마 되지 않은 사람은 그것이 두 번째 결혼이든 세 번째 결혼이든 무조건 '새신랑' '새색시'입니다. 우스갯소리로 '헌신랑'이라는 말을 쓰기도 하지만, 본래 우리말에 그런 낱말은 없습니다.

'새' 외에 관형사와 접두사로 두루 쓰이는 말은 의외로 많습니다. '맨'도 그러한데요. "더할 수 없을 정도나 경지에 있음"을 나타내 '맨 처음' '맨 꼭대기' '맨 먼저' 등으로 쓸 때는 관형사이고, "다른 것이 없는"의 뜻을 더해 '맨땅' '맨발' '맨주먹' 따위로 쓸 때는 접두사랍니다.

이렇듯 품사를 공부하면 한꺼번에 엄청 많은 말의 바른 쓰임을 알 수 있습니다. 다만 여기에서는 지면이 부족하니, 글자는 같지만 접두사와 관형사로 달리 쓰이는 말들에 대해서는 블로그에 많이 올려 둘게요.

1부   말법을 알아야 우리말 달인이 될 수 있다

'알아야 면장을 한다'의
면장은 무엇?

우리말을 공부할 때 품사 못지않게 중요한 것이 역사와 문화를 공부하는 일입니다. 대부분의 말에는 그 시대의 문화가 녹아 있기 마련이니까요. 그런 문화를 담고 있는 어원을 함께 알면 금상첨화죠. 그래서 저는 우리말을 공부하려는 후배들에게 역사와 문화를 공부하라고 조언하고, 어원도 함께 공부하면 좋다고 말해 주곤 합니다. 그런 사례를 몇 가지 공유할까 합니다.

배움의 중요함을 얘기할 때 '면장도 알아야 한다'거나 '알아야 면장을 한다' 따위로 말합니다. 하지만 '알아야 면장을 한다'는 논리적으로 맞는 표현이지만, '면장도 알아야 한다'는 아주 이상한 표현이 됩니다.

'알아야 면장을 한다'는 말 속의 '면장'을 동네 이장 위 또는 군수 아래의 면장님으로 생각하는 사람이 많은 듯합니다. 그래서 '면장도 알아야 한다'는 말을 쓰는 것이겠죠. 사실 저도 어렸을 때는 그러려니 생각했습니다.

우리 동네에서 '면 서기'만 돼도 무척 똑똑하고 높은 분인데, '면장面長님'이면 상상할 수 없을 만큼 똑똑하고 높은 분으로 생각했던 거죠. 그래서 면장(님)이 되려면 아는 것이 많아야 한다고 생각했고, '면장도 알아야 한다'는 이치에 맞는 소리라고 생각했습니다.

하지만 위 얘기의 '면장'은 이장님보다 높지만 군수님보다는 낮은 '면장님'과는 눈곱만큼도 관계가 없습니다. 이때의 '면장'은 사람을 가리키는 말이 아니라 "담장을 마주하고 있는 것 같은 답답함에서 벗어난다"는, 즉 '면면장免面牆'이 줄어든 면장面牆 또는 面墙입니다.

이 말은 공자가 자기 아들에게 "시경의 '수신'과 '제가'에 대해 공부하고 익혀야 담장을 마주하고 있는 듯한 답답함에서 벗어날 수 있다"라고 가르친 데서 유래한 말입니다. 〈논어〉에 나오는 얘기죠. 이를 알면 '알아야 면장을 한다'의 '면장'이 面長이 아님은 금방 깨달을 수 있습니다. 우리나라에 면장제가 확립된 것은 1910년 10월 일제가 수탈 정책을 강화하고자 하부 지방행정조직까지 정비할 목적으로 '면에 관한 규정'을 제정한 때부터이니까요.

이렇듯 우리말을 바로 익히고 제대로 쓰려면 말의 어원에 대해서도 잘 알아야 합니다. 예를 들어 "꾸미거나 고친 것이 전혀 알아챌 수 없을 정도로 티가 나지 아니하다"를 뜻하는 말로 '깜쪽같다'를 쓰는 사람이 많은데, 실제 바른말은 '감쪽같다'입니다.

이 말은 '곶감의 쪽(잘라낸 조각)은 달고 맛이 있기 때문에 누가 와서 빼앗아 먹거나 나누어 달라고 할까 봐 빨리 먹을 뿐만 아니라 말끔히 흔적도 없이 다 먹어 치운다'는 의미에서 생겨난 말이라는 설이 있습니다. 이 밖에 몇 가지 다른 유래가 전해지기도 하는데, 모두 감 또는 곶감과 관계가 있습니다. 그러기에 '깜쪽같다'가 아니라 '감쪽같다'로 써야 합니다.

"쌍팔년도 시절 얘기하지 마라"라고 하면서 쓰는 '쌍팔년도'도 어원을 알아야 그때가 언제인지 알 수 있습니다. 여러분은 '쌍팔년도'를 언제라고 생각하시나요. 혹시 1988년으로 생각하시지 않나요.

그러나 이 말은 1988년 이전부터 쓰이던 말입니다. 그래서 쌍팔년도는 1955년을 의미한다는 설이 있습니다. 실제로 우리나라는 1960년대까지만 해도 연도 표시를 대부분 단기로 적었습니다. 즉 서기 1955년을 단기 4288년으로 표기했죠. 바로 여기에서 '쌍팔년도'가 나왔다고 합니다. 또 서기 1964년의 '64'가 '8×8'이라는 점에서 1964년을 가리킨다는 설도 있습니다.

아무튼 쌍팔년도는 1988년보다는 이전부터 쓰던 말이 확실합니다. 하지만 쌍팔년도는 어떤 특정한 연도를 뜻한다기보다는 '시간적으로 오래된 때'의 의미로 쓰입니다. 따라서 1988년이 지금에서 보면 오래된 과거이므로, "쌍팔년도가 1988년을 가리킨다"라고 말해도 그렇게 틀린 소리는 아닙니다.

그건 그렇고요. 한글맞춤법의 두음법칙을 적용하면 '쌍팔년도'보다는 '쌍팔연도'가 표준어에 가깝습니다. '쌍팔년도'와 '쌍팔연도' 모두 국어사전에 올라 있지 않지만, '출생연도' '회계연도' '기준연도' 등으로 쓰라는 것이 국립국어원의 견해이거든요. 또 '출생연도' '회계연도' '기준연도' 등은 본래 띄어 쓰는 것이 원칙이지만, '전문어'로 쓰인 경우 붙여 쓰는 것이 허용됩니다.

역사와 문화를 알면 '출사표를 던지다' 같은 이상한 표현도 쓰지 않게 됩니다. 출사표出師表는 "출병할 때에 그 뜻을 적어서 왕에게 올리던 글"로, 가장 유명한 것이 중국 삼국시대 때 촉나라의 재상 제갈량이 선대왕 유비의 유언을 받들어 출병하면서 제2대 왕 유선에게 바친 글입니다. 여기에는 촉나라의 장래를 걱정하는 마음과 함께 유능한 인재 등용 같은 간곡한 당부의 말이 담겨 있습니다. 이러한 글을 제갈량이 왕에게 '옛다 받아라' 하는 식으로 던졌을 리 없습니다.

현재도 마찬가지죠. 예를 들어 정치인이나 국가대표 선수 등은 유권자 또는 국민에게 출사표를 쓰게 됩니다. 그것을 집어 던졌다가는 욕먹기 십상이죠. 출사표 뒤에는 '올리다' '밝히다' '전하다' 등을 상황과 문맥에 맞게 쓰는 것이 좋습니다.

'따라지'는 있어도
'싸가지'는 없다

　　　　　　　우리는 전쟁을 많이 겪은 민족입니다. 그런 이유 때문인지 우리말 중에는 그 아픔이 배어 있는 말이 적지 않습니다. '골로 가다'도 그중 하나입니다.

　본래 '골로 가다'는 '고택골로 간다'의 준말로 보는 어원설이 가장 신뢰도가 높습니다. '고택高宅골'은 현재 서울시 은평구 신사동에 해당하는 마을의 옛 이름으로, 예전에 이곳에는 화장장과 공동묘지가 있었다고 합니다. 고택골이라는 표현은 산대놀이(탈춤)의 사설에도 나올 정도로 유명합니다. 화장장과 공동묘지가 있으니, 이곳 하면 누구나 문득 죽음을 떠올렸을 법합니다. 여기에서 유래해 '죽다'의 속된 말로 '골로 가다'가 쓰이기 시작했다고 합니다.

　하지만 '골로 가다'는 6·25전쟁* 이후 더욱 널리 쓰이게 됩니다. 6·25전쟁 때 인민군이 양민과 포로들을 골짜기로 끌고 가 학살하는 일이 벌어지면서 산골짜기, 즉 '골'로 끌려간다는 표현이 죽음을 상징하게 된 거죠. 이 때문에 "'골로 가다'는 6·25전쟁 때문에 생겨났다"는 민간어원설까지 만들어졌습니다.

　이렇듯 예전부터 쓰이던 말이지만 6·25전쟁 때문에 더욱

확산된 말에는 별 볼 일 없는 사람을 속되게 가리키는 '삼팔따라지'도 있습니다.

'따라지'는 '모가지(목+아지)'나 '바가지(박+아지)' 따위처럼 동사 '따르다'에서 나온 '딸'에 '-아지'가 붙어서 보잘것없는 존재라는 뜻을 나타내는 말입니다. 일부에서는 아들·딸의 딸에 '-아지'가 붙은 것으로, 남존여비의 사상이 배어든 말이라고도 하지만, 이는 신뢰성이 떨어지는 주장입니다.

그보다는 동사 '따르다'의 의미 중에 "남이 하는 대로 같이 하다"라는 뜻이 있고, '따라지'가 "보잘것없거나 하찮은 처지에 놓인 사람이나 물건을 속되게 이르는 말"을 가리킨다는 점을 감안할 때, '따르다'에서 '따라지'가 나온 것으로 보입니다.

이런 '따라지'가 도박판에서 '삼팔따라지' 형태로 쓰였습니

6·25전쟁

전쟁은 분쟁의 주체를, 전투는 발생한 장소를 그 명칭으로 쓰는 것이 일반적입니다. 하지만 6·25전쟁은 발발한 날짜가 전쟁의 이름으로 쓰이고 있습니다. 〈표준국어대사전〉에도 '6·25전쟁'을 비롯해 '한국전쟁' '한국동란' '6·25동란' '6·25사변' 등이 모두 쓸 수 있는 말로 올라 있죠. 하지만 우리 정부와 한국사 교과서는 '6·25전쟁'을 공식 명칭으로 사용하고 있답니다. 사실 요즘 '6·25전쟁' 못지않게 '한국전쟁'이 널리 쓰이고 있는데요. '한국전쟁'은 우리 관점에서의 이름이 아니라 외국 시각에서의 명칭입니다. '우리말'을 외국인들이 '한국말'이라고 하는 것과 비슷한 말이죠.

　　　　1부　말법을 알아야 우리말 달인이 될 수 있다

다. 도박 중 하나인 '섰다'판에서 가장 높은 **끗빨***이 삼광과 팔광이 합쳐진 '삼팔 광땡'인데, 광끼리 결합하지 않고 껍데기가 낀 삼팔은 그저 한 끗밖에 되지 않습니다. 거의 상대를 이길 수 없는 아주 초라한 끗수죠. 그래서 '삼팔따라지'입니다.

그런데 이 말을 훗날 6·25전쟁 때 홀로 또는 자기 가족끼리만 남으로 내려온 사람들이 스스로를 한탄하는 단어로 쓰기 시작합니다. 삼팔따라지의 삼팔에서 '38선'을 떠올린 것이겠죠. 결국 삼팔따라지는 전쟁통에 가족을 버리고 고향을 등질 수밖에 없던 안타까움과 아픔이 배어든 말이라고 할 수 있습니다.

"말이 많거나 빠른 사람을 비유적으로 이르는 말"로 쓰이는 '따발총'도 6·25전쟁이 만들어 낸 말입니다. 따발총은 얼핏 한자말 '다발총'(多發銃: 여러 차례 쏠 수 있는 총)이 변한 말로 생각하기 쉽습니다. 그러나 따발총은 소련식 기관단총에 달린

🔖 **끗빨 ⊗ 끗발 ◉**

"화투나 투전과 같은 노름 따위에서 셈을 치는 점수를 나타내는 단위"를 '끗'이라고 합니다. 또 이런 '끗'이 상대를 이길 수 있게 잇따라 나오는 기세를 뜻하는 말은 '끗발'입니다. 이때의 '발'은 "'기세' 또는 '힘'의 뜻을 더하는 접미사"이자 "'효과'의 뜻을 더하는 접미사"입니다. 그래서 '말발' '약발' '화장발' '사진발' 같은 말들을 만듭니다. 우리말에서 명사 뒤에 붙는 '-빨'은 없습니다.

'따발' 때문에 붙은 이름입니다. 그 총을 보면 아랫부분에 마치 '똬리'(짐을 머리에 일 때 머리에 받치는 고리 모양의 물건. 또는 둥글게 빙빙 틀어 놓은 것이나 그런 모양) 같은 것이 달려 있습니다. 총알이 든 탄창 말입니다. 그런데 북한 함경도에서 '똬리'를 '따발'이라고 부릅니다. 바로 여기에서 '따발총'이라는 말이 생겨났습니다. 따발(똬리)이 달린 총이라는 얘기죠.

이 밖에 '개판 오 분 전' '부대찌개' '밀면' 등 수많은 말이 6·25전쟁 때문에 생겨났고, 만두·점심·탕수육 등은 중국의 전쟁 때문에 만들어졌습니다. 이렇듯이 말은 그 시대와 그 사회의 문화를 담고 있습니다. 따라서 우리말을 공부할 때는 표기법을 익히는 일도 중요하지만, 어떤 말이 생겨난 배경이나 그 말이 변해 온 과정 등을 아는 일 또한 아주 중요합니다.

그런 그렇고요. '딸+아지'가 '따라지'는 되지만 '싹+아지'가 '싸가지'는 되지 못합니다. '꼴+아지'가 '꼬라지'도 안 되고요. 〈어휘 편〉에서 얘기한 내용인데, 이거 기억나시죠? 기억이 가물가물하면 〈어휘 편〉 다시 펴 보세요. 우리말 고수가 되기 위해서는 반복 학습이 필요하답니다.

수년 전에 영화 〈명량〉이 큰 인기를 끌면서 "당시 드넓은 바다에서 이순신 장군이 여러 함선에 승선한 장수들과 북과 나팔, 깃발 등만으로는 긴밀한 의사소통이 어려웠을 거라는 가설에서 착안해 논문 주제를 결정했다" 따위의 내용이 신문과 방송에 자주 등장했습니다. "승전한 견훤의 군사들이 승리를 기념하며 나팔을 불었다는 이야기도 전해 온다" 따위도 신문과 방송 등에서 많이 눈에 띕니다.

그러나 이런 표현에는 말도 안 되는 거짓말이 담겨 있습니다. 이순신 장군이 나팔 소리로 의사소통을 했을 리 없기 때문입니다. 견훤의 군사들이 승리를 기념해 나팔을 불었다는 이야기는 더더욱 말이 안 됩니다. 우리 문헌 어디에도 그런 내용은 나오지 않습니다.

왜냐고요? 그것은 '나팔'이 우리의 악기가 아니기 때문입니다. 서양 악기죠. 나팔과 비슷한 우리 악기는 '나발'입니다.

'나발'은 한자로 '喇叭'로 씁니다. 산스크리트어(범어)의 'rappa'에서 온 말인데, 여기에는 "입을 크게 벌린다"라는 뜻이 담겨 있습니다. 이를 중국에서 나팔喇叭이라고 번역한 것이 우리에게도 그대로 전해졌다고 하네요. 또 '喇'는 "나팔 라(두음법칙을 적용하면 '나')" 또는 "승려 라"로, '叭'은 "입 벌릴 팔" "나팔 팔"로 읽히는 한자입니다. 따라서 '喇叭'을 '나팔'로 적는 것은 지극히 당연해 보입니다.

하지만 실제는 그렇지가 않습니다. 왜냐고요? 왜긴요. 우리 말이 원래 그렇습니다. 우리말에는 한자의 음과 한글의 표기가 다른 것이 무척 많습니다. 앞에서 얘기한 '初生달'을 '초승달'로 적는 것도 그중 하나죠. 범어에서는 그런 말이 더 많습니다. 누구나 아는 '나무아미타불'도 한자 표기는 '南無阿彌陀佛(남무아미타불)'입니다. 불교에서 "온 세계"를 뜻하는 '시방세계' 역시 한자 표기는 '十方世界(십방세계)'이고요.

"금속으로 만든 관악기 중 하나로, 군대에서 행군하거나 신호할 때 쓰는 우리 악기"도 한자로는 '喇叭(나팔)'로 적지만 한글로는 '나발'로 써야 합니다. 그게 우리말법입니다.

이와 관련해 국립국어원도 표준어규정 2장 1절 3항 해설을 빌려 "'나발'은 옛 관악기의 하나이고, '나팔'은 금속으로 만든 관악기의 하나다. 이 둘은 구별해서 써야 한다"라고 밝히고 있습니다. 즉 옛날에 우리 조상님들이 썼던 악기는 '나발'이고, 요즘 우리 주변에서 볼 수 있는 현대 악기는 '나팔'이라는 얘기입니다.

한편 일상생활에서 소주를 병째 벌컥벌컥 마시는 것을 두고 '나팔을 분다' 또는 '병나팔 분다'라고 말하는데, 이때는 군이 '(병)나발을 분다'고 쓸 필요가 없습니다. 관용적 표현으로 둘 다 인정해 주고 있기 때문입니다.

이 밖에 "당치 않은 말을 함부로 하다"(나발 불지 말고 잠자코 있어) "터무니없이 과장하여 말을 하다"(어디서 그런 가짜를 진짜라고 나발을 불어) "어떤 사실을 자백하다"(시치미 떼. 알겠니? 나발 불었다가는 우리는 끝장이다) 등의 의미를 나타낼 때도 '나발'과 '나팔' 모두 쓸 수 있습니다.

'탄신일'은 안 돼도 ✎
'석가탄신일'은 되는 까닭은?

'부처님오신날'을 예전에는 '석가탄신일'이라고 불렀습니다. 지금도 석가탄신일이 자주 쓰입니다. 그런데요. 많은 사람이 아무렇게나 쓰는 '탄신일'은 아주 이상한 말입니다.

바르지 않은 '탄신일'이 널리 쓰이는 것은 사람들이 한자말 '탄신'의 뜻을 잘못 알고 있기 때문인 듯싶습니다. 우리말을 꽤 안다는 언론사 기자들까지 "세종대왕의 탄신을 기념한다"라거나 "석가 탄신을 경하한다" 따위로 쓰는 일이 흔하기에 하는 말입니다.

'탄신誕辰'은 "임금이나 성인이 태어난 날"을 가리키는 말입니다. '辰'은 "때, 날짜, 하루" 등의 뜻을 지닌 '신' 자입니다. 우리가 기념하고 경하해야 하는 것은 세종대왕의 '탄생'이지, 세종대왕의 '생일'이 아닙니다. 예를 들어 우리가 3·1절을 기리는 것은 3·1운동에 담긴 나라 사랑의 정신이지, 1919년 3월 1일 자체는 아닙니다.

'탄신'은 다른 말로 '탄일' '생일' '탄생일'로 쓸 수 있습니다. 따라서 "세종대왕 탄신 613돌을 기념해 열린 과거시험에서…" 등의 예문에서 보이는 '탄신'은 '탄생'을 잘못 쓴 것입니다.

그리고요. '탄신'을 '탄신일'로 쓰는 사람도 참 많은데요. 아마 '탄신'을 '탄생'의 동의어로 생각하고 그리 쓰는 듯합니다. 그러나 '탄신'의 동의어는 '생일'(정확히 말하면 '탄신'이 '생일'의 높임말임)이므로, '탄신일'이라고 쓰는 것은 '생일'을 '생일일'로 쓰는 것과 같은 꼴입니다. '탄신일'은 '탄일'이나 '탄생일'로 써야 합니다.

그러면 '석가탄신일'이라는 말은 쓸 수 있을까요, 쓰지 못할까요? 답부터 말씀드리면 '쓸 수 있다'입니다. '탄신일'은 옳지 않은데, '석가탄신일'을 쓸 수 있는 데에는 그만한 이유가 있습니다.

1970년대 들어 '예수님이 태어난 12월 25일은 공휴일로 삼으면서, 왜 우리가 예부터 믿어 온 부처님이 태어난 날은 공휴일로 삼지 않느냐'는 불교계의 비난이 거셌습니다. 한 불교

1부 말법을 알아야 우리말 달인이 될 수 있다

신자가 행정소송까지 제기했죠.

그런데 당시 서울고등법원에서는 '이유 없다'며 각하해 버렸지만, 대법원에 계류 중인 사안을 1975년 정부가 받아들여 국무회의에서 법정공휴일로 지정·공포했습니다. 그러면서 붙인 이름이 '석가탄신일'입니다. 다른 것은 몰라도 우리말에 대한 지식은 '까막눈' 수준인 국무위원들이 모여서 정했으니 그럴 만도 합니다.

아무튼 이 때문에 '탄신일'은 바른말이 아니지만, '석가탄신일'은 고유명사가 됐습니다. 〈표준국어대사전〉에도 '석가탄신일' '부처님오신날'과 '충무공탄신일'이 고유명사로 올라 있습니다.

그러나 '탄신일'은 어느 국어사전에도 올라 있지 않은 말입니다. 특히 '성탄절'을 '성탄일'로는 써도 '성탄신일'로 쓰지 않는 것에서 알 수 있듯이 '탄신일'은 분명 바른말이 아닙니다.

거듭 강조하지만, 역사와 문화를 제대로 알아야 우리말도 바르게 쓸 수 있습니다.

여지껏 안 된 일은
앞으로도 안 된다

'여지껏'은 참 널리 쓰이는 말입니다. 하지

만 이 말은 표준어가 될 수 없습니다. 사람들이 많이 써도 바른 말이 되기 힘들 겁니다. '-껏'이 "명사나 부사 뒤에 붙어 '그것이 닿는 데까지'의 뜻을 더하고 부사를 만드는 접미사"이기 때문이죠.

'-껏'이 접미사이므로 이 말은 '지금껏' '이제껏' '아직껏' '힘껏' '마음껏' 등처럼 명사나 부사와 결합해야 자기 의미를 나타낼 수 있습니다. 즉 '여지껏'이 바른말이 되려면 "지금"의 의미를 지닌 '여지'라는 말이 있어야 하는 거죠.

하지만 "지금"을 뜻하는 '여지'라는 말은 없습니다. 또 "여지(지금) 너무 힘들어"라고 쓰는 사람은 아예 없고, "여지(지금)까지 뭐 했어?"라고 쓰는 사람도 아주 드뭅니다.

"지금까지 또는 아직까지"의 뜻을 지닌 말은 '여지'가 아니라 '여태'입니다. 여러분도 "여태 무얼 하고 안 오는 것일까?" "여태 그것밖에 못 했니?" "해가 중천에 떴는데, 여태까지 자고 있으면 어쩌겠다는 것이냐?" 등으로 말하시고 있을 겁니다. 따라서 '여지껏'은 '여태껏'으로 써야 합니다.

아울러 '여지껏'과 함께 '여직껏'도 많이 쓰입니다. 하지만 '여직' 역시 국어사전에 "'여태'의 잘못"으로 올라 있습니다. 따라서 '여직'과 '여직껏' 또한 '여태'와 '여태껏'으로 써야 합니다.

1부 말법을 알아야 우리말 달인이 될 수 있다

"그 친구 생각보다 깨까다롭데" "포도주에
대해 께까다로운 입맛을 가진 친구가 있다" 등의 문장에서 보
듯이 "괴상하고 별스럽게 까다로운 데가 있다"라는 의미로 '깨
까다롭다'나 '께까다롭다'가 널리 쓰입니다. 하지만 이들 말은
표준어가 아닙니다.

이 글자를 아래아한글에서 치면 벌건 줄이 그어집니다. 이
를 보고 많은 분이 '깨 까다로운' '께 까다로운' '꽤 까다로운'
등처럼 띄어 쓰곤 합니다. 그러면 벌건 줄이 사라지기도 하죠.
그러다 보니 그것을 바른 표기로 생각하고 계속 그리 쓰는 듯
합니다.

하지만 "괴상하고 별스럽게 까다로운 데가 있다"라는 의미
의 말은 '깨까다롭다'나 '께까다롭다'가 아닙니다. '꽤 까다롭
다'로 쓸 필요도 없고요.

그런 의미의 바른말은 '괴까다롭다'입니다. 이것의 센말은
'꾀까다롭다'이고요. 즉 저 앞의 예문들은 '괴까다롭데' '괴까다
로운' 따위로 쓰면 됩니다. 이를 '괴까닭스럽다'로 써도 되고요.
그러나 센말로 '꾀까닭스럽다'는 안 됩니다.

그런데요. 진짜 문제는 일상생활에서 '괴까다롭다'나 '꾀까

다롭다'를 쓰는 사람은 거의 없다는 사실입니다. 제가 30년 넘게 교열 일을 하면서 '괴까다롭다'로 바르게 써 온 원고를 본 적이 없습니다. 과연 이런 말을 표준어로 삼는 것이 옳은지 한 번쯤 생각해 볼 일입니다.

윗사람에게

'수고하다'는 삼가세요

'10년이면 강산도 변한다'는 말이 있습니다. '세월을 이기는 장사는 없다'는 말도 있죠.

우리말도 그렇습니다. 10년 사이에 비표준어에서 표준어로 바뀌는 말이 한두 가지가 아니고, 절대 변하지 않을 것 같은 글꼴이나 의미가 확 바뀌기도 합니다. 그중 유독 변화가 심한 것이 '높임'에 대한 표현입니다.

예전에는 일정한 인맥에 의해 일정한 지역에서 일정한 관계를 갖고 살다 보니 높임의 잣대를 명확하게 갖추기가 쉬웠습니다. 하지만 현대사회에서는 아주 많은 인맥이 지구촌이라는 무대에서 정말 다양한 관계를 이루며 살아갑니다. 따라서 높임말의 기준도 변할 수밖에 없습니다. 그런데 이를 제대로 알지 못하면 자칫 옛것만 고집하는 사람이 되고 맙니다.

기관장 명의로 초청장이나 편지 등을 보낼 때 기관장 이름 뒤에 '배상' '드림' '올림' 중에서 무엇을 붙여 써야 하는지에 대한 논란도 그중 하나일 듯합니다. 이에 대해서는 "드림 대신 올림으로 써야 한다"라거나 "드림이나 올림보다 배상이 좀 더 상대를 높이는 말이다" 등 여러 주장이 있습니다. 하지만 이들 주장은 맞기도 하고 틀리기도 한 '옛날의 이야기'입니다.

지난 2011년 국립국어원이 정한 '표준 언어 예절'은 "편지 봉투의 '보내는 사람'은 '○○○ 올림'이나 '○○○ 드림'으로 쓴다"라고 밝히고 있습니다. 예전의 '표준화법'(1992년)에서 다뤄진 '배상'이 빠진 점이 눈길을 끕니다. 배상拜上이 "절하고 (편지를) 올리다"를 뜻하는 말로, 요즘의 인사 예절과는 동떨어진 예스러운 표현이라 빼놓은 듯합니다. 하지만 결혼 청첩장 봉투에는 여전히 '배상'을 쓸 수 있도록 하고 있습니다. 이런 점으로 미뤄 볼 때 어떤 봉투에 자신의 이름(또는 기관명)을 쓰고 그 뒤에 붙이는 말은 '배상' '올림' '드림' 중 아무것이나 선택해도 문제가 될 것은 없을 듯합니다.

다만 이때 주의해야 할 것이 하나 있는데요. 바로 자신을 가리켜 '○○주식회사 ○○○ 사장 올림'이라 하지 말고, '○○주식회사 사장 ○○○ 올림'이라고 해야 한다는 것입니다. 이는 직함을 이름 뒤에 쓰면 높임의 뜻을 갖기 때문입니다. 따라서 남과 인사를 나눌 때도 '○○주식회사 과장 ○○○ 입니다'라고 해야지 '○○주식회사 ○○○ 과장입니다'라고 하면 예의에 어긋난 표현이 됩니다.

이처럼 남에게 격식을 차린다고 한 말이 되레 예의에 어긋나는 사례가 되는 말에는 '수고'도 있습니다. 윗사람이 자리를 지키고 있을 때 먼저 퇴근하면서 "부장님, 수고하세요" 따위로 말하는 사람이 적지 않을 겁니다.

그러나 '수고'는 "일을 하느라고 힘을 들이고 애를 씀. 또는 그런 어려움"을 뜻하는 말로, '수고하세요'는 "남아서 더 고생을 하세요"라는 의미가 돼 윗사람으로서는 아주 불쾌하게 들릴 수도 있습니다.

원래 '수고'는 윗사람이 아랫사람에게 "수고가 많구먼" "수고 좀 해 주게" 따위로 쓰던 말입니다. 하지만 택시를 탔다가 내릴 때 "수고하셨습니다"라고 인사하는 것에서 알 수 있듯이, 지금은 '수고'라는 말에 "고생한 것에 감사한다"라거나 "남은 일을 무탈하게 잘하시기를 빕니다" 등의 뜻이 더해졌습니다.

이 때문에 아랫사람이 윗사람에게 '수고하셨습니다'나 '수고하세요'를 써도 무방하다고 말하는 학자들도 적지 않습니다. 하지만 그런 주장이 온전히 받아들여지고 있지는 않습니다. 국립국어원도 '수고'를 윗사람에게는 써서는 안 된다고 밝히고 있습니다. 2023년 1월의 '온라인 가나다'에서도 한 시민의 질문에 국립국어원은 "언어 예절 참고 자료에서, 퇴근할 때 인사

말로 아랫사람이 윗사람에게 '수고하십시오'와 같이 표현하면 상대방이 기분이 상할 수 있다고 설명했고, 윗사람만 '수고하다'를 써서 표현할 수 있다고 한 바가 있다"라고 전하고 있습니다.

그렇다면 상급자보다 먼저 퇴근할 때 하는 인사말로는 무엇이 좋을까요? '먼저 들어가겠습니다'나 '내일 뵙겠습니다' 정도면 충분합니다. 또 고마움을 나타내는 "수고하셨습니다" 역시 '고맙습니다' '감사합니다' '참 잘하셨네요' 등 상황에 맞게 쓰면 됩니다. 택시에서 내릴 때도 '편히 왔습니다' '잘 왔습니다' '돈 많이 버세요' '오늘도 안전 운전 하세요' 따위처럼 쓸 말이 많습니다. '수고하다'를 안 쓰면 불편한 것이 아니라, '수고하다'를 안 쓰려고 노력하면 표현력이 더 좋아진다는 것이 저의 생각입니다.

또 '수고하다' 대신 '애쓰다'나 '고생하다'를 쓰는 사람도 많은데요. 이 또한 마찬가지입니다. 아랫사람이 윗사람에게 쓰기에는 적합하지 않은 말입니다.

사람에게 쓰는 말과
동물에게 쓰는 말은 다르다

〈어휘 편〉에서도 살펴보았듯이 우리말 중에는 사람에게 쓸 때와 동물에게 쓸 때 의미가 달라지거나 글꼴이 바뀌는 말들이 많습니다. 예를 들어 '다리'는 사람과 동물 모두에 쓰지만 '손'은 사람에게만 쓰죠. 또 오징어 다리에서 가장 긴 것을 한자말로는 촉완觸腕, 즉 '팔뚝 완'을 쓰지만, 의미는 여전히 '다리'를 뜻합니다.

우리가 '애를 끓인다' 따위의 표현으로 많이 쓰는 '애'는 사람에게는 "창자"를 뜻하지만, 생선에서는 "간"을 의미합니다. 이순신 장군이 "한산섬 달 밝은 밤에 수루에 홀로 앉아 큰 칼 옆에 차고 깊은 시름하는 차에 어디서 일성호가가 남의 애를 끊나니"라며 '애를 끊나니'라고 한 것은 "마치 창자가 끊어질 듯한 아픔, 즉 죽을 것 같은 고통"을 의미합니다. 반면 우리 일상생활에서 '홍어 애탕'이나 '아귀 애탕'이라고 하면 창자를 넣고 끓인 것이 아니라 간을 넣고 끓인 음식을 가리킵니다.

그런데 여기서 짚고 넘어가야 할 사실이 하나 있습니다. 현재 〈표준국어대사전〉은 '애'를 "초조한 마음속"과 "몹시 수고로움"의 의미로만 다루고 있다는 점입니다. "창자"를 가리킨다는 의미도 없습니다. 반면 북한어는 '애'를 '생선의 간'을 뜻하는

1부   말법을 알아야 우리말 달인이 될 수 있다

말 등으로 두루 쓰고 있습니다.

그뿐만이 아닙니다. 적잖은 사람들이 생선의 창자를 가리키는 말로 '곤' 또는 '고니'를 씁니다. 하지만 우리 국어사전들은 "생선의 창자"를 뜻하는 말로 '곤'이나 '고니'를 다루고 있지 않습니다. 〈표준국어대사전〉도 마찬가지입니다. "명태의 이리, 알, 내장을 통틀어 이르는 말"로 '고지'만 올라 있을 뿐입니다. 결국 '곤'이나 '고니'는 바른말이 아닙니다. 반면 국민 대부분이 절대 쓰지 않는 '고지'가 표준어입니다.

이렇듯 사람들이 일상생활에서 흔히 쓰는 말인데도 국어사전에 없거나 혹은 북한 사투리로 다뤄지는 말이 꽤 있습니다. "넓고 평평한 큰 돌"을 일컫는 말도 그중 하나입니다. 여러분은 그런 돌을 뭐라고 부르시나요? 대부분은 '넓적바위' '넙적바위' '넙쩍바위' 중 하나를 쓸 것으로 생각됩니다. 하지만 이들 말은 모두 표준어가 아닙니다. 우리말을 꽤 안다는 기자들도 열에 아홉은 잘못 쓰는 "넓고 평평한 큰 돌"은 '너럭바위'만 표준어입니다.

물론 '너럭바위'가 아예 안 쓰이는 말은 아닙니다. 하지만 '넓적바위' 등도 널리 쓰이고 있습니다. 특히 북한에서는 '넓적바위'를 문화어로 삼고 있습니다. 따라서 예부터 써 왔고, 지금 사람들도 많이 쓰는 '넓적바위'를 비표준어로 묶어 둘 이유가 없다고 생각합니다. 하지만 어쩌겠습니까. 지금의 국어사전들

은 죄다 '넓적바위' '넙적바위' '넙쩍바위'를 '너럭바위'로만 써
야 한다고 고집하는 것을요.

누누이 얘기하지만 우리의 소원인 통일이 되려면 국토의
통일에 앞서 사상의 통일부터 이뤄야 하고, 사상이 통일이 되
려면 언어부터 하나가 돼야 합니다. 하지만 현재 남북의 언어
는 심각한 괴리를 보이고 있죠. 참으로 안타까운 일이고, 큰 걱
정거리입니다.

그건 그렇고요. 사람과 동물에게 같이 쓰이는 말의 경우 동
물에게 사용하면 일반적인 표현이 되지만 사람에게 쓰면 '속된
표현'이 되거나 '낮춘 말'이 되곤 합니다. '주둥이(주둥아리)'도
그런 말 가운데 하나죠. "주둥이가 묶인 채 길거리를 떠돌던 유
기견의 사연이 공개됐다"는 표현에서 보듯이 '주둥이'는 "짐승
이나 물고기 따위의 머리에서 뾰족하게 나온 코나 입 주위의
부분"을 뜻합니다. 그러나 이 말을 사람에게 쓰면 "입을 속되게
이르는 말"이 됩니다. 보통 "주둥이 닥쳐" 따위로 쓰죠.

'대가리'도 마찬가지입니다. '대가리'의 가장 일반적인 의미
는 "동물의 머리"입니다. 이와 함께 "사람의 머리를 낮춘 말"로
도 쓰입니다. 〈어휘 편〉에서 얘기했듯이 '이빨'도 동물에게 사
용하면 보통의 말이지만, 사람에게 쓰면 속된 말이 됩니다.

예전에는 사람과 동물에게 쓰는 말의 구분이 더 엄격했습
니다. 사람에게는 '발자국'을 쓰고, 동물에게는 '발자귀'를 쓰기

도 했죠. 하지만 현대에 들어서는 동물을 가족처럼 여기는 분위기가 퍼지면서 그 경계가 많이 허물어졌습니다. '소 대가리'와 '사자 대가리'보다는 '소 머리'와 '사자 머리'가 더 널리 쓰입니다.

언어는 세월에 따라 변하는 것이니 뭐라 탓할 일은 아닙니다. 하지만 주로 동물에 쓰는 말을 사람에게 쓰면 비하하는 의미가 됩니다. 결국 사람에게 쓰는 말을 동물에게도 쓰는 일은 그냥 넘어갈 수 있지만, 동물에게나 써야 할 말을 사람에게 함부로 써서는 안 됩니다.

참, 사람과 동물에 따라 쓰임이 달라지는 말로는 '잔등'과 '잔등이'도 생각해 볼 수 있습니다. "소 잔등에 올라탔다" 등처럼 '등'을 달리 이르는 말로 '잔등'이 널리 쓰입니다. 하지만 〈표준국어대사전〉 등에는 '잔등'이 "'등'의 잘못"으로 올라 있습니다. 대신 "'등'을 속되게 이르는 말"로 '잔등이'를 올려놓았습니다. 즉 "소 잔등에 올라탔다"는 "소 잔등이에 올라탔다"라고 써야 하는 거죠.

그런데 '손잔등'과 '발잔등'에서 보듯이 사람의 신체 부위를 이르는 말로 분명 '잔등'이 쓰이고 있습니다. 아울러 '손잔등'과 '발잔등'은 '손등'과 '발등'의 동의어로 다뤄지고 있습니다. 여기에 '콧잔등'과 '콧잔등이' 역시 〈표준국어대사전〉에 동의어로 올라 있습니다. 뭔가 이상하게 꼬인 느낌입니다.

    '잔등'은 비표준어인데 '손잔등'과 '발잔등'은 표준어이고, '손잔등'과 '발잔등'은 낮춘 말이 아니지만 '콧잔등'은 낮잡아 이르는 말로 돼 있으니까요. '등' '잔등' '잔등이'에 대한 새로운 뜻풀이가 필요해 보입니다. 여러분 생각도 저와 같으시죠?

버려야 할
일본말 찌꺼기,
품어야 할
일본식 우리말

과거 신문과 방송 등에서 일본말 찌꺼기를 얘기할 때면 빠지지 않고 등장하는 것이 '입장'과 '역할'이었습니다. 많은 사람이 이들 말은 일본식 한자말이므로 쓰지 말아야 한다고 주장했지요. 지금도 서점에 여봐란듯이 꽂혀 있는 우리말 관련 책 중에 그런 내용을 담은 것이 많습니다. '입장'은 '처지'로 써야 하고, '역할'은 '할 일'로 써야 한다는 식이지요.

맞습니다. 그분들이 주장하는 근거는 분명한 사실입니다. '입장'은 "서 있는 곳" "처지" "보는 각도" 따위 뜻을 가진 일본말 '다치바立場'의 한자 표기를 그대로 적은 것이고, '역할'은 일본말 '야쿠와리役割'입니다.

그러나 그런 주장대로라면 우리는 '국어' '수학' '철학' '문학' '과학' 등의 말도 쓸 수가 없게 됩니다. 왜냐고요? 그것들도 모두 일본에서 만들어졌기 때문입니다. 고려시대나 조선시대에 '국어' '수학' '철학' '문학' '과학' 등의 말을 썼을까요? 아닙니다. '국어' '수학' '철학' '문학' '과학' 등도 '입장'과 '역할'이 이 땅에서 쓰이기 시작한 때에 한 무더기로 **현해탄**˚을 건너왔습니다.

사실 우리가 쓰고 있는 근대 용어는 죄다 일본에서 만들어졌다고 해도 과언이 아닙니다. 그럼에도 유독 '입장'과 '역할'이 왜색의 뭇매를 맞는 까닭을 모르겠습니다.

이와 관련해 한 가지 짚고 넘어갈 것이 있습니다. 국립국어원이 벌써 근 30년 전에 '일본어투 생활용어'를 순화하면서 '입장'과 '역할'을 순화 대상에서 제외했다는 사실입니다. 정확히 얘기하면 '입장'의 순화어로 '처지'를, 그리고 '역할'의 순화

현해탄

현해탄(玄海灘)은 "대한해협 남쪽, 일본 후쿠오카현 서북쪽에 있는 바다"입니다. 〈표준국어대사전〉에도 그렇게 올라 있습니다. 우리나라와 일본 규슈를 잇는 동로로, 수심이 얕고 풍파가 심합니다. 이곳은 의심의 어지 없이 일본 해역입니다. 일본 발음으로는 [겐카이나다]라고 하죠. 따라서 '현해탄'을 쓰는 것이 뭐가 어떠냐고 말하는 사람도 많습니다. 일본의 도쿄(東京)를 한자음 '동경'으로 쓰는 게 무슨 잘못이냐는 얘기죠. 국립국어원이 〈표준국어대사전〉에 현해탄을 올려놓은 것도 그런 이유일 듯합니다.

그러나 그런 주장은 하나는 알고 둘은 모르는 소리라고 생각합니다. 왜냐하면 일본이 우리의 대한해협을 '조선해협'이나 '대마(쓰시마)해협' '현해탄' 등으로 다양하게 쓰고 있기 때문입니다. 우리의 독도를 '죽도(竹島)'로 적고 '다케시마'로 부르는 것처럼요.

우리의 시각 혹은 관점에서 얘기하면서 '현해탄'을 쓰지 말아야 하는 사실은 간단한 예로 확인할 수 있습니다. '독도 저쪽이 일본의 바다이다'와 '죽도(다케시마) 저쪽이 일본의 바다이다' 중 뭐를 써야 할까요? 당연히 '독도 저쪽이 일본의 바다이다'로 써야죠.

지리학적으로 현해탄은 쓰시마해협에 속하고, 또 쓰시마해협은 대한해협에 속합니다. 따라서 대한해협 일부를 굳이 현해탄으로 따로 쓸 까닭이 눈곱만큼도 없다고 봅니다. 저는요.

어로 '구실' '소임' '할 일' 등을 제시하면서 '입장'과 '역할'도 함께 쓸 수 있다고 했습니다. 우리 말글살이 정책의 최고 기관이 일본식 한자말 '입장'과 '역할'에 한복을 입힌 셈이지요.

사실 "입장 표명" "정부의 입장을 밝혔다" "검찰의 입장을 분명히 했다" 등을 "처지 표명" "정부의 처지를 밝혔다" "검찰의 처지를 분명히 했다"로 고쳐 쓰기란 현실적으로 불가능합니다. 그렇게 쓰는 사람이 없습니다. 이미 언중이 "(개인이) 처해 있는 사정이나 형편"을 뜻할 때는 '처지'로, "(공적으로) 당면하고 있는 상황"을 나타낼 때는 '입장'으로 뚜렷이 구분해 쓰고 있기 때문이죠.

역할도 마찬가지입니다. "나는 할아버지 역할을 맡았다"를 "나는 할아버지 소임(구실, 할 일)을 맡았다"로 고쳐 쓰라고 해보세요. 아마 초등학생들도 **콧방구**˚를 뀔 겁니다.

콧방구 ⊗ 콧방귀 ◎

소리와 냄새로 종종 사람을 당혹스럽게 만드는 무색의 기체를 이르는 말은 '방귀'입니다. 몸에서 공기를 방출한다는 의미의 한자말 '방기(放氣)'가 변한 말이죠. 국어사전에 '방기'와 '방귀'가 같은 뜻의 말로 올라 있기도 합니다. 이를 '방구'라고 쓰는 분도 많은데, '방구'는 강원·경기·경남·전남·충청·평안 등지의 사투리로 다뤄지고 있는 말입니다.

이런 방귀는 원래 항문으로 방출됩니다. 하지만 사람들이 뭔가 자신의 언짢은 감정을 드러내려 할 때 코로 나오는 숨을 막았다가 갑자기 터뜨리면서 소리를 냅니다. "흥!" 하고요. 바로 '콧방귀'입니다. 앞에서 사이시옷에 대해 설명할 때 얘기했듯이 '코+방귀'가 [코빵귀]로 소리 나는 까닭에 사이시옷이 더해진 거죠.

2부 버려야 할 일본말 찌꺼기, 품어야 할 일본식 우리말

이런 언중의 말 씀씀이를 살피지 않고 무조건 '입장'을 '처지'로 고쳐 쓰라는 것은 우리말을 아끼는 길이 아니라 되레 웃음거리로 만드는 일이라고 생각합니다. 공연히 언중의 거부감을 불러일으켜 외래어 순화 정신의 뿌리마저 흔들어 놓을 우려도 있습니다.

　물론 '입장'을 함부로 쓰는 것은 고쳐야 합니다. 앞서 밝혔듯이 '입장'은 "당면하고 있는 상황"을 뜻하는 말입니다. 그런데 '생각' '견해' '주장' '설명' 등의 말이 더 적합한 곳에도 아무 생각 없이 '입장'을 쓰는 일이 아주 흔합니다. 그것은 잘못입니다. '역할'도 똑같습니다. '구실' '소임' '할 일' 등이 더 적합한 표현에서도 '역할'만 고집하는 이상한 말버릇은 하루바삐 버려야 합니다.

　이와 함께 '단도리' '유도리' '뗑깡' '쿠사리' 등 일본말을 소리 그대로 옮겨 적은 말 버릇도 버려야 합니다. 곧고 튼튼한 우리말이 멀쩡히 있는데, 일본말을 소리 그대로 쓴다는 것은 정말 부끄러운 일입니다.

　아울러 몇몇 한자말은 꼭 반드시 기어코 무조건 어떤 일이 있더라도 우리말에서 영원히 추방해야 합니다. 일본이 역사를 왜곡하기 위해 만든 말이거나 우리의 문화와는 관계없이 오직 일본의 정신을 담고 있는 말들 말입니다. 지금부터 그런 것들에 대해 얘기해 보려 합니다.

'민비 시해'는
역적이나 쓰는 말

'민비 시해'는 일본이 역사를 왜곡하고 우리 대한의 정신을 죽이기 위해 만든 말이라고 생각합니다.

대한제국의 황제인 고종의 부인은 '명성황후'이시죠. 그런데 그분을 일본은 '민비'라고 깎아내렸습니다. 비妃는 원래 "임금이나 황태자의 아내"를 가리키는 말로, "황제의 정실부인"을 가리키는 후后보다는 낮은 품계의 말입니다. 즉 일본은 대한제국을 황제의 나라로 인정하지 않았던 거죠.

그것도 모자라 일본은 고종 32년(1895)에 자객들을 시켜 경복궁을 습격해 명성황후를 죽이기까지 했습니다. 바로 을미사변입니다. 일본 공사 미우라 고로 등이 친러파 세력을 제거하기 위해 일으킨 사건으로, 이로 인해 고종이 러시아 공관으로 옮겨 가 거처하는 일까지 생깁니다.

그런데 일본은 아주 뻔뻔스럽게 자신들이 저질러 놓은 이 사건을 두고 '시해弒害'라는 표현을 썼습니다. 자신들이 한 일을 발뺌하기 위해서죠. '시해'란 본래 "자식이 부모를 죽이고, 신하가 왕을 죽이는 것"을 뜻하는 말이거든요.

결국 민비 시해는 '조선의 왕 고종의 부인인 민 씨를 조선인이 죽였다'는, 어처구니없는 역사 왜곡을 담고 있는 말입니다. 그런 것을 모르고 공부 좀 했다는 대학 교수들까지 툭하면 '민비 시해'라는 말을 써대고 있습니다. 일본의 만행을 욕하는 글에서도 자주 튀어나옵니다. 정말 소가 웃을 일입니다.

'민비 시해'는 '명성황후 살해'로 써야 합니다. 그것이 역사를 바로 밝히는 일이라는 게 저의 생각입니다. 물론 현재 '명성황후 시해'가 교과서에도 올라 있기 때문에 무조건 제 얘기만 맞는다고 할 수는 없습니다. 그러나 '민비'만은 절대 써서는 안 됩니다.

우리나라는 ✎
해방된 게 아니다

'해방'은 일본이 만든 한자말은 아닙니다. 그러나 '8·15 해방'이라고 하면, 그것은 일본에 의한 역사 왜곡이 되고 맙니다. 무슨 소리냐 하면, 해방解放은 "구속이나 억압, 부담 따위에서 벗어나게 함"을 뜻하는 말로, 자유를 찾거나 찾게 한 주체가 '내'가 아니라 '남'이 된다는 얘기입니다.

예를 들어, 미국의 링컨 대통령이 노예를 **해방시켰다**˚고 말하지요. 이때 노예들에게 자유를 갖게 한 사람은 링컨입니다. 노예들은 '해방된' 거고요. 따라서 '8·15 해방'이라고 하면, 우리가 우리 힘으로 주권을 찾은 것이 아니라 일본이 우리를 불쌍히 여겨 주권을 돌려줬다는 얘기가 되고 맙니다.

"빼앗긴 주권을 도로 찾음"을 뜻하는 말은 광복光復입니다.

해방시켰다 → 해방했다

앞에서도 얘기했듯이 '-시키다'는 '내'가 하는 것이 아니라 '남'에게 하도록 만들 때 사용해야 합니다. 사역형이니까요. 하지만 이런 잣대로만 따지만 〈표준국어대사전〉은 오류투성이가 되고 맙니다. 〈표준국어대사전〉에서 '-시키다'를 찾으면 "'사동'의 뜻을 더하고 동사를 만드는 접미사"로 돼 있습니다. 하지만 현재 〈표준국어대사전〉의 뜻풀이만으로는 '-시키다'의 바른 사용법을 명확히 설명하기가 어렵습니다. 〈표준국어대사전〉 안에서도 오류가 발견될 정도죠.

한 예로 〈표준국어대사전〉에서 '독일고전파'를 뒤지면 "18세기 후반에서 19세기 전반에 걸쳐, 주로 빈을 중심으로 창작 활동을 하여 독일의 고전 음악을 완성시킨 작곡가들을 통틀어 이르는 말"이라고 풀이해 놓았습니다. 그러나 '독일고전파'는 독일의 고전음악을 완성해 낸 작곡가들이지 누구한테 시킨 사람들이 아닙니다. 게다가 "완전히 다 이루다"라는 의미의 말로 '완성하다'가 등재돼 있습니다. 결국 지금의 문법으로는 '독일고전파' 뜻풀이 속의 '완성시킨'은 '완성한'으로 써야 합니다.

이렇게 '-시키다'를 잘못 쓴 사례를 〈표준국어대사전〉에서 제가 찾은 것만 100건이 넘습니다. 우리말 최고 전문가들도 '-시키다'를 제대로 쓰지 못한다는 소리죠. 따라서 '-시키다'에 대한 새로운 뜻풀이가 필요하다고 봅니다. 〈표준국어대사전〉이 바른 우리말 사용의 모범이 돼야지, "표준국어대사전 때문에 더 헷갈린다"는 푸념을 들어서야 되겠습니까? 안 그래요?

제가 이런 얘기를 하는 까닭은 방금 '해방시켰다'를 '해방했다'로 써야 한다고 표시했지만, 저 역시 이 문장에서는 '해방했다'보다는 '해방시켰다'가 훨씬 부드럽게 읽히기 때문입니다. 문법이 말을 만드는 것이 아니라 말이 있어 문법이 생긴 것입니다. 사람들의 말 습관이 변하면 문법도 변해야 합니다.

그러기에 8월 15일을 광복절이라고 부르는 거죠. 그런데도 많은 사람이 '8·15 해방'이라는 말을 너무 많이 쓰고 있습니다. 그러다 보니 국립국어원도 〈표준국어대사전〉에 역사 용어라면서 '해방'의 뜻풀이로 "1945년 8월 15일에 우리나라가 일본 제국주의의 강점에서 벗어난 일"을 추가해 놓았습니다.

〈표준국어대사전〉이 처음 나왔을 때는 없었는데, 지금은 그런 뜻풀이도 달려 있습니다. 아마 그 근거는 '사람들이 많이 쓰기 때문'일 겁니다. 따라서 이제 여러분부터 '8·15 해방'을 쓰지 않고, 주변에도 쓰지 않도록 권유하고 그러면 우리의 후손들은 너나없이 '8·15 해방' 대신 '8·15 광복'을 쓰게 될 것입니다. 한번 그렇게 만들어 보자고요.

참, 일제가 강제로 우리나라 사람의 성과 이름을 일본식으로 고치게 한 일 있죠? 흔히 '창씨개명'이라고 하는 거요. 1940년에 우리 고유의 문화와 전통을 말살하려는 목적으로 실시했으나, 광복 후 1946년 조선 성명 복구령에 따라 무효가 된 '창씨개명'도 써서는 안 될 말입니다. '일본식 성명 강요'의 전 용어이거든요. 지금 교과서와 국어사전 등에는 '창씨개명'이 아니라 '일본식 성명 강요'로 올라 있답니다.

'한일합방'

대한제국은 융희 4년(1910) 일본과 전문 8조의 조약을 맺으면서 통치권을 일본에 넘겼습니다. 이때 맺은 조약이 일명 '한일합방조약韓日合邦條約'입니다. 이 때문에 '한일합방'이라는 말은 광복 후에도 오랫동안 국정교과서에 쓰였습니다.

하지만 '합방'은 "둘 이상의 나라가 하나로 합쳐짐"을 뜻하는 말로, 우리가 국권을 빼앗겼다는 의미가 없습니다. 실제로도 '한일합방'을 처음 쓴 사람들은 이완용을 비롯한 을사오적으로, 당시 우리 민족을 동등한 위치로 간주하기 싫었던 일본조차 '합방'이란 용어를 쓰지 않았다고 합니다.

이런 까닭에 '한일합방'은 이제 교과서는 물론이고 국어사전에서도 사라졌습니다. 국립국어원 누리집의 〈표준국어대사전〉에서는 검색조차 되지 않죠. 이를 대신해 '한일합병조약韓日合倂條約'과 '한일병합조약韓日倂合條約'이 올라 있습니다.

그러나 '합병'과 '병합' 역시 '합방'과 그 의미가 크게 다르지 않습니다. 그게 그겁니다. 따라서 일본이 군인과 경찰로 창덕궁을 포위한 뒤 날조된 문건으로 국권을 강탈한 사건에 '합방' '합병' '병합' 따위를 쓰는 것은 옳지 않다고 봅니다. "무력에 의한 침탈"의 뜻을 지닌 '병탄倂呑'을 써야 하는 거죠. '사람들 입에 익을 대로 익었다'는 구차한 변명을 들어가며 굳이 '합병' 또는 '병합'을 사용하려면 '강제 한일합병(병합)조약'처럼 그 앞에 '강제'란 말을 써야 합니다. 그래야 일본의 만행이 드러납니다. 〈표준국어대사전〉에도 올라 있는 '경술국치庚戌國恥'로 써도 되고요.

저의 이런 주장 외에도 '역사 용어 바로잡기'와 관련해서는 아주 다양한 의견들이 있습니다. 일본이 주어가 된 '일제강점기'를 우리의 시각에서 바라본 '실국시대'로 쓰자고 하는 것도 그중 하나입니다. 또 1876년 일본군이 강화도로 쳐들어오면서 맺게 된 '강화도조약'(또는 '병자수호조약')은 '병자왜란'으로 강요받은 '세 항구 겁탈약조(겁약)'이며, '3·1운동'보다 '기미만세의거'로 쓰는 것이 더 맞는 표현이라는 주장도 있습니다.

식민지배 세월은 🖊
36년이 아니다

제가 〈건방진 우리말 달인〉에서도 얘기했듯이 참 오래전부터 꼭 고치자고 주장하는 역사적 사실이 하나 있습니다. 우리나라가 일본에 주권을 빼앗긴 세월을 왜 36년이라고 하냐는 겁니다.

제가 제 또래 사람들에게 "우리가 일본에 몇 년 동안 나라를 빼앗겼지?"라고 물으면 대부분이 "36년"이라고 대답합니다. 그러나 36년은 말도 안 되는 소리입니다. 역사를 정말 모르고 하는 얘기죠.

국치일, 즉 우리나라가 일본에 국권을 강탈당한 날은 1910년 8월 29일입니다. 그리고 나라를 되찾은 날은 1945년 8월 15일이죠. 그렇다면 우리가 식민지배를 받은 세월은 35년에서도 10여 일이나 빠집니다. 35년도 채 안 되는 거죠. 그런데 그 부끄러운 역사를 34년으로 줄이지는 못할망정 36년으로 늘려 잡는 까닭을 도저히 모르겠습니다.

제 노력 덕분이라고 자화자찬하고 있지만, 사실 요즘에는 '일제 35년'이 꽤 많이 보입니다. 하지만 여전히 '일제 36년'을 습관처럼 말하는 사람이 많습니다. 여러분은 그러지 마세요.

이조백자는
멋이 없다

'이조백자' 같은 말도 쓰지 말아야 합니다. '이조李朝'란 '이씨조선'을 줄인 말인데, '이씨조선'은 일제가 조선의 격을 떨어뜨리기 위해 만들어 낸 말이거든요. '이씨들의 나라'라는 거죠.

이는 옛날에 중국이 우리나라를 포함해 주변국들을 오랑캐로 격하해 불렀던 것과 똑같은 겁니다. 따라서 '이조시대' '이조 500년' '이조백자' 등의 말을 쓰는 것은 일본이 우리를 오랑캐쯤으로 여긴다는 것에 박수를 치는 것과 다름없습니다.

'이조'는 무조건 '조선'으로 바꾸면 됩니다. '조선백자' '조선왕조' '조선시대' 등으로 말입니다.

기라성 같은
사람은 없다

'기라성'이라는 말, 잘 아시죠? 훌륭한 사람을 얘기할 때 '기라성 같은 분' 따위로 쓰잖아요. 그러나 이런 표현은 바람직하지 않습니다.

일본인들은 우리말의 "반짝반짝"을 '기라키라ぎらぎら'라 하고, 이를 적을 때는 한자에서 '기라綺羅'를 빌려다 씁니다. 여기에 '보시ぼし'로 읽히는 한자말 '성星'을 갖다 붙여서 '기라보시ぎらぼし'라 읽고 '기라성綺羅星'이라고 적는 말을 만들었습니다.

이처럼 제 나라 말로 제 생각을 다 펼칠 수 없는 일본말의 한계 속에서 태어난 것이 '기라성'입니다. 우리가 그런 말을 쓰는 것은 창피한 일입니다.

하지만 이 말을 대체할 우리말로 적당한 것이 없다고 생각했는지, 〈우리말큰사전〉(한글학회)이 '빛난별'로 쓰는 게 좋겠다고 잡아 놓았습니다. 그러나 아무리 우리말이 좋다지만 "오늘 이 자리에 참석해 주신 빛난별 같은 선배님을 모시고…"라고 말하는 것은 너무 어색합니다. 그렇게 쓸 사람이 없습니다. 그러다 보니 〈표준국어대사전〉도 처음에는 '빛난별'로 순화해 쓰도록 했다가 최근에는 "하늘에 반짝이는 무수한 별이라는 뜻으로, 신분이 높거나 권력이나 명예 따위를 가지고 있는 사람이 모여 있는 것을 비유적으로 이르는 말"이라고, 순화 대상에서 제외했습니다. 쓸 수 있다고 본 것이죠. 사실 '빛난별'이 너무 어색하기는 합니다.

하지만 국립국어원의 생각도 옳지 않다고 봅니다. '기라[빛나다]성[별]'에 매달려 '빛난별'로 순화해 쓰도록 하지 말고 동사 '내로라하다'로 대체해 쓰도록 했으면 많은 사람의 지지를 받았을 것이라고 생각합니다. '빛난별 같은 선배들이 다 모였다'보다는 '내로라하는 선배들이 다 모였다'가 휠* 자연스럽잖아요. 아니면 '한가락 하는'도 괜찮다고 봅니다. '한가락'이 "어떤 방면에서 썩 훌륭한 재주나 솜씨"를 뜻하니까요. 제 생각이 괜찮죠?

괜찮다고 생각하시면 여러분은 그렇게 쓰세요. 일본말 찌꺼기 '기라성' 대신에요. 그리고 이때 '한 가닥 하는'으로 쓰면 안 됩니다. '가닥'은 "한군데서 갈려 나온 낱낱의 줄"로, 정말 하찮은 것이 되니까요.

휠 → 휠씬

글이 좀 지루할까 봐 웃음 한번 지으시라고 써 봤습니다. 하지만 그냥 웃고 넘어갈 일은 아닐지 모릅니다. "정도 이상으로 차이가 나게"를 뜻하는 부사로 '휠'이 국립국어원의 '우리말샘'에 올라 있거든요. 표준어가 될지도 모른다는 소리입니다. 언젠가는….

　　　　　　　　일본은 1930년대부터 1945년 패망할 때
까지 한국·중국·필리핀 등지의 여성들을 전쟁터로 끌고 가 몹
쓸 짓을 했습니다. 그분들은 지금까지도 큰 고통에 시달리고
계십니다.

　그런데 수많은 여성의 고결함과 순결함을 유린한 일본은
자신들의 행동을 정당화하기 위해 그분들을 '정신대挺身隊'라고
불렀습니다. "나라를 위해 몸을 바친 부대", 즉 일본이 강제로
끌고 간 사람이 아니라, 그분들이 일본을 위해 스스로 부대를
만들어 전선으로 갔다는 억지 주장을 펴는 겁니다.

　'종군위안부從軍慰安婦'도 마찬가지입니다. 종군從軍은 "자발
적으로 군을 따라다님"을 뜻합니다. 따라서 '종군위안부'라는
말은 그분들이 강제로 끌려간 것이 아니라 스스로 군대를 따
라다녔다는 의미가 됩니다.

　'정신대'와 '종군위안부'에 대한 공식 용어는 우리나라와
중국 등 한자문화권에서는 '일본군 위안부'로 쓰고 있습니다.
나라의 힘이 없던 탓에 상상도 못 할 고통을 당하신 분들께 일
본인들이 만들어 낸 '정신대'와 '종군위안부'라는 말로 또다시
상처를 주는 일은 없어야겠지요.

그런 점에서 '위안부 기림비'도 한 번쯤 생각해 볼 만한 말입니다. '기림비'는 순우리말 '기리다'의 명사형 '기림'에 "표식"을 뜻하는 한자말 '비碑'가 더해진 신조어입니다. 그런데 '기리다'는 "뛰어난 업적이나 바람직한 정신 따위를 칭찬하고 기억하다"를 의미합니다. 한마디로 "참, 잘했어요"이죠.

억울하고 원통해 위로를 받아야 할 분들에게 이런 말을 쓴다는 것은 말도 안 된다고 봅니다. 대체 누구의 생각에서 처음 '기림비'가 나왔는지 모르지만, 정말 한심한 신조어입니다. 특히 아직 살아 계신 분들을 위해 비를 세운다는 발상 자체가 '전시 행정'의 전형을 보여 줍니다. 다만 지금 꼭 비를 세워야 한다면 '기억비記憶碑'라는 말을 만들어 쓰면 어떨까 생각합니다.

'기림비' 외에도 '기리다'를 잘못 쓰는 일이 많은데요. 누군가가 남을 위해 희생한 일에도, 사회와 국가를 위해 귀한 목숨을 내놓은 일에도 '기리다'를 써서는 안 됩니다. 그 죽음을 추도(죽은 사람을 생각해 슬퍼함)하거나 추모(죽은 사람을 그리며 생각함)하고 애도(사람의 죽음을 슬퍼함)해야 합니다. 아울러 그런 분들의 정신을 가슴에 담고 뇌리에 새겨야 합니다. 그분들의 업적을 자신의 기준으로 평가하고 칭찬하는 일은 사람의 도리가 아닙니다.

'기리다'와 함께 누군가의 비통함과 슬픔이 담긴 일이나 사건 등에는 '기념'을 써서는 안 됩니다. "천안함 46용사 기념 행사"처럼요. 이때도 '기념' 대신에 추도·추모·애도·기억 등을 적절히 쓰면 됩니다. 누구나 '결혼'과 '탄생'은 기념하지만 '파혼'과 '서거'를 기념하지는 않으니까요. 그래서 용산의 '전쟁기념관'도 '6·25전쟁관'으로 이름을 고쳐야 한다고 제가 오래전부터 주장해 왔습니다. 세상에 기념할 것이 없어서 전쟁을 기념하냐고요. 그 많은 죽음과 뼈저린 슬픔이 반복되기를 바라지 않는다면 '기념'을 써서는 안 됩니다.

정말 다른
일본과 한국의 '18'

초등학생 때 일인데요. 선생님께서는 출석을 부를 때 '18번'에 이르면 꼭 '열여덟 번'이라고 했고, 그러면 우리는 킥킥거리며 웃었습니다. '18번' 아이는 얼굴이 벌게져서는 금방이라도 눈물을 터트릴 듯 울먹이기도 했죠. 그렇게 우리는 '18'이라는 숫자를 별로 좋아하지 않습니다.

그런데 이상하게도 노래를 부르거나 장기자랑을 할 때면 "너는 18번이 뭐니"라거나 "내 18번 곡은 ○○야" 등으로 말하곤 합니다. 참 묘하죠.

결론부터 말하면 '18번'은 순전히 일본의 문화에서 나온 말입니다. 이 말은 일본의 대중 연극인 가부키에서 유래했습니다. 장場이 여럿으로 나뉘는 가부키는 장이 바뀔 때마다 작은 공연을 합니다. 그 단막극 중에서 크게 성공한 18가지 기예技藝를 이치가와 단주로라는 가부키 배우가 정리했는데, 사람들이 이를 가리켜 '가부키 광언(狂言: 재미있는 말) 십팔번'이라고 불렀다고 합니다. 또 18가지 기예 중 18번째 기예가 가장 재미

있었다고 해서 '십팔번'이라는 말이 생겨났다고도 합니다.

아무튼 그런 '18번'을 우리가 쓸 이유는 없습니다. 그런데요. 국립국어원은 이 '18번'을 처음에는 '단골 노래' 또는 '단골 장기'로 순화해 쓰도록 했습니다. 이 대목에서 숨이 콱 막힙니다. '단골 노래'라…. 이 말을 쓸 사람이 있을까요? 없다고 봅니다. 이를 뒤늦게 안 국립국어원이 최근에는 '18번'을 '애창곡'으로 쓸 수 있도록 했습니다. 하지만 이것도 문제입니다. 누군가의 '18번'은 노래가 아니라 성대모사나 춤일 수도 있으니까요. 따라서 '18번'은 '애창곡' 또는 '장기'로 쓸 수 있도록 〈표준국어대사전〉의 뜻풀이가 바뀌어야 합니다.

우리나라에는 없는 '고수부지'

우리나라의 젖줄인 '한강' 하면 '고수부지'가 먼저 떠오를 정도로 '고수부지'는 아주 익숙한 말입니다. 그런데요. '고수부지高水敷地'는 한자 그대로 보면 "높은 물"을 뜻하는 '고수'와 "비어 있는 곳"을 의미하는 '부지'의 합성어입니다. 즉 큰물이 날 때면 물에 잠기는 하천 언저리의 터를 말하는 거죠.

이 말은 1980년대 한강 주변을 정리하고 시민공원 등을

조성할 때 우리말을 잘 모르는 공무원들이 무심코 가져다 붙인 것입니다. 그 뿌리는 순전히 일본말에 두고 있습니다. '고수'는 일본어 '고스이코지[高水工事: こうすいこうじ]'의 줄임말이고, '부지'는 빈터를 뜻하는 일본어 '시키지しきち'에서 온 말이거든요.

그래서 1986년 '한국땅이름학회'가 서울시에 시정을 건의해 현재 '한강 고수부지'는 '한강시민공원'으로 개정됐습니다. 아울러 국립국어원은 '고수부지'를 '둔치'로 순화해 쓰도록 권하고 있답니다.

윤중로에는
사쿠라꽃이 핀다

국회가 있는 여의도에서는 봄이면 벚꽃 잔치가 벌어집니다. 특히 윤중로를 따라 분홍빛을 품은 백설이 내립니다. 전국에서 몰려든 상춘객들이 황홀경에 빠지곤 하죠.

그런데 벚꽃과 관련한 몇 가지 오해가 있습니다. 그중 대표적인 예가 벚꽃을 일본의 국화國花로 생각하는 것입니다. 그러나 벚꽃은 일본의 국화가 아닙니다. 일본에는 지정된 국화가 없습니다. 다만 일본 왕실에서 쓰는 여러 문양 가운데 하나가 벚꽃일 뿐입니다.

벚꽃은 일본이 원산지인 꽃도 아닙니다. 벚나무는 삼국시대 그 훨씬 전부터 우리나라에 뿌리를 내리고 살았습니다. 그 덕에 우리 할아버지의 할아버지, 그 전의 할아버지도 봄이면 벚꽃 구경을 가셨고, 버찌로 심심한 입을 달래기도 하셨습니다.

일본의 벚나무는 우리나라의 것이 건너가 뿌리를 내렸다는 게 정설입니다. 일본 식물학자 고이즈미 겐이치를 비롯한 많은 학자가 '일본 벚꽃의 원산지는 한국의 제주도'라고 인정하고 있지요.

따라서 괜한 반일감정 때문에 벚꽃 축제를 곱지 않은 시선으로 보는 것은 옳지 않습니다. 정작 문제가 되는 것은 제가 조금 전에 얘기한 '윤중로' 같은 말입니다. '윤중로'는 순전히 일본어에서 온 말이기 때문입니다.

일본에서는 "강섬의 둘레를 둘러서 쌓은 제방"을 '와주테이'라고 합니다. 그것을 우리식 한자로 적으면 '윤중제輪中堤'가 되죠. 그런데 1960년대 말 서울시가 여의도를 개발할 때 섬 둘레에 방죽을 쌓고는 '윤중제'란 이름을 붙였습니다. 이 때문에 윤중제의 길(방죽길)은 자연스레 '윤중로'가 됐고요.

이런 사실을 뒤늦게 안 서울시가 지난 1986년에 '윤중제'를 '여의방죽'으로 고쳤다고 하는데, 어찌 된 영문인지 이 말이 쓰이는 사례를 거의 찾아볼 수가 없습니다. 여전히 '윤중제'와

'윤중로'가 사람들의 입에 오르내리고 있죠.

하지만 여러분부터 일본말 찌꺼기인 데다 무슨 말인지 의미도 잘 전달되지 않는 '윤중제'나 '윤중로'를 쓰지 않고 '여의방죽'과 '여의방죽길' 또는 '여의섬둑'과 '여의섬둑길'로 부른다면, 곱고 예쁜 우리말이 곧 힘을 낼 겁니다.

군대 속
일본어 잔재들

남자들이 들려주는 얘기 가운데 여자들이 정말 듣기 싫어하는 것들이 있다고 합니다. 바로 군대 얘기와 축구 얘기 그리고 군대에서 축구를 한 얘기요.

그만큼 남자들은 군생활을 하는 동안 겪은 일을 얘기하기 좋아합니다. 특별한 이유가 있지 않은 한 모두 군대를 가야 하는 까닭에 군대 얘기가 공감대를 형성하기 좋기 때문일 겁니다. 그때 빠지지 않는 말 가운데 하나가 '고참古參'이죠. "나이도 어린 고참에게 엄청 시달렸다"라거나 "고참이 말도 안 되는 일을 시켰지만, 그것들을 다 해냈다"라는 식의 '무용담'을 늘어놓곤 합니다.

또 '고참'은 "현대사회가 요구하는 고참이 되기 위해서는 과거(?)와 달리 지속적인 노력이 필요하다" 따위처럼 일상생활에서도 자주 쓰입니다. 하지만 이처럼 흔히 쓰이는 '고참'은 일본식 한자말입니다. 이 때문에 국립국어원도 '고참'을 '선임' 혹은 '선임자'로 순화해 쓰라고 권했지요.

일제강점기 때 일본은 우리의 문화를 말살하기 위해 우리 말을 못 쓰게 했습니다. 그러면서 자기네 한자말을 퍼뜨렸죠. 그러다 보니 일상생활 속 용어들까지 일본식으로 물들 수밖에 없었습니다. 게다가 광복과 함께 군대 조직을 급히 갖춰야 하는 상황에서 우리 군은 일본의 영향을 크게 받은 만주군관학교나 일본 육군사관학교 출신들을 요직에 앉힐 수밖에 없었습니다. 사정이 이렇다 보니 우리의 군대용어는 일본식 한자말투성이입니다. 이제는 일상용어로도 쓰이는 '약진'이나 '포복'은 물론이고 군대 하면 떠오르는 '유격' '각개전투' '제식훈련' 등이 모두 일본식 한자말입니다.

하지만 곰곰 생각해 보면 이는 어쩔 수 없는 현상입니다. 일본은 우리보다 몇 발짝 앞서 근대화 물결을 받아들였고, 새로운 물질문명의 언어를 만들어 냈습니다. 그러니 근·현대어 대부분이 일본식 한자말입니다. 대통령, 국무총리, 철학 등 우리가 일상생활에서 쓰지 않을 수 없는 말들도 대개는 일본이 우리보다 먼저 쓴 말이죠. 그런 말을 죄다 쓰지 못하게 하고 순 우리말로 쓰자고 하는 것은 언어의 사회성과 경제성을 고려할 때 바람직하지 않다고 생각합니다. 아울러 일본식 한자말은 안 되고, 중국식 한자말은 된다는 사고도 옳지 않다고 봅니다.

이 때문에 국립국어원도 '약진' '포복' '유격' '각개전투' '제식훈련' 등을 〈표준국어대사전〉에 표제어로 올려놓고 있습니다. 이제 이들 말은 우리 국어라는 얘기죠.

하지만 군대에서 여전히 많이 쓰이고, 이 때문에 일반인 대부분이 표준어로 알고 있는 군대용어 가운데 국어사전에 오르지 못한 일본식 한자말도 많습니다. "힘든 훈련을 마치고 내무반으로 돌아오면 '환복'을 해서 '관물대'에 넣고 '총기 수입'부터 한다"라는 표현에서 보이는 '환복換服' '관물대' '총기 수입' 등이 대표적 시례입니다.

이들 말은 군대를 다녀온 사람이라면 다들 아는 단어입니다. 그러다 보니 신문과 방송 등에서 군대 밖의 일에도 쓰는 일이 적지 않습니다. 특히 '총기 수입'은 대체할 말이 아예 떠오르지 않을 정도죠.

하지만 이들 말은 국어사전에도 없는 일본식 한자말입니다. 특히 관물대의 경우 관물(官物: 관청 소유의 물건)을 놓아두는 대臺라는 뜻으로, 그 의미가 현실과도 많이 동떨어집니다. 현재 군인들이 '관물대'에 두는 물건들 중에는 아주 사적인 물건도 많습니다. 따라서 그 공간을 더 이상 '관물대'로 부를 이유가 없습니다. 그냥 '개인 보관함'입니다. 보통은 '사물함私物

掫'이라고 하는데, 사물함 역시 일본식 한자말로 국립국어원은 '사물함'을 '개인 물건 보관함'이나 '개인 보관함'으로 순화해 쓰도록 권유하고 있습니다.

'총기 수입'의 '수입'은 "손을 들인다", 즉 "손질을 한다"는 의미의 일본말 '데이레ﾃﾞﾚﾆﾞ'를 그대로 가져다 쓴 것입니다. 이 때문에 국립국어원은 '총기 수입' 대신 '병기 손질'로 쓰도록 하고 있습니다.

이 밖에도 군대용어에는 '점호'와 '요대' 등 일본식 한자말이 무척 많습니다. 여기에는 태생적으로 어쩔 수 없는 부분도 있습니다. 하지만 이제라도 순화해서 우리말식으로 고쳐 쓸 수 있는 것 역시 많습니다. "힘든 훈련을 마치고 내무반으로 돌아오면 '환복'을 해서 '관물대'에 넣고 '총기 수입'부터 한다"를 "힘든 훈련을 마치고 내무반으로 돌아오면 옷을 갈아입어 개인 보관함에 넣고 병기 손질부터 한다"로 고쳐 쓸 수 있듯이 말이죠.

국방부에서 군대용어를 두루 살펴서 일본어의 잔재들을 걷어내면 참 좋겠습니다.

저는 일본말 찌꺼기라도 우리말에 없던 것이라면 어쩔 수 없이 써야 한다고 봅니다. 또 영어는 왕창 쓰면서 일본말만 못 쓰게 하는 것도 옳지 않다고 생각합니다.

하지만 "서로 충분히 친밀하고 분위기도 좋다면 약간은 비아냥거리는 칭찬이나 비꼬는 비난, 즉 '야지'를 놓는 것에 너그러이 대처할 수 있다" 따위처럼 신문과 방송에서도 자주 쓰는 '야지' 같은 말은 쓰지 말아야 한다고 얘기합니다.

흔히 '야지를 놓다'로 쓰이는 '야지'는 일본 에도시대에 생긴 말로, '야지우마やじうま·野次馬'가 본말입니다. '야지우마'는 본래 "늙은 말"이라는 뜻으로, "늙은 말이 젊은 말의 엉덩이에 달라붙어 걷고만 있다"는 속뜻을 지니면서 "다른 사람 뒤에서 영문도 모른 채 떠들어대는 구경꾼"을 '야지우마'라고 부르게 됐다고 합니다. 이 '야지우마'가 줄어서 '야지'가 되고, 이것이 다시 "야유하다" 또는 "놀리다"라는 뜻을 지난 동사 '야지루やじる'로 발전합니다.

이런 까닭에 일부 국어사전은 '야지'를 '야유'로 순화해 쓰도록 권하고 있습니다. 하지만 '야지'가 일상에서 "야유(남을 빈정거려 놀림)"의 의미로만 쓰인다고 보기는 어렵습니다. "냉소적인 반응" "괜한 트집" 등의 의미로도 쓰이니까요.

　결론적으로 '야지'는 순전히 일본 문화에 뿌리를 두고 있는 일본말 찌꺼기이므로 쓰지 말아야 합니다. 다만 그것을 무조건 '야유'로 고쳐 쓸 것이 아니라, 문장 속의 뜻에 맞춰 다양하게 우리말로 순화해 써야 합니다.

넘쳐나는 ✎
일본식 외래어 표기

　　　　오늘날을 흔히 '지구촌 사회'라고 부릅니다. 이웃 나라는 물론 대륙 간의 교류도 활발합니다. 그러다 보니 어느 나라의 말이든 저마다 외래어가 넘쳐나기 마련입니다. 영국에서 프랑스어를 쓰고, 프랑스에서 독일어를 쓰는 식이죠.

　우리말도 마찬가지입니다. 외래어가 넘쳐나고 있습니다. 하루가 다르게 변하는 세계의 흐름 속에서 우리말이 생겨나기도 전에 외래어가 밀려드니, 어쩌면 지극히 당연한 일입니다. 이들 말을 모두 우리말로 바꿔 쓰기도 어렵습니다.

　하지만 외래어를 쓰더라도 어느 나라의 말을 다시 다른 나라의 말로 바꿔 쓰는 것은 좀 이상합니다. 프랑스어와 이탈리아어를 영어식으로 쓰는 것 말입니다. 미국이 우리의 상국도 아니고, 프랑스어 '뷔페buffet'를 미국식 발음 '부페'로 적거나 이탈리아의 땅이름 '베네치아Venezia'를 미국식 베니스Venice로 쓸 까닭이 없는 거죠.

더욱이 외국의 말을 일본어로 바꿔 소리 내고, 그 소리대로 표기하는 것은 정말 부끄러운 일입니다. '빠찡꼬*'처럼 우리말로 쓸 것이 없으면 모를까, 우리말로 제대로 발음하고 적을 수 있는 것까지 일본식으로 소리 내고 적는 말 습관은 하루속히 버려야 합니다. 우유를 뜻하는 '밀크'를 '미루꾸'로 쓰는 것은

빠찡꼬

일본의 도박 게임 중 하나로 흔히 '빠찡꼬' '빠찡코' '빠칭코' 등으로 불리는 것이 있습니다. 이러한 표기에 대해 국립국어원은 예전에 '온라인 가나다'에서 "외래어표기법에 따른다면, 일본어 'ぱちんこ'는 '파친코'로 적어야 한다. 다만 〈표준국어대사전〉은 이와 같은 단어들을 표제어로 싣고 있지는 않다"라고 밝힌 적 있습니다.

그러나 지금은 그런 내용을 찾아볼 수 없습니다. '온라인 가나다'에는 이런 것이 많습니다. 예전의 설명과 지금의 설명이 다른 것도 있고, 있던 내용이 사라지기도 합니다. 당연한 일입니다. 세월을 이기는 장사가 없듯이 세월을 이기는 말도 없으니까요. 예전에는 원칙을 지키는 것이 더 설득력이 있었으나 세월이 지나면서 그동안 관용적으로 쓰던 말이 더 힘을 얻어 원칙을 고수하는 일이 우스운 꼴이 되면 국립국어원도 주장을 바꿀 수밖에 없습니다.

현재 '빠찡꼬' '빠찡코' '빠칭코' '파친코' 등으로 불리는 말의 규범 표기는 정해지지 않았습니다. 따라서 지금은 모두가 맞는 말이라고 할 수 있습니다. 제가 생각하기에 앞으로 규범 표기가 정해진다면 '빠찡꼬'가 되지 않을까 싶습니다.

정말 이상하죠.

'맘모스'도 그런 말 가운데 하나입니다. 인류가 발생해 진화하기 시작한 신생대 홍적세 중기부터 후기까지 살았던 포유류 동물로, 종종 알래스카의 얼음 속에서 죽은 채 발견되는 '녀석'이 있습니다. 아주 오래전 지구에 살았던 동물로는 공룡과 함께 우리 귀에 가장 익숙한 녀석이죠. 바로 '맘모스'입니다.

그러나 이 동물을 '맘모스'로 부르거나 쓰면 안 됩니다. 이 동물의 원래 이름은 'mammoth'입니다. 이 철자를 보고 일본 사람들이 부른 말이 바로 '맘모스'입니다. 철자를 그냥 읽은 것이죠. 우스갯소리로, 누가 "위험"을 뜻하는 'Danger'를 '단거'로 읽었다고 하는데, 딱 그 꼴입니다. mam(맘)mo(모)th(스)….

'mammoth'의 바른 발음은 '매머드'입니다. 국립국어원의 〈표준국어대사전〉도 '맘모스'는 "매머드의 잘못"이라고 분명히 밝히고 있습니다.

다만 이 동물에 비유해 나온 '맘모스빵'에 대해서는 국립국어원이 옳다 그르다 밝힌 적 없지만, 이미 사람들 입에 굳을 대로 굳은 말인 만큼 사용할 수 있도록 하는 것이 일반적인 관례입니다.

또 우리 국민의 99.999%가 틀리는 표기가 있는데, 바로 '후라이드 치킨'입니다. 저를 알거나 저에게 배운 적 있는 사람을 포함해 전 국민의 0.001%만이 이 말의 바른 표기를 안다고 생각합니다.

일본식 외래어 표기의 대표적 사례는 영어 'f'를 'ㅍ'이 아니라 'ㅎ'으로 발음하고 표기하는 것입니다. 예를 들어 'fried'를 보면 누구나 [프라이드]가 맞는 발음이라고 생각합니다. 하지만 일상생활에서는 모두들 'fried chicken'을 [후라이드 치킨]으로 발음하고, 치킨집에 가면 어디든 그렇게 적혀 있습니다.

'f'를 'ㅎ'으로 발음하는 것은 일본의 말 습관입니다. 그런데 이를 제대로 알지 못하고, "금·알루미늄 따위의 금속을 종이같이 얇게 편 것. 특히 요리나 포장에 쓰는 알루미늄박"을 일컫는 'foil'을 '포일'이 아닌 '호일'로 적거나 "서류묶음(서류철)" 등의 뜻으로 쓰이는 'file'을 '파일'이 아닌 '화일'를 쓰는 일이 흔합니다. 운동 경기에서 선수들끼리 잘 싸우자는 뜻으로 외치는 소리인 'fighting'을 '파이팅'이 아닌 '화이팅'으로 쓰기도 합니다.

이래서는 안 됩니다. 우리가 초성에 'ㅍ' 소리를 내지 못하는 구강 구조를 가졌다면 어쩔 수 없지만, 충분히 'ㅍ' 소리를 낼 수 있으면서도 일본식으로 'ㅎ' 소리를 내는 것은 말이 안 됩니다. 우리말에서 영어의 'f'를 'ㅎ'으로 적는 사례는 절대 없습니다. 당구에서 흔히 쓰는 '후로쿠'도 '플루크fluke'가 바른 표기입니다.

또 일본인들은 긴 영어를 짧게 줄여 쓰거나 자기네 식으로 고쳐 쓰는 것을 좋아합니다. "가짜" "아무것도 갖고 있지 않

음" 등을 뜻하는 가라から에 "관현악단"을 의미하는 오케스트라orchestra를 붙인 뒤 '가라오케'로 줄여 쓰거나 "빵가루를 묻힌 돼지고기를 기름에 튀긴 서양 요리"인 포크커틀릿pork cutlet을 '돈가스ton[豚]kasu'로 쓰는 식이죠.

"수동 변속기"를 뜻하는 말로 쓰이는 '스틱'도 그런 말 습관에서 나온 일본식 표현입니다. 영어 시프트 레버shift lever를 자기네 말 습관으로 적은 거죠. 우리말에서 운전에 쓰이는 말 가운데 '자동'에 대립하는 것은 '수동'입니다. 이를 '스틱' 운운하는 것은 철저히 일본식 발음이자 표기입니다.

'빳떼리'도 보는 순간부터 일본식 발음의 냄새가 팍 풍기는 말입니다. "건전지" "수많은" "포대, 포열" 등 여러 의미로 쓰이는 영어의 철자는 'battery'입니다. 그런데 일본 사람들은 이를 [밧떼리이バッテリ]로 발음합니다. 'bat(밧)te(떼)ry(리이)'인 거죠. 하지만 'battery'의 바른 발음은 '배터리'입니다. 우리가 '배터리'를 제대로 소리 내지 못하거나 적을 수 없다면 모를까, 충분히 그렇게 소리 내고 쓸 수 있으면서 '배터리'를 '밧데리(빳떼리)'로 쓰는 것은 부끄러운 일입니다. 특히 야구 경기에서 짝을 이루는 투수와 포수를 '배터리'라고 하면서 '건전지' '전지' '축전지'를 뜻할 때만 '밧데리(빳떼리)'로 쓰는 것은 상식으로도 이해가 되지 않습니다.

한편 겨울이면 유행하는 부츠를 비롯해 신발을 만드는 데 많이 쓰이는 가죽 중에 흔히 '새무' '세무' '세모' 등으로 불리는 것이 있습니다. 이 가죽으로 겨울 코트를 만들기도 하죠.

하지만 "무두질(생가죽이나 실 따위를 매만져서 부드럽게 만드는 일)을 한 염소나 양의 부드러운 가죽"을 일컫는 말로 쓰이는 '새무' '세무' '세모' 등은 바른말이 아닙니다. 순전히 일본말 찌꺼기입니다.

"남유럽과 서남아시아에 사는 영양"인 '샤무아'를 뜻하기도 하는 'chamois'의 바른 외래어 표기는 '섀미'입니다. 이 '섀미'를 일본인들은 제대로 소리를 내지 못해 자기들 발음대로 '세무' 따위로 부릅니다. 그런 소리를 대충 듣고 '새무' '세모' 등으로 쓰는 것은 창피한 일입니다.

우리가 흔히 '골덴'이나 '고르뎅'이라고 하는 것 역시 '코르덴'을 일본 발음으로 소리 낸 것입니다. 하지만 엄밀히 말하면 '코르덴'도 바른 적기가 아닙니다. '코르덴'은 "밧줄이나 로프류" 또는 "골지게 짜기"를 뜻하는 말이기 때문이죠. "코르덴 천"을 가리키는 바른 표현은 '코듀로이corduroy'입니다.

이 밖에 "공중제비"를 뜻하는 'tumbling'을 '텀블링'이 아닌 '덤블링'으로 쓰거나 "용설란의 즙으로 만든 멕시코 원산의 독한 술" 'tequila'를 '테킬라'가 아니라 '데낄라'로 쓰는 것도 "일본어에서는 초성에 거센소리를 쓰지 못한다"는 규정 때문에 잘못 굳어진 틀린 적기입니다.

일본식 한자말이나 외래어 표기뿐 아니라 일본의 말소리를 그대로 따라 쓰는 말도 무지 많습니다. 일본인이 우리의 '김치'를 '기무치'로 쓰니까 그냥 좋다고 따라 하는 식이죠. 그것들을 다 일일이 설명하려면 이 책 한 권으로도 부족합니다. 아주 진짜 정말 되게 많거든요. 특히 건설 현장이나 기업체 생산 현장에서는 영어나 우리말보다 더 많이 쓰일 지경입니다.

그래서 이 책에서는 지금부터 재미있는 것 몇 개만 얘기할게요. 그런 법이 어디 있냐고요? 어디 있긴요. 여기 있죠. 그러나 제 블로그에 줄줄이 올려놓을 테니 막 퍼 날라 주세요.

가다

일본말 찌꺼기 '가다'는 우리말 틈에서 두 가지로 쓰입니다. 신형이나 구형의 의미로 얘기하면서 쓰는 '신가다'와 '구가다'가 그중 하나죠. 또 불량배와 관련한 말로도 쓰입니다. '쟤 가다(어깨)야' '너무 가다 잡는다' 등처럼요. 그런데 정작 일본말의 '어깨(가다)'에는 불량배의 의미가 없답니다. '가다'는 의미에 맞춰 '형型' '틀' '깡패' '어깨' '폼' 등을 적절히 쓰면 됩니다.

가도

일본말 '가도'는 한자말 각(角)입니다. 즉 물건에서 날카롭게 돌출돼 있는 가장자리나, 길에서 구부러지거나 꺾여 돌아간 자리를 뜻하죠. 그런데 좀 나이가 드신 분들 중에는 "길가 모퉁이에 있는 집"을 가리킬 때 '가도집'이라고 하는 분들이 많습니다. 하지만 '가도'는 우리말 '모퉁이'로 쓰면 충분합니다.

가라오케

방금 전에도 얘기한 '가라오케'는 "빈 것"을 가리키는 '가라'에 영어의 '오케스트라'가 더해진 일종의 합성어입니다. 즉 '가라오케'는 "악단이 없는 가짜 오케스트라" 또는 "무인 오케스트라"를 뜻합니다. 우리말로 하면 여러분도 자주 가는 '노래방'입니다.

가리

누군가에게 뭔가를 주어야 하는데, 그러지 못할 때 흔히 '가리'라는 말을 씁니다. 또 남의 것을 빌리고 주지 못할 때, 무엇을 먹거나 산 뒤 외상을 할 때도 '가리하자!'라는 말을 쓰곤 합니다. 하지만 '가리'는 "빌림 또는 빚"을 뜻하는 순 일본말입니다. 우리말로는 '외상' '빌림' 정도로 쓰면 되는 거죠.

겐뻬이, 겐페이

이 말은 일본의 역사와 깊은 연관이 있습니다. 겐지源氏와 헤이케平家라 불리는 두 가문의 전쟁, '겐페이源平 싸움'에서 유래된 것입니다. 우리말로는 '편 나누기' 정도로 쓰면 됩니다.

겐세이

이야기 도중에 누군가 끼어들어 참견을 하면 "야, 겐세이 끼지 마"라고 말하는 사람들이 적지 않습니다. 또 당구를 할 때 방해하는 것을 가리켜 "겐세이 놓는다"라고도 하죠. 그러나 이 '겐세이'는 "상대를 끌어들여 자유로운 행동을 못 하게 한다"는 뜻의 일본말입니다. 따라서 우리말로는 '방해' 또는 '끼어들기'로 쓸 수 있습니다.

고데

'고데こて'는 본래 땜질, 머리 손질, 다림질에 쓰는 인두를 가리키는 일본어입니다. 그런데 이것이 우리말에서는 "불에 달구어 머리 모양을 다듬는, 집게처럼 생긴 기구"를 말할 때는 '고데기'로, 그 기구로 다듬은 머리는 '고데머리'로, 그 기구로 머리를 다듬는 일은 '고데하다'로 폭넓게 쓰이고 있습니다. 이와 관련해 예전에는 '머리 인두' '머리 인두질' '지짐 머리' 등으로 순화하자고 했는데, '머리 인두'나 '머리 인두질'은 말 꼴

이 너무 어색합니다. '머리 손질'쯤이 어떨까 싶습니다.

이렇듯 우리말로 고쳐 쓰기가 어려운 때문인지 최근 〈표준
국어대사전〉에 '고데'가 등재되기는 했습니다.

기레빠시

글자만 봐도 '일본 냄새'가 팍팍 풍기는 말이죠. 그런데도
이 '기레빠시'가 우리 생활 속에서 참 다양하게 쓰입니다. 공사
장에서는 본래 용도에 맞게 쓰고 남은 목재를 나타낼 때, 옷감
에서는 원하는 옷가지 등을 만들고 남은 헝겊이나 팔고 남은
천을 얘기할 때, 또 식빵의 부드러운 쪽을 먹고 남겨 둔 가장자
리 부분을 가리킬 때 '기레빠시'가 쓰이죠. 회를 먹으면서 말랑
말랑한 살을 제외한 부분, 즉 뼈나 지느러미 등을 가리킬 때도
'기레빠시'가 쓰이곤 합니다. 이 말은 더러 '기레파시'나 '기렛
파시'로 표기되기도 하는데, 모두 똑같은 말입니다.

일본 사람들이 한자로는 '切端[자를 절, 끝 단]'으로 쓰고,
[기레빠시]로 소리 내는 이 말이 더 이상 쓰이지 않았으면 좋
겠습니다. 용도에 맞게 '동강(나무)' '자투리(천)' '끄트러기(안
주)' '부스러기(빵)' 따위로 쓰면 충분하거든요.

낑깡

여러분도 '낑깡' 좋아하죠? 아주 작은 귤을 '낑깡'이라 하는

사람이 많은데, 이것은 '금귤'이나 '동귤'로 불리는 과일 이름을 일본말식으로 소리 낸 겁니다.

나가리

어떤 내기를 할 때 무효판이 되면 '나가리'를 쓰시죠? "나가리 됐다"라고 말입니다. 하지만 '나가리'는 순전히 일본말로 하루빨리 버려야 합니다. 어떤 일이 무효가 되거나, 계획이 허사로 돌아가거나, 약속이 깨지거나 할 때는 '깨짐' '무산' '허사' '무효' 등으로 쓰면 충분하다고 생각합니다.

노가다

이 말은 본래 야외에서 하는 일이나 농사일에 관한 것들을 가리키는 일본어 '도카다土方'에서 왔다고 합니다. 이 말이 우리나라에 들어와서는 공사장이나 노동판을 가리키는 말로 폭넓게 쓰이고 있죠. 그런데 국립국어원은 이 말을 "행동과 성질이 거칠고 불량한 사람을 속되게 이르는 말"로는 쓸 수 있다고 하면서 '막일'이나 '막일꾼'의 의미로는 쓸 수 없다고 밝히고 있습니다. 그 기준이 참 모호합니다. "행동과 성질이 거칠고 불량한 사람을 속되게 이르는 말"로 노가다를 쓴 글을 본 적이 없거든요. 보통은 '막일' '인부' '막일꾼' '노동자' '공사판' 등을 가리킬 때 쓰죠. 따라서 이들 말을 적절히 사용하면 충분하다고 생각합니다.

단도리

'단도리'는 '段取りだんどり'로 표기되는 일본말을 발음 그대로 옮긴 말입니다. 우리말로는 '준비' '채비' '마음가짐' '뒷단속' 등으로 쓰면 충분합니다.

뗑깡

아이들이 투정을 부리고 말을 듣지 않을 때 흔히 쓰는 '뗑깡'은 일본말 '덴칸(癲癇·전간)'을 뿌리로 하는 말입니다. 여기서 '덴칸'이 뭔지 아세요? '간질병'입니다. 이 병에 걸려 발작하는 모습이 마치 어린이들이 투정을 부리는 것과 비슷하다고 해서 생겼다고 합니다. 일제강점기 때 일본 형사들이 독립운동가를 고문하면서 쓴 단어라고도 하고요. 그런 '뗑깡'을 곱고 예쁜 우리 아이들에게 쓸 이유가 있을까요? 당연히 없죠. '뗑깡'은 말 속의 의미에 따라 '어리광' '투정' '생떼' 등으로 쓰면 됩니다.

닭도리탕

'도리'는 일본말로 "새"를 뜻합니다. 고스톱에 '고도리'라는 게 있죠? 그게 바로 '새 다섯 마리'를 뜻합니다. 매조(화투에서 매화가 그려져 있는 화투장. 2월이나 두 끗을 나타냄)에 한 마리, 흑싸리(화투에서 검은 싸리를 그린 화투장. 4월이나 네 끗을 나타냄)에 한 마리, 공산(화투에서 빈 산의 모양이 그려져 있는 화투장. 8월이나 여덟 끗을 나타냄)에 세 마리 등 모두 다섯 마리의 새를 모으는 거잖습니까.

'닭도리탕'이 우리말이라고 주장하는 사람도 있기는 한데, 그분들의 주장은 너무 엉터리입니다. 왜 엉터리냐고요? 그거 설명하려면 여기 지면이 너무 아깝습니다. 그래서 제가 블로그에 자세한 내용을 올려놓을 생각입니다.

아무튼 국립국어원의 〈표준국어대사전〉도 '닭도리탕'을 쓰지 말고, '닭볶음탕'으로 써야 한다고 밝히고 있습니다.

뎃기리

주로 "그거 아주 괜찮네" "바로 그거야!" "아주 훌륭하다" "최고야" "야, 좋다!" 등의 의미로 두루 쓰이는 '뎃기리'는 본래 "틀림없이" "꼭" "의심 없이" 등의 의미를 지닌 일본말입니다. 또 "생각했던 대로" "아니나 다를까" 등의 뜻으로도 쓰입니다. 의미가 많기는 하지만 우리말로 표현하지 못할 것은 없습니다.

땡땡이 무늬

흔히 동그란 점으로 장식된 무늬를 '땡땡이 무늬'라고 하는데, 이제 이런 말은 쓰지 마세요. '땡땡이 무늬'는 우리말이 아니라 "점박이 무늬"를 뜻하는 일본말 '덴덴가라'가 변한 것이거든요. 이 때문에 국립국어원은 예전부터 이 말을 '점박이 무늬'나 '물방울 무늬'로 순화해서 쓰도록 권했습니다. 그러다가 최근에는 '물방울-무늬'를 〈표준국어대사전〉에 올려놓았습니다.

국어사전을 볼 때 '물방울-무늬'처럼 단어 중간에 붙임표(-)가 있는 말은 복합어이므로 붙여 써야 합니다. 반면 기호 '^'는 띄어 쓰는 것이 원칙이지만 붙여 쓰는 것을 허용한다는 의미입니다. 보통 전문용어나 고유명사에 이런 기호가 들어가 있죠. 국어사전을 뒤질 때는 사전 앞쪽에 적혀 있는 '일러두기'를 꼭 읽어 봐야 합니다. 그래야 국어사전에서 더 많은 우리말 정보를 얻을 수 있습니다.

한편 '∴'을 '땡땡'이라고도 하는데요. 우리말 '점'을 '땡'으로 소리 내는 것 역시 순전히 일본말의 영향 때문입니다. 우리말 '땡'은 "화투에서 같은 짝 두 장으로 이루어진 패"나 "부사로서 작은 종이나 그릇 따위의 쇠붙이를 두드리는 소리('댕'보다 센 느낌)"를 뜻할 때만 씁니다.

참, "48장으로 된 놀이용 딱지"는 '화토'가 아니라 '화투花鬪'입니다. 매화, 벚꽃, 난초, 모란, 국화 등 꽃들의 싸움이니까요.

또 화투를 치다 보면 잘못돼 판이 무효가 되는 경우가 생깁니다. 보통 화투의 장수가 부족하거나 순서가 뒤바뀔 경우에 일어나죠. 이때 쓰는 말은 '파토'가 아니라 '파투破鬪'입니다. 싸움이 깨졌으니까요. "일이 잘못돼 흐지부지됨을 비유적으로 이르는 말" 역시 '파투'입니다. '결혼이 파토 날 위기'가 아니라 '결혼이 파투 날 위기'라는 얘기입니다.

마호병

'마호'는 "마법이나 마술"을 뜻하는 일본어입니다. '마호병'은 "마법의 병"을 뜻하는데, 오랫동안 보온된다는 사실이 신기해 그런 이름이 붙은 것이겠죠. 최근 〈표준국어대사전〉에 '마법병'과 함께 등재되기는 했지만, 사실 '마법병'을 쓰는 사람은 없습니다. 우리말로는 '보온병'이 제격입니다.

무뎃뽀/무대뽀

한자말 무철포無鐵砲를 일본식으로 발음한 것이 '무뎃뽀' '무대뽀'입니다. 앞뒤 생각 없이 무턱대고 하는 모양, 분별없거나 경솔함 등을 뜻하는 표현이지요. 목표를 겨냥하지 않고 마구 쏘아대는 대포에서 유래한 말이라고 합니다. 총 없이 전쟁에 나간 사람을 비아냥거린 말이라는 설도 있습니다. 아무튼 우리말로는 '무턱대고' '저돌적으로' '막무가내' '무모한 사람' 등을 적절히 쓰면 그만입니다.

삐까번쩍

"휘황찬란하거나 훤하다"는 의미로 '삐까번쩍'이라는 말을 쓰는 분들이 참 많습니다. 젊은 세대보다는 좀 나이가 드신 분들이 많이 씁니다. 하지만 '삐까번쩍'은 일본말 반쪽에 우리말 반쪽이 더해진 이상한 말입니다. 우리말의 '번쩍번쩍'에 해당하는 일본말이 '삐까삐까'이거든요.

이 때문에 국립국어원은 지난 1995년 〈일본어투 생활용어 순화집〉을 펴내면서 이 '삐까번쩍'을 버리고 '번쩍번쩍' '반짝반짝'으로 쓰도록 바로잡았습니다.

사바사바

"쟤는 어쩌면 사바사바를 저렇게 잘하니" "부장한테 엄청 혼날 뻔했는데, 사바사바해서 겨우 넘어갔다" 같은 말을 자주 들으시죠? 그런데 이런 얘기를 들으면서 '사바사바'가 우리말이 아닐 것이라는 생각을 해본 적이 있으신가요? 그런 분이 많지는 않을 것 같습니다.

그러나 '사바사바さばさば'는 "마음이 후련한" 또는 "동작이나 성격이 소탈하고 시원시원한"을 의미하는 일본말입니다. 일본에서는 나쁜 의미의 말이 아닌데, 우리는 이 말을 부정적인 뜻으로 사용하고 있죠. '사바사바'는 우리말 '아부' '아양' '아첨' 등으로 쓰면 충분합니다.

셋셋세

둘이서 마주 보고 앉아 '셋셋세 아침 바람 찬 바람에…'라는 노래를 부르며 손바닥을 마주치는 놀이를 한 적이 있으시죠? 저도 어릴 때 많이 했습니다.

그런데 이 놀이는 우리의 것이 아닙니다. 많은 사람은 예부터 내려온 우리 전통놀이로 알고 있지만, 실제는 17세기 무렵일본에서 어른들이 즐겨 하던 '오테아와세'라는 놀이에서 시작된 겁니다. 우리나라에는 일제강점기 때 전해졌지요. 여기서 '셋셋세'는 "손을 마주 대다"라는 뜻의 '세스루'에서 생겨난 말이라고 합니다. 바로 '짝짝짝'인 거죠.

소라색, 곤색

한자 '空(공)'을 일본어로 읽으면 '소라'가 됩니다. 여기서 '공'은 '하늘'을 가리키는 말입니다. 우리가 흔히 '하늘색' '연푸른색'으로 부르는 것이 바로 일본의 '소라색'이죠.

또 '곤색 양복' 등으로 많이 쓰이는 '곤색'도 일본말로, 우리는 '검남색'이나 '진남색'으로 써야 합니다. 〈표준국어대사전〉은 '곤색' 대신 '감색'으로 써야 한다고 밝히고 있습니다. 아마 '감색' 중에서도 '감색紺色'을 뜻하는 듯합니다. 이것이 "짙은 청색에 적색 빛깔이 풍기는 색"이거든요. 하지만 여러분은 이런 감색보다 "잘 익은 감의 빛깔과 같은 진한 주황색"을 뜻하는 '감색紺色'이 먼저 떠오를 겁니다. 저도 그렇고요. 그래서 저는 '곤색'을 '감색'으로 쓰라고 얘기하고 싶지는 않습니다.

쇼부

어떤 일의 결판을 내기 위한 흥정을 얘기하면서 '쇼부'라는 말을 많이 씁니다. 그러나 '쇼부'는 승부勝負의 일본어 발음입니다. 따라서 '쇼부' 대신 상황에 맞게 '승부' '흥정' '결판' 등 적당한 우리말로 바꿔 써야 합니다.

스끼다시, 아나고, 요지

횟집 같은 데를 가면 주문한 음식이 나오기 전에 여러 가지 먹을거리가 조금씩 나옵니다. 흔히 '츠키다시'나 '스끼다시'로 부르는 것 말입니다. 그런데 이들 말은 "곁들이다"라는 뜻을 가진 일본어에서 온 말입니다. 우리말로는 '곁들이 안주'나 '밑반찬' 정도로 부르면 되는 말인 거죠.

그런 '곁들이 안주'로 나오는 것 가운데 '아나고'가 있습니다. 하얀 살점에 씹히는 맛이 그만인 횟감입니다. 하지만 '아나고'는 뱀장어와 비슷하게 생긴 '붕장어'를 가리키는 일본말입니다.

참, 회를 먹고 나서 꼭 하는 일이 있죠? 이를 깨끗이 하는 일 말입니다. 이때 쓰는 물건을 '요지'라고 부르는 사람이 많습니다. 하지만 순우리말처럼 들리는 이 말 역시 일본말입니다. 버드나무 가지로 만들었다고 해서 '버드나무 양'에 '가지 지'를 더해 '楊枝'로 쓰고, '요지'라고 부르는 겁니다.

'이쑤시개'라는 말이 좀 경박하게 들리다 보니 '요지'를 쓰는 사람이 많은 것 같은데, 그것이야말로 쓰레기차 피하려다 똥차에 치이는 꼴이라 할 수 있습니다. 표현이 좀 그런가요?

엥꼬, 만땅, 잇빠이

자동차 운전을 하는 분들 중에는 '엥꼬' '만땅' '이빠이' 등의 말을 쓰는 사람이 정말 많습니다. 왜 그러는지 모르겠습니다. 말 자체에서 일본 냄새가 팍팍 풍기는데도 마치 습관처럼 마구마구 씁니다.

일본에서 엥꼬えんこ는 원래 어린아이가 다리를 뻗고 털썩 주저앉는 것을 뜻한다고 합니다. 그런데 우리는 이 말을 '차가 고장으로 움직이지 못하는 경우'와 '차의 연료가 다 떨어진 상황'이나 '물건이 바닥났을 때' 쓰고 있습니다.

거꾸로 차에 연료를 가득 채울 때 '만땅'이라는 말을 많이 쓰죠. 하지만 이 말 역시 "탱크가 가득 차다"는 의미의 '만滿 탱크tank'가 일본식으로 변한 것입니다. 또 '만땅'과 함께 "잇빠이 넣어 주세요"처럼 '잇빠이'라는 말도 많이 씁니다. 물론 이것 역시 하루빨리 버려야 할 일본말입니다.

'엥꼬'는 '바닥남'이나 '떨어짐', '만땅'은 '가득', '잇빠이'는 '한껏'이나 '가득' 등으로 쓰면 됩니다.

요이~ 땅!

운동회 같은 날이면 많은 듣는 '요이~ 땅!'에서 '요이'는 일본말로, 우리말의 "시작"을 뜻합니다. 우리는 그냥 '준비 땅'쯤으로 쓰면 될 겁니다.

유도리

일본말 '유도리ゆとり'는 정신이나 체력 등의 여유를 의미하는 말이라고 합니다. 그런데 우리나라에서는 이 말이 '융통성' 또는 '여유'의 의미로 두루 쓰이고 있죠. 즉 우리는 '유도리' 대신 '융통성' 또는 '여유'로 써야 합니다.

쿠사리

사람들이 우리말로 알고 있는 말 중에서 순전히 일본말인 것도 꽤 많습니다. '쿠사리'도 그중 하나입니다. "썩은 음식"이란 뜻을 가진 일본말이죠. 우리말에 '핀잔' '꾸지람' '야단' '구박' '지청구' 등 남을 꾸짖는 의미의 말이 많은데, 뜻도 맞지 않는 '쿠사리'를 쓸 이유는 없다고 생각합니다.

하꼬방

상자, 궤짝 등을 가리키는 일본말 '하꼬箱'에 한자말 '방房'
이 합쳐진 말입니다. 즉 하꼬방은 '상자 같은 방' 또는 '궤짝 같
은 방'을 뜻하는데, 판자로 벽을 만들어 흡사 궤짝처럼 지어진
허술한 판잣집을 가리키죠. 6·25전쟁 직후만 해도 많은 사람
이 이런 집에서 살았는데, 지금은 빈민촌이나 달동네 등지의
작고 허름한 집을 일컫는 데 쓰입니다. 우리말로는 '판잣집'이
나 '허름한 집'으로 쓰면 됩니다. 이 외에 아래와 같이 등 우리
말로 의미에 맞게 고쳐 쓸 수 있는 일본말이 참 많습니다. 이런
것들도 꾸준히 블로그에 올려놓을게요.

버려야 할 일본말	대체할 우리말	버려야 할 일본말	대체할 우리말
가께우동	가락국수	쓰메키리	손톱깎이
고바이	언덕	아다리	적중, 단수(바둑)
곤조	마음보, 성깔, 본색, 근성	아타라시· 아다라시	새것
구루마	손수레	야끼만두	군만두
기리까이	바꾸기, 교체	에리	옷깃
기스	상처, 흠, 흠집, 결점, 티	오뎅	어묵, 생선묵
꼬붕·꼬봉	부하, 종	오봉	쟁반
나라시	총알택시, 불법영업 택시	오야·오야붕	우두머리, 책임자
다대기	다진 양념	와리깡	할인, 각자 부담
다마	전구, 구슬, 당구공	와리바시	나무젓가락
단스	서랍장, 옷장	우동	가락국수
똔똔	득실 없음, 본전	와사비	고추냉이 양념
메끼	도금	와이로	뇌물
모찌	찹쌀떡	우라	안감
반까이	만회	우와기	저고리, 상의
분빠이	분배, 나눔	자부동	방석
사라	접시	짱껨뽀	가위바위보
소데나시	민소매	한소데	반소매
시다	조수, 보조원	함바집	공사장 밥집
시로도	초심자, 풋내기	후카시	부풀이, 힘
시마이	마감, 끝냄	히야까시	희롱
시보리	물수건	히야시	차게
쓰리	소매치기		

띄어쓰기가 발라야 문장의 의미가 통한다

띄어쓰기를 완벽하게 구사하기란 무척 어려운 일입니다. 아니, 거의 불가능에 가깝죠. 제가 잘 아는 전 국립국어원 원장님께서도 띄어쓰기를 완벽하게 못 하시더라고요. 띄어쓰기가 얼마나 어려운지 보여 주는 사례죠.

띄어쓰기가 어려운 것은 한글맞춤법으로 정해 놓은 규정이 아주 미흡한 데다 관용으로 처리되는 낱말이 너무 많기 때문입니다. 더욱이 똑같은 낱말이 문장에서의 역할이나 의미에 따라 붙기도 하고 떨어지기도 합니다. 예를 들어 "나는 찌그러진 달보다 둥근 달이 더 좋아"라고 할 때는 '둥근'과 '달'을 띄어 써야 맞지만, "산 너머로 둥근달이 떠올랐다"라고 할 때에는 '둥근'과 '달'을 붙여 쓸 수도 있습니다. 국어사전에 "음력 보름을 전후해 둥그렇게 된 달"이라는 의미로 '둥근달'이 표제어로 올라 있기 때문이죠. 이때의 '둥근달'은 '찐빵'처럼 그 상태로 명사입니다.

그뿐 아닙니다. "조롱을 당하다"의 '당하다'는 동사로 띄어 써야 하지만, "그에게 무시당했다"의 '당하다'는 접미사로 반드시 붙여 써야 합니다. 또 "내가 올려놓았다"의 '올려놓았다'는 꼭 붙여 써야 하지만, "내가 쌓아 놓았다"는 '쌓아'와 '놓았다'를 띄어 쓰는 것이 원칙이고 붙여 쓸 수도 있습니다. 정말 헷갈리시죠.

이러한 띄어쓰기를 완벽하게 익히고 사용하려는 것은 부질없는 일이라고 생각합니다. 100년 동안 죽어라 하고 공부해도 완벽하게 쓸 수 없는 것이 바로 지금의 띄어쓰기이기 때문이죠.

누구는 "아싸리* 몽땅 외우면 되지 않느냐?"라고 반문할지도 모릅니다. 그러나 그 역시 **천만에 말씀***입니다. 글은 살아 있

아싸리 → 차라리/간단히/깨끗이/아예

'아싸리'는 일본말 찌꺼기라는 설도 있고, '차라리'를 뜻하는 사투리라는 설도 있습니다. 그중 무엇이 맞든 표준어가 아닌 것은 분명합니다. 따라서 품격을 갖춰야 하는 글이나 공식 문서에서는 사용하지 않는 것이 좋습니다. 사람들이 '아싸리'를 사용하는 사례를 살펴볼 때 '아싸리'는 '차라리' '간단히' '깨끗이' '아예' 등으로 대체해 쓰면 충분할 듯싶습니다.

천만에 말씀 → 천만의 말씀

발음에 이끌려 '의'를 써야 할 자리에 '에'를 사용하는 사례가 많습니다. 특히 "'전혀 그렇지 아니하다'나 '절대 그럴 수 없다'는 뜻으로, 상대편의 말을 부정하거나 남이 한 말에 대해 겸양의 뜻을 나타낼 때 하는 말"로 '천만에'가 널리 쓰이다 보니 '천만에 말씀'이라는 표현이 널리 쓰입니다. 그러나 "남의 칭찬이나 사례에 대해 사양할 때 당찮음을 이르는 말" 또는 "남의 주장에 대해 부정할 때 하는 말"로 쓰이는 관용구는 '천만의 말씀'입니다. 이 표현은 〈표준국어대사전〉에도 올라 있답니다.

는 생명체 같아서 수시로 변합니다. 어제는 띄어 써야 하던 말이 오늘은 붙여 써야 하는 예가 부지기수죠. 그런 것을 다 외우고 살 수는 없습니다.

하지만 그렇다고 해서 띄어쓰기를 아무렇게나 해도 된다는 소리는 절대 아닙니다. 띄어쓰기를 어떻게 하느냐에 따라 글의 의미가 확 바뀔 수도 있는 만큼 알아 두어야 할 것은 반드시 알아 두어야 합니다. 아예 습관처럼 몸에 배도록 하는 게 좋습니다. '이것이 맞나 틀리나'를 생각할 겨를 없이, 문장의 의미에 따라 무의식적으로 정확하게 띄어쓰기를 할 수 있어야 합니다.

그러기 위해서는 갖가지 띄어쓰기 원칙이 뇌리에 박혀 있어야 합니다. 틀리기 쉬운 띄어쓰기 사례도 그러해야 하는데, 그런 것이 하루아침에 이뤄질 수는 없다고 봅니다. 띄어쓰기와 관련한 책을 한두 권 읽었다고 해서 완전히 배울 수도 없고요.

그렇다면 어떻게 해야 띄어쓰기를 제대로 익힐 수 있을까요? 그것은 바로 '국어사전 뒤지기'입니다. 띄어쓰기의 가장 큰 원칙이 "사전에 오른 말은 붙여 쓴다"이기 때문이죠. 즉 국어사전에 '상관없다'와 '보잘것없다'는 표제어로 올라 있으니 무조건 붙여 씁니다. 그러나 '필요 없다'와 '볼 장 다 보다'는 없으므로 각각의 낱말을 띄어 쓰는 게 원칙입니다.

평소 띄어쓰기에 관심을 갖는 일도 중요합니다. '이 글자는 이럴 때 띄어 쓰는데, 저럴 때는 왜 붙여 쓰지?' 하는 의문을 갖고 틈틈이 해답을 찾다 보면 띄어쓰기의 큰 물줄기가 저절로 몸에 흐르게 될 겁니다. 그 기본이 될 만한, 정말 살이 되고 뼈가 되는 '띄어쓰기 비법'들을 지금부터 알려 드릴게요.

한글맞춤법의 띄어쓰기 규정

제41항 조사는 그 앞말에 붙여 쓴다.

㉲ 꽃이, 꽃처럼, 꽃보다, 꽃도

제42항 의존명사는 띄어 쓴다.

㉲ 아는 것이 힘이다, 나도 할 수 있다, 먹을 만큼 먹어라

제43항 단위를 나타내는 명사는 띄어 쓴다.

㉲ 한 개, 집 한 채, 소 한 마리

다만, 순서를 나타내는 경우나 숫자와 어울리어 쓰이는 경우에는 붙여 쓸 수 있다.

㉲ 1446년 10월 9일, 두시 삼십분 오초, 제일과, 7미터

제44항 수를 적을 적에는 '만萬' 단위로 띄어 쓴다.

㉲ 십이억 삼천사백오십육만 칠천팔백구십팔, 12억
　 3456만 7898

제45항 두 말을 이어 주거나 열거할 적에 쓰이는 말들은 띄어 쓴다.

㉠ 국장 겸 과장, 열 내지 스물, 청군 대 백군, 이사장 및 이
사들, 사과·배·귤 등등

제46항 단음절로 된 단어가 연이어 나타날 적에는 붙여 쓸 수 있다.

㉠ 그때 그곳, 좀더 큰것, 이말 저말, 한잎 두잎

**제47항 보조용언은 띄어 씀을 원칙으로 하되, 경우에 따라 붙여 씀
도 허용한다.**

㉠ 불이 꺼져 간다.	불이 꺼져간다.
내 힘으로 막아 낸다.	내 힘으로 막아낸다.
어머니를 도와 드린다.	어머니를 도와드린다.
그릇을 깨뜨려 버렸다.	그릇을 깨뜨려버렸다.
그 일은 할 만하다.	그 일은 할만하다.
일이 될 법하다.	일이 될법하다.

다만, 앞말에 조사가 붙거나 앞말이 합성동사인 경우, 그리
고 중간에 조사가 들어갈 적에는 그 뒤에 오는 보조용언은 띄
어 쓴다.

㉠ 잘도 놀아만 나는구나!
책을 읽어도 보고…….
네가 덤벼들어 보아라.

잘난 체를 <u>한다.</u>

제48항 성과 이름, 성과 호 등은 붙여 쓰고, 이에 덧붙는 호칭어·관직명 등은 띄어 쓴다.

㉠ 홍길동 씨, 홍 씨, 홍길동 박사

다만, 성과 이름, 성과 호를 분명히 구분할 필요가 있을 경우에는 띄어 쓸 수 있다.

㉠독고준 / 독고 준, 남궁억 / 남궁 억, 황보지봉(皇甫芝峰) /
  황보 지봉

제49항 성명 이외의 고유명사는 단어별로 띄어 씀을 원칙으로 하되, 단위별로 띄어 쓸 수 있다.

㉠ 한국 대학교 사범 대학 / 한국대학교사범대학

제50항 전문 용어는 단어별로 띄어 씀을 원칙으로 하되, 붙여 쓸 수 있다.

㉠ 만성 골수성 백혈병 / 만성골수성백혈병

한글맞춤법이 밝히고 있는 띄어쓰기 규정은 이것이 전부입니다. 그런데 내용이 뻔하죠. 그렇습니다. 띄어쓰기는 원래 뻔한 것입니다. 기초 교육만 받은 사람도 90%는 정확하게 쓸 수 있고, 나머지 10% 정도가 사람을 헷갈리게 할 뿐입니다. 따라서 너무 부담을 가질 필요는 없습니다.

자, 숨을 크게 한 번 내쉬고 하나씩 익혀 가자고요.

'커녕'은
무조건 붙여라

        '커녕'이라는 글자를 쓸 때는 무조건 앞말과 붙여 써야 합니다. 이유는 물을 것도 없습니다. 어떤 경우든 붙여 쓰면 그게 제대로 쓴 거니까요. '사랑은 커녕'처럼 '커녕' 앞에 '은'이나 '는'이 오면 사람들은 습관적으로 띄어 쓰는데, 실제는 '은커녕' '는커녕'이 하나의 말(조사)이랍니다.

시간이 흐른 '지'는
띄어 쓴다

        할지 말지, 주울지 버릴지 등처럼 '-지' 앞에 'ㄹ' 있으면 그것은 무조건 어미라는 소리입니다. '-ㄹ지(-을지)'가요. 그러니 무조건 붙여 써야 하죠.

    문제는 '-ㄴ지(-은지 / -는지)'인데, 이것 역시 하나만 알면 됩니다. 시간의 경과를 나타낼 때는 'ㄴ 지'로 띄어 쓰고, 그렇지 않다면 'ㄴ지'를 붙여 쓰라는 겁니다. "집을 산 지 5년은 됐다"와 "꽁치를 왜 샀는지 모르겠다"처럼요. 의존명사가 어떻고 어미가 저렇고 떠들 필요 없이, 시간의 경과를 나타내느냐 그렇지 않으냐만 따지면 되는 겁니다.

붙여 쓰는 '만'과 🖊
띄어 쓰는 '만'

'만'도 마찬가지예요. 시간의 경과를 나타
내는 '만'은 띄어 쓰고, 그렇지 않은 '만'은 붙여 쓰면 됩니다.
다른 것은 신경 쓰지 마세요. "3년 만에 고향을 찾았다"거나
"오늘만 날이냐"처럼 쓰면 됩니다.

참, '만'이 나와서 하는 얘기인데요. 일상생활에서 조사 '-만'
을 써야 할 곳에 조사 '-만큼'을 넣어 이상한 문장을 만드는 사
례가 참 많습니다. "이번만큼은 봐줄 수가 없다" "수비만큼은 안
정돼 있다" 같은 표현이 대표적 사례입니다.

우리말에서 '만큼'은 의존명사든 조사든 "앞말과 비슷한 정
도나 한도임을 나타내는 말"로 쓰입니다. "주는 만큼 받아 온
다" "나도 당신만큼은 할 수 있다" 따위처럼 비교의 의미가 강
합니다.

그러나 "이번만큼은 봐줄 수가 없다" "수비만큼은 안정돼
있다"는 무엇과 무엇을 비교하는 의미가 아니라 '다른 것으로
부터 제한해 어느 것을 한정'하거나 '무엇을 강조'하는 의미의

문장입니다. 이때는 '만큼'이 아니라 '만'을 써야 합니다. "이번만은 봐줄 수가 없다" "수비만은 안정돼 있다" 등처럼요.

'-어(-아)하다'는

붙여 쓴다

    '좋아하다'나 '싫어하다'를 띄어 쓰는 분은 없을 듯합니다. 그런데 '애통해하다'나 '우울해하다' 등은 '애통해 하는'이나 '우울해 하는' 따위처럼 띄어 쓰는 사람이 적지 않습니다.

  '애통하다'와 '우울하다'는 형용사입니다. 그런데 이 말을 동사적 용법으로 쓰고자 할 때가 있습니다. 그때 형용사 어간에 '-어(-아)하다'를 붙이면 동사로 바뀝니다. 즉 이럴 때의 '-어(-아)하다'는 보조용언으로 쓰인 게 아니라 형용사를 동사로 만드는 어미의 역할을 한 것입니다. 따라서 '고달프다' '놀랍다' 같은 형용사가 '고달파하다'와 '놀라워하다' 등처럼 되면 무조건 붙여 쓰면 됩니다.

'내가 먹을걸'과
'내게 먹을 걸 다오'의 차이

우리말에서 '-을걸'(받침이 없는 말에서는 '-ㄹ걸')은 우선 "(구어체로) 해할 자리나 혼잣말처럼 쓰여, 화자의 추측이 상대편이 이미 알고 있는 바나 기대와는 다른 것임을 나타내는 종결어미"입니다. "그 사람은 벌써 떠났을걸" "아마 지금쯤 동생은 제 방에서 빵을 먹을걸" "그 집은 마당이 너무 좁을걸" 등처럼 가벼운 반박이나 감탄의 뜻을 나타내죠.

또 "(구어체로) 혼잣말에 쓰여, 그렇게 했으면 좋았을 것이나 하지 아니한 어떤 일에 대해 가벼운 뉘우침이나 아쉬움을 나타내는 종결어미"로도 쓰입니다. "밥을 먹으라고 할 때 먹을걸" "하라고 할 때 그 일을 맡을걸" "그들에게 좀 더 잘해 줄걸" 따위가 그런 예문이죠.

여기서 주목할 것은 '-을걸'이나 '-ㄹ걸'이 종결어미라는 점입니다. 아울러 '-을걸'이나 '-ㄹ걸'은 물질적인 것을 가리키지 않고, 어떤 상황을 나타냅니다. 따라서 어떤 생각 등을 나타내면서 '-을걸'이나 '-ㄹ걸' 뒤에 마침표를 찍을 수 있는 상황이라면 붙여 써야 합니다.

하지만 "먹을 걸('것'의 준말 '거'에 조사 'ㄹ'이 붙은 것) 먹어야지"처럼 명사 '것'을 구어체로 줄인 뒤 조사를 붙인 말들(것을 → 걸, 것은 → 건, 것이 → 게)은 띄어 써야 합니다.

삼촌 댁에서 ✎
삼촌댁을 뵈었다

　　　　"여름방학을 맞아 삼촌댁에 내려간 조승우가 때마침 그곳 할아버지댁에 내려온 손예진을 먼발치에서 보고 애틋한 마음을 키우던 어느 날, 그녀를 자신의 자전거에 태우게 된 것이다."

　오래전 모 신문에 실린 칼럼의 일부분입니다. 얼핏 평범해 보이는 문장이지만, 이 글은 띄어쓰기 때문에 아주 우스꽝스러운 말이 되고 말았답니다.

　바로 '삼촌댁'과 '할아버지댁' 때문인데요. 우리말에서 '댁宅'을 붙여 쓰면, "(누구의) 아내"를 뜻하거나 "어느 지역에서 시집온 여자"를 의미하거든요. "오라버니의 아내"는 '오라버니댁'(새언니), "철수의 부인"은 '철수댁'이 되는 거죠. 또 상주에서 시집온 사람은 '상주댁'이 되고, 파주에서 시집온 사람은 '파주댁'이 됩니다. 따라서 위의 예문에서 '삼촌댁'과 '할아버지댁'을 붙여 썼기 때문에, 이 말은 '작은어머니'와 '할머니'가 되고 말았습니다.

"남의 집이나 가정을 높여 이르는 말"로 쓰는 '댁'은 명사로, 앞말과 띄어 써야 합니다. "선생님 댁을 다녀왔다" 또는 "뉘 댁 자제인지는 모르나 말조심하게" 따위처럼요.

띄어 쓰는 '댁'은 "남의 아내를 대접해서 이르는 말"로, 주로 대등한 관계에 있는 사람이나 아랫사람의 아내를 가리킬 때 쓰이기도 합니다. 하지만 이때는 "동생의 댁"처럼 쓰이기 때문에 띄어쓰기가 헷갈릴 염려는 없습니다. 여기서 '-의'가 빠지면 '동생댁'이 되죠. 결국 '사람'을 뜻하는 댁은 붙이고, '집'을 의미하는 댁은 띄어 쓴다는 것만 기억하시면 됩니다.

'도로상'이든 '인터넷상'이든
무조건 붙여라

20여 년 전에 30만 원도 넘게 주고 산 〈표준국어대사전〉을 보면 '상2上'의 뜻풀이 ③에 "물체의 위나 위쪽을 이르는 말"이라며 사용례로 '지구 상의 생물' '지갑을 도로 상에서 주웠다' 등을 들고 있습니다.

그런데 '상26'을 보면 "구체적인 또는 추상적인 공간에서의 한 위치'의 뜻을 더하는 접미사"라며 '인터넷상' '전설상' '통신상' 등을 붙여 쓰도록 하고 있고요. 이 풀이에 따르면 지구도 구체적 공간이므로 '지구상'을 붙여 쓸 수 있었습니다.

'상2'와 '상26'은 서로 상충하는 면이 있지만, '지구상'으로 붙여 쓸 수도 있는 만큼, 그동안 누가 이에 대해 물어오면 위의 내용을 설명해 주면서 "헷갈리지 말고 그냥 붙여 쓰세요"라고 일러 주곤 했습니다.

그런데 국립국어원이 2008년에 누리집의 〈표준국어대사전〉에서 '상2'의 뜻풀이 ③에 "물체의 위나 위쪽을 이르는 말"이라는 설명은 그대로 둔 채 사용례에서 '지구 상의 생물'은 남겨 두고 '지갑을 도로 상에서 주웠다'는 없앴습니다. 또 '상26'의 뜻풀이에서는 "'구체적인 또는 추상적인 공간에서의 한 위치'의 뜻을 더하는 접미사"를 "추상적인 공간에서의 한 위치의 뜻을 더하는 접미사"로 고쳤습니다. '구체적'을 빼버림으로써 '지구 상'으로 띄어 쓰는 것에 힘을 실어 준 것이죠. 하지만 이것은 정말 '개악'이었습니다.

우선 지구를 추상적 공간이 아닌 구체적 물체로만 보는 시각에 문제가 있었습니다. '지구'는 물체인 동시에 '인류의 생활 터전'이라는 추상적 의미도 지닌 말이니까요. '지구상의 인류는 그동안 끊임없이 자연에 도전하면서…' 따위 표현에서 '지구상의 인류'를 '지구 위의 인류'로 바꾸기에는 말맛이 영 살지 않잖아요.

또 '지구 상'이라면 '지구 위'인데, '지구 상의 생물'은 지중

생물이나 수생생물도 통틀어 이르는 말입니다. 즉 '지구 위'뿐 아니라 '지구 속' 생물도 가리키는 것이죠. '상上'의 의미가 거의 없습니다.

반면 '도로 상에서 지갑을 주웠다'는 '도로 위에서 지갑을 주웠다'로 바꿔도 아주 편합니다. 그런데도 '도로 상'은 없애 버리고, '지구 상'만 살려 놓은 사용례는 잘못돼도 한참 잘못된 것이었습니다.

그래서 제가 〈건방진 우리말 달인〉에서 "이 부분은 '상2'의 사용례에서 '지구 상'만 없앴으면 띄어쓰기의 통일성을 유지하면서 간단히 해결될 문제였다. 그러나 국립국어원이 엉뚱하게 고쳐 놓는 바람에 사람들만 더욱 헷갈리게 됐다"라고 한마디 했죠.

그러면서 "'하下'는 상·중·하일 때만 빼고, '식민지하' '원칙하' '책임하' '교각하' 등 어떤 말 뒤에서는 무조건 붙여 쓴다. 상上도 그래야 한다"라고 지적했습니다. 그런데 지금은 어떻게 된 줄 아세요? 바로 제가 얘기한 대로 '관계상' '미관상' '사실상' '인터넷상' '통신상' '지구상' '지도상' '도로상' 등 묻지도 따지지도 말고 그냥 붙여 쓰면 맞게 됐답니다.

제가 띄어쓰기를 완벽하게 적용하기 힘들다고 얘기한 것이 바로 이런 점 때문입니다. 새로운 말들이 생기고, 사람들이 어떤 경향을 보이면서 기준이 늘 바뀌거든요.

'띄어쓰기'만
붙여 쓰는 이유

　　　　　우리말에 '띄어쓰다'라는 동사는 없습니다. "붓, 펜, 연필과 같이 선을 그을 수 있는 도구로 종이 따위에 획을 그어서 일정한 글자의 모양이 이루어지게 하다"나 "머릿속의 생각을 종이 혹은 이와 유사한 대상 따위에 글로 나타내다"를 뜻하는 '쓰다'가 보조용언으로 쓰이지도 않죠. 따라서 '띄어 쓰다' 꼴의 말은 모두 띄어 써야 합니다.

　그러나 "글을 쓸 때, 각 낱말을 띄어 쓰는 일"을 뜻하는 말, 즉 언어학적 전문용어로 '띄어쓰기'가 사전에 올라 있습니다. 이의 반대말은 '붙여쓰기'입니다.

　결국 "띄어쓰기는 정말 힘들다"나 "이 띄어쓰기가 맞나요" 따위처럼 '띄어쓰기법' 그 자체를 뜻하는 '띄어쓰기'는 붙여 쓰지만, "이럴 때는 띄어 쓰기보다는 붙여 쓰는 것이 좋다" "꼭 띄어 쓰세요" 등처럼 띄어 쓰는 행위 등을 나타낼 때는 띄어 써야 합니다. '붙여쓰기'도 마찬가지고요.

'노래하다'는 붙이고, ✎
'음악 하다'는 띄고

"음악 하는 친구를 만났다"에서 '하다'는 반드시 띄어 써야 합니다. 반면 "일하는 친구를 만났다"의 '하다'는 무조건 붙여 씁니다. 왜 그러는 걸까요?

'하다'의 품사는 두 가지입니다. 하나는 '동사'이고, 다른 하나는 명사 뒤에 붙어 동사와 형용사를 만드는 '접사'죠. '빨래'에 '하다'가 붙은 '빨래하다'와 '노래'에 '하다'가 붙은 '노래하다' 따위가 후자의 경우로, 이런 '하다'는 꼭 붙여 써야 합니다. '접사'이기 때문이죠. 이렇게 만들어진 동사나 형용사는 반드시 국어사전에 오르게 돼 있습니다.

그러나 전자, 즉 동사로 쓰인 '하다'는 띄어 써야 합니다. "어떤 직업이나 분야에 종사하거나 사업체 따위를 경영하다"를 뜻하는 '하다' 역시 앞의 명사와 띄어 써야 합니다.

'음악하다'가 하나의 동사처럼 보이기는 하지만, '피아노하다' '회사하다' '가게하다' '선생하다' '음식점하다' 따위는 무척 어색합니다. 이런 말은 당연히 국어사전에도 올라 있지 않죠. 그런 말은 모두 띄어 써야 합니다. 띄어쓰기를 제대로 하려면 국어사전을 많이 뒤져야 한다는 말을 괜히 하는 것이 아닙니다.

'-ㄹ라치면' '-ㄹ망정' '-ㄹ뿐더러' '-ㄹ수록'

'뿐'의 품사는 의존명사와 보조사, 두 가지입니다. 의존명사일 때는 띄어 쓰고, 보조사일 때는 붙여 씁니다.

그중 의존명사인 '뿐'은 ㄹ을 지닌 관형형 뒤에 오는 '뿐'과 '-다 뿐이지'로 쓰이는 '뿐'입니다. 즉 "소문으로만 들었을 뿐이네" "그는 웃고만 있을 뿐이다" "모두들 구경만 할 뿐 누구 하나 거드는 이가 없었다" "학생들은 약간 기가 질려서 눈만 말똥거릴 뿐 대뜸 반응은 없다" "이름이 나지 않았다 뿐이지 참 성실한 사람이다" 등의 '뿐'은 띄어 씁니다.

그러나 이 밖의 '뿐'은 무조건 붙여 써야 합니다. "이제 믿을 것은 오직 실력뿐이다" "우리 민족의 염원은 통일뿐이다" "가진 것은 이것뿐이다" "그는 가족들에게뿐만 아니라 이웃들에게도 언제나 웃는 얼굴로 대했다" 따위가 그런 예입니다. 이때의 '뿐'은 "'그것만이고 더는 없음' 또는 '오직 그렇게 하거나 그러하다는 것'을 나타내는 보조사"랍니다.

그런데요. '뿐'이 ㄹ을 지닌 관형형 뒤에 올 경우 띄어 쓰는 것과 달리 '어릴망정'은 '어릴 망정'처럼 띄어 쓰지 않고 붙여 씁니다. 그 이유는 뭘까요?

대부분 'ㄹ' 뒤에 오는 말은 띄어 쓰는 것으로 생각합니다. 그러나 '-ㄹ거나'(지금 잘거나) 'ㄹ걸'(말이나 해 볼걸) 'ㄹ라치면'(일을 할라치면 꼭 방해한다) '-ㄹ망정'(몸은 떠날망정 마음은 두고 간다) '-ㄹ뿐더러'(새 일꾼이 일도 잘할뿐더러 성격도 좋다) '-ㄹ수록'(많으면 많을수록 좋다) '-ㄹ지언정'(가난하게 살지언정 비굴하게 굴지는 마라) 등은 ㄹ을 포함해 하나의 어미가 됩니다. 이런 말들은 'ㄹ'과 뒤의 말을 띄어 써서는 안 됩니다. 'ㄹ' 앞에 받침이 있으면 'ㄹ'이 '을'로 변하는 것도 잊지 마시고요. '가다'는 '가+ㄹ수록=갈수록'이 되지만 '먹다'는 '먹+을수록=먹을수록'이 되는 겁니다.

다른 말로 바꿀 수 있는 ✎
'데'는 띄어 쓴다

'데'의 띄어쓰기를 어렵게 생각하는 사람이 꽤 많습니다. '데'가 의존명사로 쓰이기도 하고 어미의 일부이기도 한데, 이를 구별하기가 쉽지 않기 때문일 겁니다. 그러나 조금의 요령만 알면 '데'의 띄어쓰기는 정말 쉽습니다.

우선 '-ㄹ데'라는 어미는 없으므로, 'ㄹ' 받침 뒤에 오는 '데'는 무조건 띄어 쓰면 됩니다. "오갈 데가 없다" "그릇을 놓을 데가 마땅치 않다" 따위처럼요.

'데'의 띄어쓰기가 진짜 헷갈리는 것은 '데'가 'ㄴ' 받침(또
는 '은'과 '는') 뒤에 오는 경우죠. 하지만 이때도 "의존명사 '데'
는 여러 의미를 가지고 있으므로, '데'를 '곳(장소)' '일' '것' '경
우' 등의 다른 말로 바꿔 쓸 수 있을 때는 띄어 쓴다"는 것만 알
면, 간단히 구분할 수 있습니다.

"그가 사는 데(곳)는 여기서 멀다" "사람을 돕는 데(일)에
애 어른이 어디 있겠습니까" "그 사람은 오직 졸업장을 따는
데(것) 목적이 있는 듯 전공 공부에는 전혀 관심이 없다" "머리
아픈 데(경우) 먹는 약" 등이 띄어 쓰는 '데'의 사례입니다. 예
문에서 보듯이 이들 표현은 '데'를 다른 말로 바꿔 써도 의미가
통한다는 공통점이 있습니다.

반면 "내가 밥을 먹는데, 그가 갑자기 숟가락을 빼앗았다"
의 문장에서는 '데'를 다른 말로 바꿔 쓸 수가 없습니다. 이럴
때는 '는데'가 연결어미로 쓰인 것입니다.

또 '데' 뒤에 '에' 등 조사를 붙여 말이 되면 띄어 쓰고, 말이
안 되면 붙여 쓰는 방법도 있습니다. "집에 오는데에 비가 오
기 시작했다"는 말이 안 되니, "집에 오는데 비가 오기 시작했
다"로 '데'를 붙여 씁니다. 반면 "오갈 데가 없다" "그 일을 하
는 데는 3일이나 걸린다" "이 일을 하는 데에 며칠이 걸리겠
니?" 등은 '데' 뒤에 '가, 는, 에' 같은 조사가 붙어도 자연스럽

게 읽힙니다. 의존명사이니까 조사가 붙는 것이 자연스럽죠. 아울러 의존명사이니까 당연히 띄어 써야 하고요.

'~하는 데다' 꼴의 말도 '~하는 것에다' 따위로 바꿔 쓸 수 있으므로, 이런 '데'는 띄어 씁니다.

정말 어려운   ✎
'잘하다'의 띄어쓰기

'잘 하다'와 '잘하다'를 구분해 쓰기란 사실 거의 불가능하다고 봅니다. 아니, 무의미할 수도 있습니다. 우리말에서 부사 '잘'은 아래와 같이 그 쓰임이 아주 폭넓습니다.

옳고 바르게(마음을 잘 써야 복을 받는다)

좋고 훌륭하게(아들을 잘 뒀다)

익숙하고 능란하게(그는 민요를 아주 잘 부른다)

자세하고 정확하게 또는 분명하고 또렷이(잘 듣고 따라 하시오)

아주 적절하게 또는 아주 알맞게(잘 익은 수박 / 옷이 잘 맞는다)

아무 탈 없이 편하고 순조롭게(잘 가거라)

버릇으로 자주(잘 놀란다)

유감없이 충분하게(이번 일은 잘 생각해서 결정해라)

아주 만족스럽게(한숨 잘 잤다)

예사롭거나 쉽게(남에게 잘 속는다)

기능 면에서 아주 만족스럽게(칼이 잘 든다)

친절하게 성의껏(잘 대해 준다)

아주 멋지게 또는 아름답고 예쁘게(잘 차려입다 / 사진이 잘 나왔다)

충분하고 넉넉하게(못 돼도 백 냥은 잘 될 것이다)

　그런데 이런 부사 '잘'에 '-하다'가 붙어 이뤄진 용언 '잘하다' 역시 마찬가지입니다.

옳고 바르게 하다(그러기에 평소 처신을 잘해야지)

좋고 훌륭하게 하다(살림을 잘한다)

익숙하고 능란하게 하다(그는 노래를 아주 잘한다)

버릇으로 자주 하다(그는 거짓말을 잘한다)

음식 따위를 즐겨 먹다(그는 술을 잘한다)

(반어적으로) 하는 짓이 못마땅하다는 뜻을 나타낸다(흥, 잘하는 짓이다)

(주로 '잘하면' 꼴로 추측을 나타내는 문장 앞에 쓰여) '운이나 여건 따위가 좋으면' '여차하면'의 뜻을 나타낸다(잘하면 올해도 풍년이 들겠다 / 잘하면 네가 나를 치겠구나)

(주로 '잘해서' '잘해야' 꼴로 쓰여) '넉넉잡아서' '넉넉잡아야' '고작'의

뜻을 나타낸다(잘해야 열 사람 중 한두 사람만 통과할 수 있다)

친절히 성의껏 대하다(부모에게 잘해라)

　자, 위의 예문들을 봤을 때 '잘 하다'와 '잘하다'를 구분해 쓸 수 있겠습니까? 아니, 꼭 구분해 써야 할 필요가 있을까요? 제 생각으로는 군이 '잘 하다'와 '잘하다'를 구분해 쓸 필요는 없을 듯합니다. 그냥 '잘하다'로 붙여 쓰면 99% 맞습니다.

　그보다는 '잘 생기다'와 '잘생기다', '잘 나가다'와 '잘나가다' 등처럼 띄어쓰기를 구분해 써야 하는 것에 더 신경 써야 합니다. "사람의 얼굴이나 풍채가 훤하여 훌륭하다" "물건의 모양이 미끈하여 보기에 좋다"는 뜻의 말은 '잘생기다'로 붙여 써야 합니다. 하지만 "팔에 상처가 잘 생긴다" 따위 문장에서는 '잘 생기다'로 띄어 써야 하고요. 즉 '못생기다'의 반대 개념으로 쓰인 '잘생기다'는 붙여 쓰지만, "자주 발생한다"나 "좋게 발생한다" 등의 '잘 생기다'는 띄어 써야 합니다.

　또 "사회적으로 계속 성공하다"를 뜻하는 '잘나가다'는 붙여 써야 하지만, "일정한 지역이나 공간의 범위와 관련해 그 안에서 밖으로 이동하다" "생산되거나 만들어져 사회에 퍼지다" "일정한 직장 또는 일터를 다니거나 떠나다" "값이나 무게 따위가 어느 정도에 이르다" 등 아주 다양한 의미로 사용되는 '나가다'를 꾸며주는 '잘'은 띄어 써야 합니다. "민용이는 잘 나가는 제품을 많이 기획한 덕에 회사에서 잘나가는 직원이 됐다"처럼요.

이 밖에 "의생활에 부족함 없이 좋은 옷을 입다"나 "옷을 안목 있게 입다"의 뜻을 나타내는 '잘입다'는 붙여 쓰고, "철에 맞게 옷 좀 잘 입고 다녀라"라는 문장에서는 '잘 입다'를 띄어 써야 한다는 것이 제 생각입니다. 왜냐하면 "너무 놀라서 옷도 못 입고 밖으로 뛰쳐나왔다"의 '못 입다'와 "패션 감각이 떨어지는지 민용이는 옷을 못입는다는 소리를 듣는다"의 '못입다'는 의미가 전혀 다르거든요. '잘 입다'와 '잘입다'도 마찬가지죠. 다만 현재 일부 국어사전에 올라 있는 '잘입다'와 '못입다'가 〈표준국어대사전〉에는 등재돼 있지 않습니다. 그러나 조만간 붙여 쓰는 '잘입다'와 '못입다'를 국립국어원도 인정할 것이 분명합니다. 그것이 띄어쓰기 규정에 맞으니까요.

'못생겼다'는 붙이고
'못 먹는다'는 띈다

우리말에서 '못'은 주로 동사 앞에 쓰여 '그 동사가 나타내는 동작을 할 수 없다거나 상태가 이루어지지 않았다는 부정의 뜻'을 나타냅니다. "술을 못 마신다" "초등학교도 못 마쳤다" "잠을 못 잤다" "그는 아무도 못 말린다" "어제는 일을 못 했다"따위가 그렇게 쓰인 '못'이죠. 이들 말에서 '못'을 빼면 "술을 마신다""초등학교는 마쳤다""잠을 잤다""그는 아무나 말린다""어제는 일을 했다" 등처럼 정반대의 표현이 됩니다. 이런 '못'은 부사이므로 반드시 띄어 써야 합니다.

그런데 '못' 뒤에 '하다'가 올 때 '못'을 띄어 써야 하는지, 아니면 붙여 써야 하는지 헷갈리게 합니다. 동사와 형용사 그리고 보조동사와 보조형용사로 두루 쓰이는 '못하다'라는 말이 따로 있기 때문이죠. 하지만 다음의 내용만 잊지 않으면 이 또한 쉽게 구분할 수 있습니다.

우선 보조동사나 보조형용사로 쓰이는 '못하다' 앞에는 반드시 '-지'나 '-다'가 오게 됩니다. "눈물 때문에 말을 잇지 못했다""편안하지 못하다""보다 못해 간섭을 했다" 따위처럼 말이죠. 따라서 이런 '못하다'는 구분이 쉽습니다.

문제는 동사나 형용사로 쓰이는 '못하다'인데요. 이런 '못하다'는 "어떤 일을 일정한 수준에 못 미치게 하거나, 그 일을 할 능력이 없다(부족하다)""비교 대상에 미치지 아니하다""('못해도' 꼴로 쓰여) 아무리 적게 잡아도" 등의 뜻을 지닙니다. '하다'의 정반대 개념은 없는 것이죠.

"노래를 못합니다""술을 못합니다""음식 맛이 예전보다 못하다""아무리 못해도 스무 명은 족히 넘을 것이다" 등이 붙여 쓰는 '못하다'의 사례인데요. 이들 표현을 보면 '부정'보다는

'비교'의 개념이 강합니다.

 "노래를 못한다"와 "술을 못한다"도 '노래를 하지 못한다'가 아니라 '노래를 남보다 잘 부르지 못한다'는 뜻이며, '술을 못 마시다'가 아니라 '술에 약하다'는 의미입니다. 이런 '못하다'는 붙여 써야 합니다. 이와 달리 "부장이 마이크를 독차지해 노래를 못 했다(불렀다)"라거나 "집에 일찍 들어가느라 맥주 한 잔도 못 했다(마셨다)" 따위의 '못 하다'는 띄어 써야 합니다. 이때의 '못'은 부정의 의미를 띠고 있으니까요.

 아울러 앞에서 얘기한, 붙여 쓰는 '잘생기다'에 대립하는 말 '못생기다(생김새가 보통에 미치지 못하다)'도 꼭 붙여 써야 합니다.

죽 끓듯 하는
'듯'의 띄어쓰기

 '듯'과 관련해 띄어쓰기가 헷갈리는 경우 역시 뒤에 '하다'가 이어질 때입니다. "땀이 비 오듯 합니다" "그는 돈을 물 쓰듯 합니다" "변덕이 죽 끓듯 합니다" 등의 표현에서 '하다'를 붙여 써야 하는지, 아니면 띄어 써야 하는지 헷갈리는 거죠.

정답부터 말하면 위와 같은 경우에는 띄어 써야 합니다. 이때의 '듯'은 어미로서, '듯이'가 줄어든 말이기도 하니까요. 이 때문에 위의 문장은 "땀이 비 오듯이 합니다" "그는 돈을 물 쓰듯이 합니다" "변덕이 죽 끓듯이 합니다" 따위로 써도 아주 자연스럽습니다. 결국 '듯' 뒤에 '이'를 붙여서 '듯이'로 써도 읽는 것이 자연스러우면 '하다'는 띄어 써야 합니다.

반면 "비가 온 듯하다" "기차가 연착할 듯하다" "이 모자는 네가 쓰면 작을 듯하다" 같은 문장의 '듯하다'는 붙여 써야 합니다. 이때의 '듯하다'는 그 자체로 보조형용사이거든요. 이런 보조형용사 앞에는 반드시 'ㄹ'이나 'ㄴ' 받침을 가진 관형사형이 오게 되죠.

결국 '듯'과 '하다'는 앞에 용언의 어간이 있으면 '듯'을 그 어간에 붙이고 '하다'는 띄어 씁니다. 이때는 '듯' 뒤에 '-이'를 붙여도 아주 자연스럽습니다. 반면 앞에 'ㄹ'과 'ㄴ'을 가진 관형사형이 있으면 '듯하다'를 붙여 쓰고 앞말과는 띄어 씁니다.

다만 본용언과 보조용언은 띄어 쓰는 것이 원칙이지만 붙여 쓰는 것도 허용됩니다. "비가 온 듯하다" "기차가 연착할 듯하다" "이 모자는 네가 쓰면 작을 듯하다" 따위가 원칙이지만, "비가 온듯하다" "기차가 연착할듯하다" "이 모자는 네가 쓰면 작을듯하다" 등으로 쓸 수도 있다는 얘기입니다.

한편 '듯하다'와 똑같은 의미를 지닌 '듯싶다'가 있습니다. 이 말은 절대 '듯'과 '싶다'를 띄어 써서는 안 됩니다. 아울러 어떤 문장을 쓰면서 앞에 '듯하다'를 썼는데, 다음 문장에서 또다시 '듯하다'를 써야 하는 경우가 생기면, 이때는 '듯하다'를 '듯싶다'로 바꿔 주는 것이 좋습니다. 한 글에서 똑같은 서술어가 반복되면 읽는 맛을 떨어뜨리거든요.

일이 '안 돼' ✎
얼굴이 '안돼' 보인다

'안되다'는 붙여 써야 할 때가 있고, 띄어 써야 할 때도 있어 사람들을 헷갈리게 합니다. 하지만 이를 구분하는 법은 의외로 간단하답니다.

붙여 써야 하는 경우는 우선 "일, 현상, 물건 따위가 좋게 이루어지지 않다"(공부가 안돼서 잠깐 쉬고 있다) "사람이 훌륭하게 되지 못하다"(자식이 안되기를 바라는 부모는 없다) "일정한 수준이나 정도에 이르지 못하다"(이번 시험에서 우리 중 안돼도 세 명은 합격할 것 같다) 등을 뜻할 때입니다. 이들 예문의 경우 '안되다'를 '잘되다'로 바꿔서 문장을 당초의 뜻과 반대의 의미로 만들 수 있다는 공통점이 있습니다. "자식이 안되기를 바라는 부모는 없다"가 "자식이 잘되기를 바라는 게 부모들이다"
처럼요. "이번 시험에서 우리 중 안돼도 세 명은 합격할 것 같
다"는 "이번 시험에서 우리 중 잘되면 세 명은 합격하겠지?"로
만들 수 있고요.

또 "섭섭하거나 가엾어 마음이 언짢다"(젊은 나이에 남편
을 잃고 고생하는 것을 보니 마음이 안됐다. / 혼자 보내기가 안돼서
역까지 배웅했다)거나 "근심이나 병 따위로 얼굴이 많이 상하
다"(몸살을 앓더니 얼굴이 많이 안됐구나)를 뜻할 때도 '안되다'를
붙여 씁니다. 이때의 구분도 앞의 내용과 비슷한데요. 이번엔
'안'을 없앨 경우 그 문장의 의미가 원래 뜻의 반대가 되면 '안'
을 띄어 쓰고, '안'을 없앨 경우 문장 자체가 안 되면 붙여 쓰는
것입니다.

예를 들어 "그것 참 안됐군"에서 '안'을 없앤 "그것 참 됐군"
이라는 표현은 쓰이지 않습니다. "얼굴이 많이 안됐구나"에서
도 마찬가지죠. '안'을 없애면 "얼굴이 많이 됐구나"가 되는데,
이렇게 표현하지는 않죠.

하지만 "너무 늦으면 안 된다"에서는 '안'을 없애 "늦어도
된다"는 표현을 만들 수 있습니다. 즉 '안'을 **없앰으로서**° 원래
문장의 반대 의미가 되는 거죠. 이럴 때는 '안'을 띄어 씁니다.
따라서 무언가를 저지할 때 쓰는 "안 돼!"는 띄어 써야 합니다.

결국 문장의 의미가 '된다'와 '안 된다'로 대립할 수 있는

경우에는 '안'을 띄어 쓰고, 그렇지 않은 경우에는 '안'을 붙여 쓴다고 생각하시면 됩니다.

없앰으로서 → 없앰으로써

조사 '으로서'는 "('ㄹ'을 제외한 받침 있는 체언에 붙어) 지위나 신분 또는 자격을 나타내는 격조사"로 쓰입니다 "자식으로서 마땅히 할 일" "사람으로서 어찌 그런 일을 할 수 있나" 따위가 '으로서'를 바르게 사용한 사례입니다. '으로서'는 또 "(예스러운 표현으로) 어떤 동작이 일어나거나 시작되는 곳을 나타내는 격조사"로도 쓰입니다. "남쪽으로서 햇빛이 들어온다"처럼요. 하지만 이런 용법으로 '으로서'를 쓰는 일은 거의 없습니다. 그냥 "남쪽으로 햇빛이 들어온다"라고 하죠.

반면 '으로써'는 "어떤 물건의 재료나 원료를 나타낼 때" "어떤 일의 수단이나 도구를 나타낼 때" "시간을 셈할 때 셈에 넣는 한계를 나타내거나 어떤 일의 기준이 되는 시간임을 나타낼 때" 등에 쓰입니다. "그가 하는 말이라면 콩으로써 메주를 쑨다고 해도 믿지 않는다" "그는 진실해야 한다는 이념으로써 나라를 다스렸다" "금년으로써 내 오랜 소원을 풀었다" 등처럼요. 특히 '으로써'는 "(주로 '-ㅁ/음' 뒤에 붙어) 어떤 일의 이유를 나타낼 때"도 쓰입니다. '제한함으로써' '않음으로써' 등처럼 '-ㅁ/음'을 붙여 명사형으로 만든 말 뒤에는 무조건 '으로써'가 오는 겁니다.

그건 그렇고요. 자격이나 신분을 나타낼 때는 '로서(으로서)'를 쓰고, 수단이나 방법을 나타낼 때는 '로써(으로써)'를 쓴다는 것은 여러분도 잘 아실 겁니다. 하지만 가끔은 그 구분이 모호할 때가 있습니다. 그때 '서'와 '써'를 100% 구분하는 법은 '서'와 '써'를 쓰지 않는 겁니다. 예를 들어 "경향신문 건물은 시민교육의 장으로( ) 제 역할을 다한다"라는 문장에서 괄호에 들어갈 말이 '서'인지 '써'인지 헷갈립니다. '시민교육의 장'이 자격인지 수단인지 모호하니까요. 바로 이럴 때는 괄호 부분에 아무것도 안 쓰면 됩니다. 그래도 문법에 어긋나지 않고, 의미 또한 통합니다. 그동안 이런 거 모르셨죠? 제 블로그에 이런 알짜배기 우리말 지식을 많이 올려놓을 거니까 자주 찾아 주세요.

‘적’으로

대신할 수 있는 ‘바’

    ‘바’의 띄어쓰기는 의외로 간단한데, 이를 어렵게 생각하는 분들이 많은 듯합니다. ‘바’는 불완전명사이므로 무조건 띄어 써야 합니다. 이와 달리 ‘바’가 들어가는 연결어미 ‘-ㄴ바(-은바/-는바)’는 무조건 붙여 써야 합니다.

    그런데 문제는 불완전명사 ‘바’ 앞에는 항상 ‘ㄴ’이 온다는 겁니다(‘ㄹ’도 오지만, ‘ㄹ바’라는 어미가 없으므로, ‘ㄹ’ 뒤에서는 ‘바’를 무조건 띄어 쓰면 됩니다). 이 때문에 언제 띄어 써야 하고, 언제 붙여 써야 하는지가 헷갈리는 거죠.

    하지만 우리말의 원리를 조금만 알면, 이를 쉽게 구분할 수 있습니다. ‘불완전명사 뒤에는 조사가 붙을 수 있지만, 어미 뒤에는 조사가 붙지 못한다’는 점만 알면 되는 거죠.

    예를 들어 ①“하천 유입을 사전에 차단한 바 있다”라는 문장에서는 ‘바’ 뒤에 조사 ‘가’나 ‘도’를 붙여도 ‘하천 유입을 사전에 차단한 바가 있다’ ‘하천 유입을 사전에 차단한 바도 있다’ 따위처럼 아주 자연스럽습니다. 이럴 때는 ‘바’가 불완전명사이므로 띄어 씁니다.

    그러나 ②“제가 조사한바 그것은 사실이 아니다”라는 문장의 ‘바’ 뒤에는 어느 말도 붙일 수 없습니다. ‘ㄴ바’가 어미로 쓰였기 때문이죠. 이때의 '바'는 무조건 붙여 씁니다.

즉 '바' 뒤에 조사를 붙여 말이 되면 띄어 쓰고, 도저히 조사가 붙을 수 없는 '바'는 붙여 쓰면 됩니다. 이것마저 헷갈리면 '바'를 '적'으로 바꿔 보는 방법도 있습니다.

"하천 유입을 사전에 차단한 바 있다"를 "하천 유입을 사전에 차단한 적 있다"로 바꿔 보는 거죠. 그렇게 바꿔도 말이 되면 띄어 쓰고, '바'를 '적'으로 바꿔서 말이 안 되면 붙여 쓰면 됩니다.

마침표 뒤의 '이 외'는 띄어 쓴다

사전에 '이외以外'가 올라 있다 보니 '이외에'를 무조건 붙여 쓰는 사람이 많습니다. 하지만 '이 외에'처럼 띄어 써야 할 때도 있습니다.

사전에 명사로 올라 있는 '이외'는 "일정한 범위나 한도의 밖"을 뜻하는 말로 "몇 끼를 굶었더니 먹을 것 이외에는 눈에 보이는 것이 없었다"라거나 "이곳은 관계자 이외의 사람이 들어올 수 없습니다" 따위로 쓰입니다. 이럴 때는 무조건 붙여 씁니다.

하지만 "여기 고기와 떡이 있다. 이 외에 먹고 싶은 것이 또 있니?"라고 했을 때의 '이 외에'는 조금 사정이 다릅니다. 이때는 "이것 외에"라는 뜻의 말로 지시대명사 '이'에 의존명사 '외'가 결합한 꼴로, 띄어 써야 합니다. 의미가 서로 비슷해 구분해 쓰기가 쉽지는 않지만, 몇 가지만 알면 어느 정도 구분해 쓸 수 있을 겁니다.

우선 띄어 쓰는 '이 외'는 '이'를 생략하고 쓸 수가 없습니다. 이와 달리 붙여 쓰는 '이외'는 '이'를 생략해도 문장을 이루는 데 아무 문제가 없습니다. "여기 고기와 떡이 있다. 이 외에 먹고 싶은 것이 또 있니?"를 "여기 고기와 떡이 있다. 외에 먹고 싶은 것이 또 있니?"라고는 못 쓰죠. 하지만 "이곳은 관계자 이외의 사람이 들어올 수 없습니다"는 "이곳은 관계자 외의 사람이 들어올 수 없습니다"라고 써도 어색하지 않습니다.

또 띄어 쓰는 '이 외'는 대개 문장의 시작 부분에 나오지만, 붙여 쓰는 '이외'는 문장 중간에 나오는 데다 그 앞에는 꼭 명사가 있게 됩니다. 앞의 예문들을 보면 그런 특징이 눈에 띌 겁니다.

띄어 쓰는 '이 외'의 '이'는 '이것'으로 바꿔도 문장의 흐름이 자연스럽지만, 붙여 쓰는 '이외'의 '이'는 '이것'으로 바꿀 경우 문장이 어색해진다는 것도 구분법 중 하나입니다.

"여기 고기와 떡이 있다. 이 외에 먹고 싶은 것이 또 있니?"

를 "여기 고기와 떡이 있다. 이것 외에 먹고 싶은 것이 또 있니?"로 써도 자연스럽지만, "이곳은 관계자 이외의 사람이 들어올 수 없습니다"를 "이곳은 관계자 이것 외의 사람이 들어올 수 없습니다"로 쓰면 아예 문장이 안 됩니다.

한편 '이 밖에'라는 말도 많이 쓰입니다. 이것은 묻지도 말고 따지지도 말고 무조건 띄어 써야 합니다.

이틀간 오간

서울~부산 간

띄어쓰기가 어려운 것은 같은 말을 두고서 어떤 때는 띄어 쓰고, 어떤 때는 붙여 써야 하는 등 이랬다저랬다 하기 때문입니다. '간間'도 그런 말 중 하나죠.

〈표준국어대사전〉은 "한 대상에서 다른 대상까지의 사이"(서울과 부산 간 야간열차) "(일부 명사 뒤에 쓰여) '관계'의 뜻을 나타내는 말"(부모와 자식 간에도 예의를 지켜야 한다) "('-고 -고 간에', '-거나 -거나 간에', '-든지 -든지 간에' 구성으로 쓰여) 앞에 나열된 말 가운데 어느 쪽인지를 가리지 않는다는 뜻을 나타내는 말"(공부를 하든지 운동을 하든지 간에 열심히만 해라)의 의미로 쓰인 '간'은 품사가 의존명사라고 밝히고 있습니

✦ [주의] '형제간' '부부간' '모녀간' 등처럼 가족의 관계를 나타내는 말 중에 하나의 단어로 굳어진 합성어는 붙여 써야 합니다. 이러한 말들은 국어사전에 등재돼 있으니, 사전을 참고하시기 바랍니다.

3부   띄어쓰기가 발라야 문장의 의미가 통한다

다. 이럴 때는 무조건 띄어 써야 합니다.

그러나 〈표준국어대사전〉은 거기서 그치지 않고, '간'이 "(기간을 나타내는 일부 명사 뒤에 붙어) '동안'의 뜻을 더하는 접미사"(이틀간, 한 달간, 삼십 일간)나 "(몇몇 명사 뒤에 붙어) '장소'의 뜻을 더하는 접미사"(대장간, 외양간)로도 쓰인다고 덧붙이고 있습니다. 이럴 때는 당연히 붙여 써야 하죠.

이처럼 같은 말이 의존명사로 쓰이기도 하고, 접미사로도 쓰이기 때문에 띄어쓰기가 헷갈리곤 합니다. 하지만 이렇게 생각하면 간단해집니다. '시간적 사이를 뜻할 때는 붙여 쓰고, 그 밖의 것은 띄어 쓴다'고요. 사실 외양간과 대장간 등의 간을 띄어 쓰는 사람은 없을 테니까요.

다만 여기서 주의할 것은 '형제간' '자매간' '부부간' '부자간' '모녀간' '숙질간' '고부간' 등처럼 가족의 관계를 나타내는 말 중에는 하나의 단어로 굳어진 합성어도 있다는 점입니다. 이들 말은 합성어이니 당연히 붙여 써야 합니다. 그리고 붙여 써야 하는 말들은 국어사전에 등재돼 있답니다.

또 '형제간'은 한 말인 만큼 홀로 쓰일 때는 붙여 써야 하지만 "자매와 형제 간에 싸움이 심했다"라고 할 때는 '자매'와 '형제'의 관계를 얘기하는 것이므로, '간'을 띄어 써야 합니다.

첫사랑은 붙이고,
첫 대면은 뗀다

        '첫'은 "맨 처음의"라는 의미를 지닐 때는 관형사입니다. 그러므로 무조건 띄어 써야 합니다. '첫 시험' '첫 월급' '첫 사건' 등처럼 말이죠.

  하지만 '첫'과 그 뒤에 오는 명사가 한 단어로 굳어진 합성어인 경우에는 붙여 써야 합니다. 그런 말에는 첫걸음, 첫길, 첫날밤, 첫눈, 첫닭, 첫마디, 첫사랑, 첫인사, 첫인상, 첫출발 등이 있습니다. 이런 말에는 '처음'의 의미가 있는 듯하지만, '처음'의 기준이 모호한 특징이 있습니다.

  예를 들어 '첫사랑'이 어떤 사람이 태어나서 처음으로 하는 사랑을 뜻하지는 않습니다. 저만 해도 제가 처음으로 사랑한 사람은 부모님일 겁니다(여기서 부모님이 아니면 이상한 사람이 되는 거죠?). 하지만 제가 '첫사랑'의 대상으로 꼽는 사람은 당연히 부모님이 아닙니다. 지금은 기억도 가물가물한 사람이죠.

  이렇듯 '처음'의 의미가 희석되거나 변형된 합성어들은 반드시 국어사전에 올라가기 마련입니다. 그러니 지금이라도 종이 국어사전을 펼쳐 '첫'으로 시작되는 말들을 죽 살펴보시기 바랍니다. 사전의 한 쪽 정도밖에 안 되는 분량이니, 금방 읽을 수 있을 겁니다. 그것들을 빼고는 다 띄어 쓰면 됩니다.

그리고 하나 더. "나는 오늘을 우리말 공부의 첫출발 일로 삼겠다"의 '첫출발'은 붙여 쓰지만, "오늘 서울역의 첫 출발 기차는 부산행 열차다"라고 할 때의 '첫 출발'은 띄어 써야 합니다. 무슨 의미인지 감이 오시죠?

'있다'와 '없다'의
띄어쓰기

'있다'는 동사와 형용사로, '없다'는 형용사로 쓰이는 말입니다. '있다'의 경우 예전에는 형용사로만 보았는데, 최근에는 동사로도 인정하고 있습니다.

이 '있다'와 '없다'는 대부분 띄어 써야 하는데, 이를 붙여 쓰는 사람이 참 많습니다. '있다'와 '없다'는 어느 말과 결합해 합성어가 된 말에서만 붙여 쓰고, 그렇지 않은 경우에는 무조건 두 눈 질끈 감고 띄어 쓰면 됩니다. 그중 '있다'가 붙은 합성어로는 '가만있다' '값있다' '관계있다(=상관있다)' '뜻있다' '맛있다' '멋있다' '빛있다' '재미있다' '지멸있다' 등이 있습니다. 이들 말은 당연히 국어사전에 올라 있습니다.

이들 외에 흔히 붙여 쓰는 '눈치 있다' '실속 있다' '쓸모 있다' '염치 있다' '의미 있다' '자신 있다' 등은 죄다 띄어 써야 합니다. 국어사전에 없는 말이거든요.

한편 '없다'가 붙은 합성어로는 '거침없다' '그지없다' '빈틈
없다' '손색없다' '스스럼없다' '엉터리없다' '틀림없다' '하염없
다' '관계없다(=상관없다)' 등이 있습니다. 이들 말은 합성어이
므로 당연히 붙여 써야 합니다. 반면 합성어가 아니어서 국어
사전에 올라 있지 않은 '거리낌 없다' '남김 없다' '부담 없다'
'필요 없다' 등은 띄어 써야 하고요.

결국 '있다'와 '없다'가 붙는 말 중에서 합성어인지 아닌지
가 헷갈릴 때는 국어사전을 뒤져 보는 것이 가장 확실한 구분
법입니다. 그렇게 국어사전을 반복적으로 뒤지다 보면 나름대
로 자기만의 구별법이 생기게 됩니다.

오늘따라 ✎

너 따라 가고 싶다

'따라' 역시 붙여 쓸 때와 띄어 쓸 때가 있
어 조심해야 합니다. 하지만 띄어 써야 하는 경우에는 대부분
맞게 쓰므로, 붙여 써야 하는 경우만 조심하면 됩니다.

즉 "오늘따라 택시도 안 잡힌다" "이상하게도 그날따라 전
화가 많이 왔어요" 따위처럼 "(주로 '오늘' '날' 따위의 체언 뒤에

붙어) 특별한 이유 없이 그 경우에만 공교롭게"의 뜻을 나타낼 때만 붙여 쓰면 되는 겁니다. 이때의 '따라'는 보조사이거든요.

이 밖의 것, 즉 "계절(에) 따라 다양한 꽃이 핀다" "어머니 (를) 따라 시장 구경을 갔다" "나(를) 따라 올래" "강(을) 따라 한참을 내려갔다" 들처럼 동사 '따르다'를 활용한 경우에는 무조건 띄어 써야 합니다.

'및'과 '등'은
무조건 띈다

'및'은 "그리고" "그 밖에" "또"의 뜻으로, 문장에서 같은 종류의 성분을 연결할 때 쓰는 말입니다. 품사로는 부사죠. 그러니 무조건 띄어 써야 합니다.

또 한자말인 등等은 "(명사나 어미 '-는' 뒤에 쓰여) 그 밖에도 같은 종류의 것이 더 있음을 나타내는 말" 또는 "(명사 뒤에 쓰여) 열거할 대상이 복수임을 나타내거나 그것들을 한정함을 나타내는 말"로 쓰이는 '명사'나 '의존명사'입니다. 그러니 이것 역시 무조건 띄어 써야 합니다. 한글맞춤법 제45항에서도 '겸' '및' '등' 따위는 무조건 띄어 쓴다고 했습니다.

그리고 한자말 '등'은 순우리말인 '들'로 바꿔 쓸 수도 있습니다. '들'은 '사람들' '나무들' '과일들' 따위처럼 "셀 수 있는 명사나 대명사 뒤에 붙어 '복수複數'의 뜻을 더하는 접미사"로 도 쓰이지만, "명사 뒤에 쓰여 두 개 이상의 사물을 나열할 때, 그 열거한 사물 모두를 가리키거나, 그 밖에 같은 종류의 사물 이 더 있음을 나타내는 말"로도 쓰입니다. "책상 위에 놓인 공 책, 신문, 지갑 들을 가방에 넣었다"나 "과일에는 사과, 배, 귤, 감 들이 있다"로 쓸 수도 있다는 거죠. 한자말 '등' 대신 순우 리말 '들'을 많이 쓰는 것도 나쁘지 않을 듯합니다.

하늘 같은 부모님의
주옥같은 말씀

　　　　　명사 다음에 '같은'이 오면 붙여 쓰는 사람 들이 많습니다. 하지만 '같다'는 형용사입니다. 접미사로는 절 대 쓰이지 않죠. 그렇다면 어떻게 써야겠어요? 그렇죠. 두 눈 딱 감고 띄어 써야 합니다. "대궐같은 집"이 아니라 "대궐 같은 집"인 겁니다.

　그러나 명사에 '같다'가 착 달라붙어 하나의 낱말로 새로 태어난 말들이 있습니다. 합성어요. 이런 것은 무조건 붙여 써 야 합니다.

감쪽같다, 감태같다, 개코같다, 굴뚝같다, 귀신같다, 금쪽같다, 꿈같다, 끝날같다, 납덩이같다, 다락같다, 당금같다, 댕돌같다, 득달같다, 득돌같다, 똑같다, 뚱딴지같다, 목석같다, 무쪽같다, 박속같다, 벼락같다, 벽력같다, 분통같다, 불같다, 불꽃같다, 불티같다, 비호같다, 생때같다, 성화같다, 실낱같다, 쏜살같다, 악착같다, 억척같다, 왕청같다, 장승같다, 전반같다, 주옥같다, 쥐뿔같다, 찰떡같다, 철벽같다, 철석같다, 철통같다, 철화같다, 추상같다, 하나같다, 한결같다 등이 제가 알고 있는 합성어들입니다. 욕으로 쓰이는 말로 몇 가지가 더 있는데, 이 책의 품위를 지키기 위해 뺐습니다. 그런 것은 블로그에 올려놓을게요. 그러니 블로그를 자주 찾아주세요. '모듬수육*'처럼 갖가지 맛의 우리말을 맛보게 되실 겁니다.

모듬수육 → 모둠수육

음식점에 가면 '모듬전'이나 '모듬순대'처럼 '모듬'이 붙은 음식들의 이름이 종종 눈에 띕니다. 하지만 '모듬'은 무조건 틀린 말입니다. 우리말에 '모드다'라는 말이 없으므로 '모듬'이란 말도 생길 수 없기 때문입니다. '모으다'가 있으니까 '모음'도 있고, '부르다'가 있어서 '부름'도 있는 거잖아요.
'모듬전'과 '모듬순대'는 '모둠전'과 '모둠순대'로 써야 합니다. 물론 '모둠'을 만든 '모두다'도 〈표준국어대사전〉에 없습니다. 당연히 표준어가 아닙니다. "한데 합치다"를 뜻하는 '모으다'의 옛말 또는 사투리로 생각되는 말이죠. 그런데요. 우리말에서 사투리가 표준어와 결합해 새로운 표준어를 만드는 일은 의외로 많습니다. "담이나 벽의 표면"을 뜻하는 '담벼락'도 그중 하나입니다. '담'은 표준어이지만, '벼락'은 "낭떠러지의 험하고 가파른 언덕"을 뜻하는 '벼랑'의 사투리거든요.

또 제가 저 앞에서 얘기했듯이 "가늘게 쪼갠 나무토막이나 기름한 토막의 낱개"를 뜻하는 말은 '개비'가 표준어이고 '가치' '까치' '개피' 등은 모두 사투리입니다. 그러나 "갑에 넣지 않고 낱개로 파는 담배"를 뜻하는 말은 '개비담배'가 아니라 '가치담배'입니다.

여기서 잠깐 샛길로 빠져 한마디 하면, 저는 '가치담배'가 정말 마음에 들지 않습니다. 제가 아는 사람 백이면 백 '낱개로 파는 담배'를 '까치담배'라고 하지, '가치담배'로 부르지는 않거든요. 포털 사이트에 일반인들이 올려놓은 글에서도 '까치담배'는 눈에 자주 띄지만 '가치담배'는 거의 찾아볼 수 없습니다. 따라서 '까치담배'는 '가치담배'와 복수 표준어가 돼야 한다고 생각합니다. 아울러 현재 표준어 '담'과 또 다른 표준어 '벽'이 더해진 '담벽'이 표준어가 아닌 것도 이해하기 힘듭니다. 현재 '담벼락'과 '담벽'은 어느 말이 더 우세하게 쓰이는지 가늠하기 어려울 정도로 둘 다 많이 쓰입니다. 그럼에도 '표준어+표준어'는 비표준어가 되고, '표준어+비표준어'만 표준어가 되는 것은 너무 이상합니다. '담벽' 역시 복수 표준어가 돼야 한다는 것이 제 생각입니다.

샛길에서 돌아와 얘기를 이어가면, 사투리 '모둠'과 표준어 '발'이 더해진 '모둠발'(가지런히 같은 자리에 모아 붙인 두 발)은 표준어입니다. "국물을 많이 넣은 냄비에 해산물이나 야채 따위의 여러 가지 재료를 넣고 끓이면서 먹는 일본식 요리"를 뜻하는 '모둠냄비'가 〈표준국어대사전〉에 올라 있기도 하고요. 이런 점을 살펴 국립국어원은 '온라인 가나다'에서 "전이 여러 종류 나오는 메뉴는 '모둠전'이라 한다"라고 밝히기도 했습니다. 따라서 '모듬수육'도 '모둠수육'으로 써야 합니다.

그런데요. 저는 이 대목에서 마뜩지 않은 것이 또 하나 있습니다. 국민적 먹거리도 아닌 일본식 요리 이름은 표제어로 올려놓으면서 어린 초등학생부터 호호백발 어르신까지 모두 알 만한 '모둠전'은 다루지 않고 있는 〈표준국어대사전〉. 이거 정말 너무한 거 아닙니까?

이런 것들도 블로그에 많이 올려놓을게요. 그러니 블로그를 자주 찾아주세요. '모둠수육'처럼 갖가지 맛의 우리말을 맛보게 되실 겁니다.

아무튼 "주옥같은 노래"의 '주옥같은'은 붙여 써야 하지만, "하늘 같은 은혜"의 '하늘 같은'은 띄어 써야 합니다. '하늘같다'가 국어사전에 없거든요.

너같이 나와 같이 갈

친구가 필요해

앞에서 말한 '같은'과 함께 '같이'도 무지 헷갈리는 말입니다. '같이'가 어떤 때는 부사로 쓰이지만, 어떤 때는 조사로도 쓰이기 때문이죠. 붙여 쓸 때가 있고, 띄어 쓸 때가 있다는 소리입니다.

우선 "(주로 격조사 '과/와' 뒤에 쓰여) 둘 이상의 사람이나 사물이 함께" 또는 "(주로 격조사 '과/와' 뒤에 쓰여) 어떤 상황이나 행동 따위와 다름이 없이"를 뜻할 때는 띄어 써야 합니다. "친구와 같이 사업을 했다" "선생님이 하는 것과 같이 하세요" 등처럼요.

이와 달리 '같이'가 "(체언 뒤에 붙어) '앞말이 보이는 전형적인 어떤 특징처럼'의 뜻을 나타내는 말" 또는 "(때를 나타내는 일부 명사 뒤에 붙어) 앞말이 나타내는 그때를 강조하는 말"로 쓰였을 때는 붙여 써야 합니다. "얼음장같이 차가운 방바닥" "눈같이 흰 박꽃" "새벽같이 떠났다" 따위처럼요.

뭔가 좀 감이 잡히시나요? 복잡하게 생각할 것 없습니다. 일단 앞에 '과/와'가 있거나 '과/와'를 넣어 자연스러우면 띄어 씁니다. 또 이때는 '같이'가 '함께'의 의미를 나타내게 됩니다. 이와 달리 '과/와'를 넣을 수 없는 '같이'는 붙여 씁니다. 아울러 '과/와'를 넣을 수 있는 듯하더라도, '같이'가 '함께'의 의미가 아니라 '처럼'의 뜻으로 쓰였을 때도 붙여 씁니다.

바뀔 것이 분명한 '받다'의 띄어쓰기

예전에는 '고통받다' '선물받다' '수업받다' 등의 '받다'는 무조건 띄어 썼습니다. 하지만 몇 년 전에 "(몇몇 명사 뒤에 붙어) '피동'의 뜻을 더하고 동사를 만드는 접미사"로 '-받다'가 〈표준국어대사전〉에 올랐습니다. 붙여 써야 하는 '-받다'가 생긴 거죠.

붙여 써야 하는 '-받다'로는 '강요받다' '고통받다' '복받다' '사랑받다' '은혜받다' '수업받다' 등이 있습니다. 이들 말의 특징을 보면 '강요' '고통' '수업' 등 받는 것의 구체적인 실물이 없다는 점입니다.

3부 띄어쓰기가 발라야 문장의 의미가 통한다

반면 '편지 받다' '월급 받다' '100점 받다' 등처럼 띄어 쓰는 '받다'는 받는 것이 구체적이며 실물이 존재합니다. 하지만 '받다'의 띄어쓰기는 앞으로 변화할 여지가 많습니다.

2023년 현재 국립국어원의 '온라인 가나다'에 따르면 '형사처벌 받다'는 띄어 써야 합니다. 그러나 '벌받다'를 붙여 써야 하므로 '처벌받다'도 붙여 쓸 수 있을 듯합니다. 이런 부분에서 국민들은 헷갈릴 수 있습니다.

또 "크리스마스 때 선물(을) 받았다"의 '선물(을) 받다'는 띄어 쓰지만 "크리스마스 때 모자를 선물받았다"의 '선물받다'는 붙여 써야 합니다. 그렇다면 "크리스마스 때 은혜받았다"의 '은혜받다'도 띄어 써야 하는 걸까요? 뭐가 뭔지 정말 헷갈립니다. 더욱이 〈표준국어대사전〉은 '선물'을 "남에게 어떤 물건 따위를 선사함. 또는 그 물건"으로만 뜻풀이를 해 놓았는데, 우리가 주고받는 선물에는 '웃음' '격려' '은혜' 등 물건이 아니거나 구체적인 행동이 수반되지 않는 것이 더 많습니다.

결국 '받다'의 띄어쓰기는 현재 미확정 상태로 봐야 합니다. 요즘 국민들이 '온라인 가나다'에 올리는 질문들을 종합해서 국립국어원이 '받다'의 띄어쓰기를 보완할 수밖에 없습니다. 이런 부분이 많기 때문에 띄어쓰기를 완벽하게 구사하기는 정말 어렵습니다. 저 우달이도 여러분과 똑같습니다. 그러니 너무 조바심 내지 말고 하나하나 함께 공부해 가자고요. 저도 계속 공부할 요량입니다.

　이 밖에도 헷갈리는 띄어쓰기가 정말 많습니다. 띄어쓰기만으로 책을 몇 권 쓸 수 있을 정도죠. 해서 제 블로그에 띄어쓰기와 관련한 내용을 꾸준히 올릴 생각입니다. 그러니 블로그에 자주 찾아와 주세요. 그리고 정 급하시면 국립국어원 누리집에 들어가 검색해 보는 것도 좋은 방법입니다. 아마 여러분이 궁금해하는 것은 다른 사람들도 궁금해서 '온라인 가나다'에 물어봤을 게 분명하고, 거기에는 국립국어원의 답변이 달려 있을 겁니다. 이를 잘 알기에 저도 하루에 몇 번씩 국립국어원 누리집에 들어가 궁금한 것들을 검색한답니다.

외래어표기법,
아는 만큼
바르게
쓸 수 있다

"말이 오르면 나라가 오르고, 말이 내리면 나라도 내린다."

국어학자이자 독립운동가이신 주시경 선생님이 하신 말씀입니다. 백 번 천 번 옳은 말씀이죠. 말과 글이 병들면 그 말과 글을 쓰는 이들의 정신도 피폐해지기 마련이고, 그런 정신으로 위대한 문화를 이룰 수는 없을 테니까요.

일본이 우리나라를 강점하면서 가장 힘쓴 정책도 '우리말글 말살'이었습니다. 우리말글을 없애는 것이 곧 한민족의 정신을 죽이는 것이라고 생각한 거죠. 하지만 우리의 할아버지와 할머니들은 우리말글을 지켜냈고, 그 정신으로 식민의 황폐함과 전쟁의 폐허를 딛고 지금의 경제 발전을 이뤄냈습니다.

우리나라가 놀라운 경제 발전을 이루고, 특히 IT 강국으로 발돋움하는 데는 한글의 힘이 컸습니다. 문자를 익히기 쉬우니 배움을 쌓기가 쉽고, 정보를 전달하거나 공유하기도 그만큼 수월하죠.

그런데 지금 우리 사회는 어떤가요. 우리의 곱고 예쁜 말들이 점점 사라져 가고 있습니다. 그 대신 딱딱한 어투의 한자말이나 유래도 알 수 없는 외래어가 넘쳐납니다.

지금 나이 50·60대만 하더라도 늘 입에 달고 살던 '동무'라는 고유어는 거의 사라지고, 그 자리를 한자말 '친구'가 대신하고 있습니다. 순우리말 '언니'와 '아우' 역시 '형님'과 '동생'이라는 한자말에 자리를 내주고 말았습니다. 예전에는 남자 형제들 사이에서도 순우리말 '언니'라는 말을 썼는데, 요즘에는 그랬다가는 이상한 눈길을 받기 십상입니다. 사람들이 그만큼 우리말을 모릅니다.

또 '모도리'(빈틈없이 아주 야무진 사람)를 '샤프한 사람'으로 부르거나 '슬기주머니'(남다른 재능을 지닌 사람을 비유적으로 이르는 말)를 '엘리트'라고만 이야기합니다. 마치 우리말을 쓰면 배움이 부족한 사람으로 취급받는 것이 요즘의 사회 분위기입니다. 참 안타깝습니다.

물론 세월이 흐르고, 그 속에서 지구촌이라는 말이 낯설지 않게 된 환경에서 옛것만 고집하는 것은 옳지 않습니다. 하지만 조금만 생각해 보세요. 30여 년 전에는 누구나 '신입생'이라고 하던 말이 이제는 '새내기'로 바뀌었습니다. 20여 년 전에 너나없이 쓰던 '인터체인지'가 지금은 '나들목'으로 바뀌기도 했고요.

말은 그런 겁니다. 쓰면 익숙해지고, 쓸수록 정겨워집니다. 그렇다고 해서 모든 외래어와 한자말을 순우리말로 쓰자는 얘기는 아닙니다. 우리말의 7할이 한자말인데, 이를 모두 순우리말로 바꿔 쓸 수도 없습니다. 하지만 한자어나 외래어와 경쟁해서 살아남을 말이 있으면, 같은 값이면 다홍치마라고 순우리말을 쓰는 게 좋지 않을까요?

예를 들어 '캠핑'이나 '야영'보다는 '들살이'가, 일본말 찌꺼기인 '삐끼'보다는 '여리꾼'을 쓰는 게 낫다는 얘기죠. 야영野營을 뜻하는 순우리말이 '들살이'이고, "상점 앞에 서서 손님을 끌어들여 물건을 사게 하고 주인에게 삯을 받는 사람"을 예부터 '여리꾼'이라 불렀거든요. '들살이'와 '여리꾼', 말의 느낌부터 괜찮지 않나요?

또 지금은 별로 쓰이지 않지만 살려 쓰면 좋은 순우리말을 억지로라도 찾아내 널리 퍼트릴 필요도 있다고 봅니다. 어느 언어든 그 가짓수가 많아야 건강하게 성장할 수 있기 때문이죠. 즉 숨어 있는 순우리말을 찾아 쓰는 것이 세계에서 가장 위대한 문자로 꼽히는 한글에 기운을 북돋우는 일입니다. 그뿐만 아니라 순우리말은 우리의 표현력을 키워 줍니다. 그런 순우리말을 익히다 보면, 그동안 잘못 쓰고 있던 말이 참 많다는 사실도 깨닫게 됩니다.

예를 들어 '성격이 까다롭고 잘 쏘는 성격'을 뜻하는 말로 여러분은 어떤 말을 쓰시겠습니까? 아마 가장 먼저 떠오르는 낱말은 '까칠하다'일 겁니다. 하지만 제가 **조 앞에서°** '까칠하다'는 "야위거나 메말라 살갗이나 털이 윤기가 없고 조금 거칠다"를 뜻하는 말이라고 얘기한 거 기억나시죠? 성격을 나타내기에는 좀 어색한 낱말이라고 했잖아요. 실제로 여러분도 "밤을 새웠더니 얼굴이 까칠하다" 따위처럼 피부를 얘기할 때 쓰실 거고요.

이렇듯 '까칠하다'를 쓸 수 없다면, '괴팍하다'를 생각하실지 모르겠네요. 하지만 "엄 대리 여자 친구는 괴팍한 게 매력이야"라고 하면 표현이 너무 어색합니다. 이럴 때는 '뾰롱뾰롱하다'가 제격입니다. "엄 대리 여자 친구는 뾰롱뾰롱한 게 매력이야"라고요. 여기서 '뾰롱뾰롱'은 "성미가 부드럽지 못해

조 앞에서

'저 앞'을 '조 앞'으로 써도 표기법에 어긋나는 것은 아닙니다. 다만 윗사람이나 불특정 다수에게는 '조'를 쓰지 않는 것이 좋습니다. '조'는 "'저'를 낮잡아 이르거나 귀엽게 이르는 말"이기 때문입니다.
'이 앞'도 '요 앞'으로 쓸 수 있습니다. 다만 '요' 역시 "'이'를 낮잡아 이르거나 귀엽게 이르는 말"입니다. 따라서 격식을 갖춰야 하는 관계보다는 친근한 사이에서 쓰는 것이 좋습니다.
그러나 '저기'의 뜻으로 쓰는 '조기'와 '여기'의 의미로 사용하는 '요기'에는 낮잡아 이르거나 귀엽게 이르는 의미가 없습니다. 그 대신 가리키는 범위가 '저기'보다는 '조기'가, '여기'보다는 '요기'가 좁다는 의미 차이가 있을 뿐입니다. 따라서 일상에서는 아무거나 써도 상관이 없습니다. 그게 그겁니다.
이렇게 설명을 하면 제가 오락가락하는 것처럼 들릴 듯한데요. 제가 오락가락하는 게 아니라 〈표준국어대사전〉 뜻풀이가 그렇습니다. 〈표준국어대사전〉을 꼭 교열 보고 싶다는 제 심정이 이해되시죠?

남을 대하는 것이 몹시 까다롭고 걸핏하면 톡톡 쏘기를 잘하는 모양"을 뜻하는 순우리말이랍니다. 어때요? '뾰롱뾰롱', 말맛이 참 귀엽지 않나요?

'달보드레하다'도 참 깜찍하면서 정겨운 순우리말입니다. '달보드레하다'가 무슨 뜻이냐고요? 바로 "약간 달큼한 맛"을 뜻합니다. 설탕처럼 강한 단맛이 아니라 기분 좋게 단 맛이죠.

이 밖에도 우리가 생활 속에서 살려 쓸 만한 순우리말은 참 많습니다. 듣는 것만으로도 왠지 정이 가는 말들이죠.

'푼더분하다'도 그중 하나로, "생김새가 두툼하고 탐스럽다" "여유가 있고 넉넉하다" "사람의 성품 따위가 옹졸하지 아니하고 활달하다" 등의 뜻으로 두루두루 쓸 수 있습니다. 말하는 입도 기분 좋고 듣는 귀도 즐거운 말이죠.

'앞짧은소리'와 '코대답'도 일상생활에서 우리의 표현력을 좀 더 높여 줄 말입니다. "엄 대리는 코대답으로 앞짧은소리를 하는 게 흠이야" 따위로 쓸 수 있는 '코대답'은 "건성으로 하는 대답"을 뜻하고, '앞짧은소리'는 "앞일을 짧게 내다보고 하는 소리"라는 뜻으로, 앞일을 제대로 내다보지 못하고 하는 말을 일컫는답니다.

이들 말 외에도 우리가 살려 쓰면 좋은 말이 참 많은데요. 그것을 일일이 알려 드리기에는 이 책의 지면이 부족합니다. 그래서 그런 말들을 제 블로그에 많이 올려놓을 생각입니다.

4부 외래어표기법, 아는 만큼 바르게 쓸 수 있다

'짜장' 같은 순우리말들을요.

여러분도 '짜장'이 무슨 뜻의 말인지 아시죠? 중국집의 짜장 아니냐고요? 아닙니다. 그 짜장은 중국말 작장炸醬을 자장 Zhajiang으로 부르던 것이 변한 말이고, 순우리말 '짜장'은 "과연 정말로"를 뜻한답니다. 만약 친구가 "오늘 저녁에 술 한잔 할까"라고 하면 "짜장"이라고 대답할 수 있는 말인 거죠.

또 흔히 "엄 대리는 왜 그렇게 티미(트미)하게 일을 처리하지"라고 할 때의 '티미(트미)하다'의 바른 순우리말은 '투미하다'입니다. 이런 알짜배기들을 많이 올려놓을게요.

아무튼 요즘 제 주위를 둘러보면 "부장님, A사 제안은 '리스크'가 커 '리젝'했습니다. B사의 전체 '가이드라인'이 좋으니 그것으로 '컨펌'해 주세요" 따위로 얘기하는가 하면 '더치페이'(각자 부담)나 '노하우'(비법, 비결, 기술, 방법, 경험) '리더십'(지도력) '세일'(할인 판매) '모티브'(동기) 등은 거의 생활언어가 되다시피 했습니다.

"부장님, A사 제안은 '위험 부담'이 커 '거부'했습니다. B사의 전체 '지침'이 좋으니 그것으로 '승인'해 주세요"라고 하면 의미 전달도 아주 명확해지고 좋은데, 왜 그러는지 모르겠습니다.

아무쪼록 살려 쓰면 좋은 순우리말을 공부해서 여러분 스스로가 자신의 언어생활을 더욱 빛나도록 만들 수 있게 제가 열심히 도울게요.

표기 규정을 배우되
규정의 노예는 되지 말자

제가 앞에서 띄어쓰기를 제대로 하기란 무척 어렵다고 했죠? 그런데 말이죠. 그보다 천 배 만 배 더 어려운 일이 있습니다. 바로 외래어를 완벽하게 표기하는 일입니다. 제가 장담하건대 우리나라에서 외래어 표기를 정확히 쓰는 사람은 단 한 명도 없습니다. 좀 심하게 말하면, 신이 있다고 해도 우리말에서 외래어를 완벽하게 적을 수는 없을 겁니다.

왜 그러냐고요? 왜긴 왜겠습니까. 모순투성이인 외래어표기법과 수시로 바뀌는 '줏대 없음' 때문이죠. 여기에 바른 국어생활의 모범이 돼야 할 신문과 방송이 자기들 기분대로 마구써 대는 탓도 무시하지 못합니다.

현재 우리나라 외래어 표기는 원음주의를 원칙으로 합니다. 현지음에 가깝게 적는다는 겁니다. 하지만 여기에는 하나의 전제가 있습니다. 바로 '우리 표기법'에 맞게 적는다는 거죠.

여기에서부터 혼란이 시작됩니다. 외국의 어느 소리를 우리말로 정확하게 적을 수는 없습니다. 또 같은 소리라도 사람에 따라 달리 들릴 수도 있고요. 그뿐만 아니라 우리에게 사투리가 있듯이 외국도 지방에 따라 사람들이 다른 소리를 냅니다. 영어의 경우는 영국식 발음과 미국식 발음이 확연히 다릅니다. 그런 것을 일일이 구분해 적을 필요는 없다고 생각합니다. 아니 그랬다가는 혼란만 더 부추길 겁니다.

그러기에 모든 나라는 외래어를 표기할 때 자기네 언어에 맞는 나름의 잣대를 갖고서 그에 맞춰 적습니다. 외래어 표기는 그 언어를 쓰는 외국인을 위한 것이 아니라 그 말을 듣는 자국인을 위한 것이기 때문이죠.

한 예로, 우리나라 국호는 '대한민국'입니다. 그런데 세계에서 우리나라를 'Daehanminguk'으로 적거나 소리 내는 나라는 없습니다. 그러기는커녕 오히려 우리의 영어 표기인 'Korea'를 'Coree'로 바꿔 쓰기도 합니다. 'Korea'와 'Coree' 외에도 우리나라를 표기하는 철자는 여럿 더 있습니다.

이러한 원칙에는 자국민에 대한 배려가 깔려 있습니다. '그 나라가 어떻게 소리 내든지 우리 국민이 이렇게 써 왔고 이렇게 쓰는 것이 편하다면, 이렇게 쓰는 것을 원칙으로 한다'는 게 외래어 적기의 근본정신인 겁니다.

우리도 마찬가지입니다. 미국에서 computer, water, milk를 [컴퓨터] [워터] [밀크]로 소리 내는 사람은 없습니다. 하지만 우리는 그렇게 적도록 하고 있습니다. 이런 것이 외래어 표기입니다. 어느 정도 교육을 받은 사람이라면 철자만 보고, 바른 한글 표기를 찾아갈 수 있도록 한 것이 외래어 표기 규정입니다. 따라서 현지의 발음과 우리의 외래어 표기에는 어느 정도 괴리가 있을 수밖에 없습니다.

그러다 보니 외국어를 좀 공부한 사람의 시선으로 볼 때는 외래어 표기가 너무 엉망입니다. 자신이 배운 발음과는 달라도 너무 다른 표기가 많기 때문이죠. 이런 까닭에 신문과 방송마다 달리 적는 외래어 표기도 많습니다. 어느 회사는 원칙을 따르고, 어느 회사는 독자들이 많이 쓰는 말을 따르고 하면서 벌어지는 현상입니다.

그런 데다 국립국어원과 정부·언론외래어공동심의위원회 등 외래어 표기를 관장하는 기관이 툭하면 표기 규정을 바꿔 외래어 표기를 더욱 어렵게 만듭니다. 그것도 일반 국민은 모르게 자기들끼리만 살짝요.

예를 하나 들어 볼게요. 여러분도 잘 아는 러시아의 작곡가 차이코프스키 있죠? 그 사람을 차이코프스키라고 쓰면 안 됩니다. 2006년부터 차이콥스키로 바뀌었거든요. 또 흐루시초프는 흐루쇼프로 개명(?)됐습니다. 루빈슈타인은 루빈시테인으로 바뀌었고요. 이에 앞서 베트남의 '호치민'이 '호찌민'으로 바뀌기도 했습니다.

그뿐만 아닙니다. 원소 이름과 화학용어 등도 예전과 크게 변했습니다. '요오드'는 '아이오딘'으로, 우리 귀에 아주 익숙한 '게르마늄'은 '저마늄'으로, '부탄가스'는 '뷰테인 가스'로, '프로판가스'는 '프로페인가스'로 써도 되는 말이 됐습니다. 원소 이름과 화학용어는 다 바뀌었다고 보면 됩니다. 국민들이 너무 혼란스러워할 것이 뻔하니까 기존의 용어들도 함께 사용할 수 있도록 했지만, 그 때문에 더욱 헷갈리는 일도 벌어지게 됐습니다.

이렇게 혼동투성이인 외래어 표기를 정확히 쓸 수 있겠습니까? 없습니다. 절대로 없습니다. 하지만 그렇다고 해서 외래어 표기를 깡그리 무시할 수는 없습니다. '래디오'를 '라디오'라 하고, '컨셉'을 '콘셉트'로 적는 기본 원칙은 알아야 합니다. 이런 원칙들은 쉬 변하지 않을 것이고, 그것을 알아야 정확한 정보를 얻을 수 있기 때문입니다. 공공문서 등은 외래어 표기 규정에 맞게 작성돼 있을 테니까요.

제가 외래어 표기 규정을 배우되 규정의 노예는 되지 말자고 한 것도 이 때문입니다. 알면서 다르게 쓰는 것과 몰라서 틀리게 쓰는 것은 정말 큰 차이입니다. 그래서 지금부터 몇 가지 규정을 알려 드리려고 합니다. 이것만 알면 외래어 표기를 90% 이상 제대로 쓸 수 있는 비법 중의 비법입니다. 복잡하지도 않습니다. 그러니까 이 정도는 꼭 기억해 두셨으면 좋겠습니다.

그리고 이것은 1급 비밀인데요. 제가 수년 전부터 여러 후배와 함께 지금까지 국립국어원과 정부·언론외래어공동위원회가 정한 외래어 표기들을 총정리하고 있습니다. 2023년 말이나 2024년 초면 완성판을 보여드릴 수 있을 듯합니다. 현재 〈표준국어대사전〉에 등재돼 있는 단어보다 몇 배는 많은 양입니다. 특히 맞는 표기만 다루지 않고, 잘못 쓰는 말들도 함께 정리해 바른 표기를 찾아갈 수 있도록 함으로써 실용성을 높였습니다. 그것을 제 블로그에 그대로 올려놓을 겁니다. 외래어 표기 검색에 관한 한 최고의 블로그가 될 수 있도록요. 기대하셔도 좋습니다.

어르신은
'노털'이 아니다

'개털'이라는 말 아시죠? "개털 같은 내 인생"이라고 할 때 쓰는 '개털' 말입니다. **말뽄새***가 좀 그렇지만

> ### 말뽄새 ⓧ 말본새 ◉
>
> "말뽄새가 사납다" 등처럼 "말하는 태도나 모양새"를 뜻하는 말로 '말뽄새'가 널리 쓰입니다. 하지만 이 말은 '말+본(本)+새'로 이루어진 말입니다. 줄여서 '말본'으로도 씁니다. 제가 저 앞에서 된소리 규정을 설명하며 "각각의 의미를 지닌 말들이 더해진 경우 예사소리가 된소리로 발음돼도 각각의 낱말은 원형을 밝혀 적어야 한다"라고 얘기한 거 기억나시죠? 특히 한자말은 한자의 음대로 적어야 한다고도 했죠? 그래서 '말본새'가 바른말입니다.
> 그리고 "이미 있는 대상을 본으로 삼아 그대로 좇아 만들다"를 뜻하는 표현으로 "뽄을 뜬다"라고 소리 내기도 하는데요. 이때의 '뽄' 역시 한자 '本'이므로 '본을 뜬다'라고 적어야 합니다.

'개털'은 당당한 표준어입니다. 우선 "쓸데없는 일이나 행동을 비유적으로 이르는 말"로 쓰입니다. "별짓을 다 해 봤지만 모두가 개털이었다"처럼요.

'개털'은 죄수들의 은어로 "돈이나 뒷줄이 없는 사람을 이르는 말"이기도 합니다. "우리 같은 개털은 몸으로 때우면서 징역을 사는 수밖에 없지" 따위로 쓰는 거죠.

또 '개털'은 "노름에서 돈을 다 잃어 개털이 됐다" 등의 문장에서 보듯이 "하찮은 신분"이나 "빈털털이"의 의미로도 확대 사용되고 있습니다. 여우·담비·토끼 등의 털은 아주 비싼 데다가 유용한 반면 개의 털은 쓰는 곳도 별로 없고 값도 형편없으니, '개털'은 참 기막히게 들어맞는 말인 듯싶습니다.

이 '개털'의 반대 의미로 쓰는 말이 '범털'입니다. 사람들은 대개 '범털'을 '개털'에 비유해서 우스갯소리로 만들어진 말로 생각하는데, 실제는 그렇지 않습니다. 국어사전에 올라 있는 당당한 표준어죠. 이 말 역시 죄수들의 은어로 "돈 많고 지적 수준이 높은 죄수"를 뜻합니다.

이처럼 '개털'이나 '범털'이라는 말이 널리 쓰이기 때문인지, 어르신을 낮춰 부르는 말로 '노털'이 아주 폭넓게 사용되고 있습니다. 노인의 상징이 하얗게 센 머리카락이나 수염이다 보니, "노인의 털"이나 "오래된 털"을 뜻하는 말쯤으로 생각해서 그리 쓰는 듯합니다.

하지만 '노털'은 순우리말이 아니라 외래어입니다. 바른 표기에도 어긋나고요. 자다가 봉창 두들기는˚ 소리 한다며 의아해하는 분도 있을 텐데요. 진짜로 '노털'은 중국어에서 온 말입니다.

이 말은 '노두아老頭兒'에서 유래했습니다. 청나라 건륭제의 일화를 담은 '노두아'를 중국인들은 "노인을 깔보고 무시하는 말"로 쓰면서 [라오터우얼]이라고 소리 냅니다. 이것이 우리나라에 들어오면서 '노틀'로 바뀌었습니다. 이 때문에 지금도 모든 국어사전에는 "늙은 남자를 속되게 이르는 말"로 '노틀'이 올라 있습니다. 거짓말 같지만 분명한 사실입니다. 반면 어떤

🔖 두들기는 → 두드리는

'두드리다'와 '두들기다'는 "소리가 나도록 잇따라 치거나 때리다"라는 의미는 거의 같습니다. 다만 두드린다는 '가볍게', 두들기다는 '세게'의 강도 차이가 있을 뿐입니다. 사전적 풀이도 '두드리다'에는 없는 '세게'가 '두들기다'에는 있습니다. 즉 가벼운 손기척('노크'를 뜻하는 북한 문화어)은 두드리는 것이고, 문을 부술 듯한 발길질은 두들기는 겁니다.

다만 사람들이 '두드리다'와 '두들기다'를 구분하지 않고 쓰는 일이 많다 보니, 국립국어원이 '두드려 패다'와 '두들겨 패다'를 같은 의미로 쓸 수 있도록 하는 등 그 경계가 점점 희미해지고 있습니다.

그러나 선생님이 학생을 격려하는 모습을 표현할 때 '어깨를 두들겼다'보다 '어깨를 두드렸다'로 쓰는 사람이 더 많습니다. 그게 훨씬 자연스러우니까요. 여러분도 '두들겨 팼다'는 어색하지 않지만, "두들기며 위로했다"는 좀 이상하게 느껴지시죠? '두드리다'와 '두들기다'의 의미 차이가 아직은 남아 있다고 봐야 합니다.

4부 외래어표기법, 아는 만큼 바르게 쓸 수 있다

국어사전에도 '노털'은 없습니다.

따라서 "나는 환갑을 살아온 노털 중의 한 사람으로서 그대들에게 간곡히 당부하고 싶다"(문화일보에 실렸던 고 이외수 님의 글 중에서) 등의 문장에서 보이는 '노털'은 '노틀'을 잘못 쓴 겁니다.

하지만 누군가 저에게 "외래말인 데다 대부분의 언중이 '노털'이라고 쓰는 말을 '노틀'로 고집하는 것이 옳으냐"라고 따져 묻는다면 저는 "옳지 않다"라고 대답할 겁니다. 우리가 글을 쓰는 것은 어떤 내용을 전하기 위함이지 표기법을 지키기 위함은 아니라고 생각합니다. 따라서 백이면 백 아무도 모르는 말을 표기법에 맞는다고 자기만 고집하는 것은 바른 언어 사용으로 보기 어렵습니다. 이는 방금 전에도 얘기한, 외래어 표기 규정을 알되 그것의 노예가 되지 말아야 하는 이유이기도 합니다. 외래어 표기에는 일반인들이 너나없이 쓰는 것과 너무 괴리되는 표기들이 정말 많습니다.

예를 들어 국립국어원의 우리말샘이 "재고품이나 이월 상품을 한곳에 모아 싸게 판매하는 곳"으로 뜻풀이를 해 놓은 '아울렛'의 규범 표기는 '아웃렛outlet'입니다. 하지만 그렇게 쓰는 사람은 없다고 봅니다. 또 "캄보디아 서북부에 있는 도시로 부근에 앙코르 와트의 유적이 있는 곳"을 사람들은 '시엠립'이나 '씨엠립'으로 부르지만 〈표준국어대사전〉에는 '시엠레 아프Siem Reap'로 올라 있습니다. 결국 외래어 표기를 규범 표기대로 쓰다가는 '별종'으로 오해받기 십상인 것이 현실입니다.

받침으로는 ✎
7가지만 쓴다

　　　　　　우리나라의 외래어표기법은 영어·독일어·프랑스어·스페인어 등 나라마다 조금씩 다릅니다. 이 때문에 철자가 같아도 우리말 표기는 달라지곤 합니다. 그것들을 모두 머리에 담고 살아갈 수는 없습니다. 따라서 이 책에서는 나라를 떠나 외래어들에 두루 적용할 수 있는 규칙들을 중심으로 설명하도록 하겠습니다.

　우선 모든 외래어 표기에서 받침은 'ㄱ, ㄴ, ㄹ, ㅁ, ㅂ, ㅅ, ㅇ'밖에 쓸 수가 없습니다. '북' '굿모닝' '스탶' '넽' 따위는 쓸 수 없다는 소리입니다. 'ㅋ'은 'ㄱ', 'ㄷ'이나 'ㅌ'은 'ㅅ', 'ㅍ'은 'ㅂ' 등 대표음으로 받침을 적어야 합니다. 특히 일본어에서는 'ㄴ'과 'ㅅ'밖에 쓸 수 없습니다.

외래어 받침은 'ㄱ, ㄴ, ㄹ, ㅁ, ㅂ, ㅅ, ㅇ' 7가지만 쓸 수 있다는 걸 기억하면 돼. 슈퍼마켙이 아니라 슈퍼마켓, 커피숖이 아니라 커피숍이 맞는 거지. 단, 케잌은 케익이 아니라 케이크!

외래어 표기, 쉽게 익히는 방법 있어?

된소리는
가급적 쓰지 않는다

외래어 표기에서는 'ㄲ, ㄸ, ㅃ, ㅆ, ㅉ' 등의 된소리는 거의 쓸 수 없습니다. 정확히 말하면 중국·일본·

태국·베트남 등 아시아 4개국을 제외하고는 절대 못 씁니다. '꽁뜨'는 '콩트', '빠리'는 '파리', '짤쯔부르크'는 '잘츠부르크'로 써야 하죠.

된소리를 쓸 수 있는 나라의 말도 아주 드물게 그러할 뿐이지, 대다수가 그런 것은 아닙니다. 일본어에서는 '쓰시마' 따위에서 보이는 '쓰'만을 쓸 수 있습니다. '쓰'도 다 되는 것이 아닙니다. '돈까쓰'는 '돈가스'가 맞는 표기입니다. 이 밖의 '쑤' '쏘' 따위는 안 됩니다. 'ㄲ, ㄸ, ㅃ, ㅉ' 등도 당연히 안 되고요. 이들 된소리는 예사소리나 거센소리로 적어야 합니다.

중국어에서는 'ㅆ'과 'ㅉ'을 쓸 수 있습니다. '쓰촨성(사천성)' '쑤저우(소주)' '쯔진청(자금성)' '마오쩌둥(모택동)' 등이 그런 예입니다. 하지만 중국어에서도 여전히 'ㄲ, ㄸ, ㅃ'은 쓸 수 없습니다.

한편 태국어와 베트남어 역시 2004년 말까지만 해도 'ㄲ, ㄸ, ㅃ, ㅆ, ㅉ' 등을 절대 쓸 수 없었습니다. 그런데 그 해 12월 말에 국립국어원이 바꿔 놓았습니다. 베트남어에서는 'ㄲ, ㄸ, ㅃ, ㅆ, ㅉ'을 모두 쓸 수 있도록 하고, 태국어에서 'ㄲ, ㄸ, ㅃ, ㅉ'을 허용하도록 말입니다. 이 때문에 '푸켓'은 '푸껫'으로, '파타니'는 '빠따니'로, '호치민'은 '호찌민'으로 바뀌었습니다.

하지만 이들 나라 외의 언어에서는 된소리로 적는 것이 단 하

나도 없습니다. 프랑스어든 이탈리아어든 러시아어든 **포르투칼**
어든 된소리는 모두 예사소리나 거센소리로 적어야 합니다.

📑 포르투칼 ⓧ 포르투갈 ◉

유럽 남부 이베리아반도 서쪽 끝에 있는 공화국 'Portugal'을 '포르투갈'로
적으라고 하는 것은 너무 뻔한 얘기죠. 그 뻔한 얘기를 하는 것은 여러분에
게 우리말 공부를 좀 더 잘할 수 있는 요령을 하나 알려 드리기 위함입니다.
뭐냐면요. '관련 있는 말들을 함께 정리해 두라는 것'입니다.

예를 들어 '틀리기 쉬운 색깔 표현' '틀리기 쉬운 동식물 이름' 'ㅏ(아)와 ㅓ
(어)가 헷갈리는 말' '잘못 알려진 유래담' 등을 메모장에 정리해 보는 겁니
다. 여러분이 평소에 잘못 쓰는 말에는 조금씩 공통점이 있기 마련이거든
요. '의'를 [에]로 소리 내는 습관이 있다든지, 현재의 지식과 상식보다 옛것
에 더 관심이 많다든지, 아주 다양한 이유 때문에 비슷한 유형의 말을 계속
잘못 쓰게 됩니다. 그런 원인들이 관련 있는 말들을 수집하고 정리하는 과
정에서 보이게 됩니다.

'호치민'은 '호찌민'이, '버마'는 '미얀마'가, '그루지야'는 '조지아'가, '콸라룸
푸르'는 '쿠알라룸푸르'가 바른 표기입니다. 이들은 예전에 쓰던 이름이 최
근에 바뀌었다는 공통점이 있습니다. 이런 것들이 보여야 합니다. 그래야
우리말을 효율적으로 공부할 수 있고, 기억 속에도 오래 남습니다.

특히 관련 있는 말들이 모이면 나중에 좋은 글감이 되기도 합니다. '개나리'
의 어원 하나만 알아서는 재미난 글을 쓰기 어렵지만, 개나리와 관련이 있
는 '진달래'의 어원을 알면 좀 더 재미난 글을 쓸 수 있습니다. 여기에 개나
리와 관련이 있는 듯하면서 없는 '개판 오 분 전'의 이야기를 곁들이면 그럴
싸한 글을 쓸 수 있게 됩니다.

지금 당장 인터넷 포털에서 '틀리기 쉬운 지명'을 검색하고, 그것들을 정리
해 보세요. 여러분 모두 우리말 고수를 넘어 글쓰기 고수가 될 것이라고 제
가 보증합니다.

모음도
단순화한다

외래어 표기에서는 이중모음이나 복모음을 싫어하는 경향이 있습니다. 가급적 모음을 단순화한다는 얘기입니다. 이 때문에 '미이라'를 '미라'로, '베르사이유'를 '베르사유'로, '잉글리쉬'를 '잉글리시'로, '쉘 위 댄스'를 '셸 위 댄스'로 써야 합니다.

특히 '스노우' '옐로우' '윈도우' 등처럼 모음 '오'와 '우'가 연이어지는 말의 경우 뒤의 '우'는 거의 예외 없이 생략합니다. 원래는 '무조건'인데, 영어권 등지의 합성어나 일본·중국어에서 각자 '오'와 '우'로 소리 나는 글자가 겹칠 수도 있기 때문에 '거의 예외 없이'라고 한 겁니다.

그런 말을 제외하고는 모조리, 즉 앞의 '스노우' '옐로우' '윈도우'는 모두 '스노' '옐로' '윈도'로 써야 합니다. '슈퍼보울'도 '슈퍼볼', '토우 미사일'도 '토 미사일', '소울'도 '솔', '아이샤도우'도 '아이섀도'가 바른 표기입니다.

여기서 하나 조심해야 할 말은 '알코올'입니다. 앞의 말대로라면 이 말은 '알콜'로 써야 할 듯합니다. 그러나 '요오드' '알코올' 등 화학용어 같은 학문적 언어는 애초부터 써오던 것을 바꿀 수 없는 점을 감안해 장모음을 그대로 쓰게 하고 있습니다.

더욱이 알코올은 철자가 모음을 단순화하는 것과는 거리가 멉니다. 이 얘기는 뒤에서 좀 더 자세히 설명해 드릴게요.

한편 밀가루에 물과 우유 등을 혼합해 만든 된반죽으로, 손으로 치대서 되게 만드는 반죽이 있습니다. 피자의 기본이 되는 '도우' 말입니다. 하지만 이것의 표기 또한 '도우'가 되기 힘듭니다. '레인보우'도 '레인보'가 바른 표기일 정도로 모음 '오'와 '우'가 연이어지는 것을 무척 싫어하거든요. 그렇다고 '도'를 바른 표기로 삼기도 좀 그렇습니다. "그 집은 피자 도우가 맛있다"를 "그 집은 피자 도가 맛있다"라고 하면 글맛이 나지 않는 것은 물론이고 의미 왜곡의 우려까지 있습니다. 이 때문인지 국립국어원도 '도우dough'의 바른 표기를 미지정 상태로 두고 있습니다.

비슷한 소릿값의 자음이
겹치는 것을 싫어한다

외래어 표기에서는 비슷한 음가(발음 기관의 기초적 조건에 의한 단위적 작용에 의해 생기는 성음 현상)가 겹치는 것을 아주 싫어합니다. 이는 우리말에서도 마찬가지죠. 〈어휘 편〉에서 '무릎팍'이 아니라 '무르팍'으로 써야 한다면서 얘기한 것 기억나시죠? 복습을 해 보면, '높히다'와 '덮히다'는

'높이다'나 '덮이다'와 '덥히다'로 씁니다. 'ㅍ'이 'ㅂ+ㅎ' 꼴이 므로 'ㅍ' 뒤에는 'ㅎ'이 안 옵니다. '붙히다'도 마찬가지입니다. '붙이다'로 써야 하죠.

아무튼 외래어 표기에서는 'ㄴ'이 연이어지거나 'ㅅ'과 'ㅈ', 'ㄱ'과 'ㅋ'이 겹치는 것을 가급적 피합니다. 예를 들자면 '런닝'이 아니라 '러닝'이고, '맛사지'가 아니라 '마사지'이며, '맥킨토시'가 아니라 '매킨토시'가 되는 식이죠. '사막의 여우'라는 별명으로 유명한 독일의 군인도 '롬멜'이 아니라 '로멜'입니다. '컨닝' '럭키' '랩퍼' '브릿지' 등도 '커닝' '러키' '래퍼' '브리지' 등으로 써야 하고요.

프랑스어 표기에서 자주 틀리는 말로 '칸느'나 '센느' '세잔느' 등이 있는데, 이들 역시 '칸' '센' '세잔' 따위로 적어야 합니다. '치명적인 여자'란 뜻으로 쓰이는 '팜므파탈'도 '팜파탈'이 바른 표기고요.

그러나 이와 달리 알파벳 엘(L)은 'ㄹ'을 두 번 연이어 적어야 합니다. 'play'를 '플레이'로 표기하는 식이죠. 그러니까 plaza를 '프라자'로 적는 것은 잘못입니다. '플라자'로 써야 합니다. 이 밖에 '핸드링'은 '핸들링', '곤도라'는 '곤돌라', '그라스'는 '글라스'가 맞는 표기입니다.

다만 '칸나(홍초과의 여러해살이풀)'처럼 아주 드물게 비슷하거나 같은 음가의 자음이 겹치는 말도 있다는 것을 알아 두시

기 바랍니다.

일본어에서는   ✎
어두에 거센소리를 못 쓴다

일본어 표기에서 어두에 거센소리가 오지 못한다는 것도 꼭 알아 둬야 합니다. 이것을 틀리는 사람이 무척 많거든요. 이게 무슨 소리냐 하면, 일본어 표기에서는 글자의 첫소리로 'ㅋ, ㅌ, ㅊ'이 오지 못한다는 겁니다. '큐슈' '토요타' '치바' 등으로는 쓸 수 없다는 소리죠. 이들 말의 첫소리는 예사소리로 적어야 합니다. '규슈' '도요타' '지바' 따위처럼요. 그러나 어중이나 어말에는 거센소리를 얼마든지 쓸 수 있습니다. '九州'를 '규슈'라고 적지만, '北九州'는 '기타큐슈'로 쓰는 식이죠.

또 일본어에서 '미츠비시'나 '후지쯔배 바둑대회'처럼 '츠'와 '쯔'를 쓰는 일이 흔한데, 이것들은 두 눈 딱 감고 '스'나 '쓰'로 쓰면 됩니다.

이 밖에 일본의 인명이나 지명은 한자음이 아니라 현지음으로 쓰는 것이 원칙입니다. 이때 성과 이름은 띄어 써야 하지만, 지명 뒤에 오는 도·도·부·현·시 등은 붙여 씁니다. 일본뿐아니라 다른 나라의 경우도 지명 뒤에 오는 '주' '시' '섬' '강'

등은 모두 붙여 씁니다.

중국어 표기에서는 🖊
신해혁명이 중요하다

현재 중국어 표기의 주요 규정 가운데 하나는 '신해혁명(1911년)' 이전의 인명과 지명은 한국 한자음으로 적되 그 이후는 표준 중국어 음으로 적는다는 것입니다. 따라서 우리 귀에 익숙한 '성룽' '주윤발' '유덕화' 같은 영화배우는 '청룽' '저우룬파' '류더화' 등으로 써야 합니다. 반면 공자도 중국 사람이지만 '궁쯔'라고 표기하지는 않습니다.

그런데 이 기준이 참 모호합니다. 신해혁명 때 태어난 사람은요? 또 신해혁명 1년 전에 태어나 근 100세까지 장수한 사람은요? 지명도 그렇습니다. 베이징이나 상하이 등처럼 신해혁명 이전에도 있었고 지금도 있는 지명은 어떻게 쓰는 게 맞는 건가요? 등등 의문부호가 이어지게 됩니다. 〈표준국어대사전〉에 '상해임시정부'와 '상하이임시정부'가 함께 올라 있기도 합니다. '이럴 거면 왜 기준을 만들어 사람들을 헷갈리게 하느냐'는 푸념이 쏟아질 만합니다.

제가 외래어 표기를 정확히 쓸 수 없다고 말한 것도 이 때문입니다. 기준이 모호하고, 그러다 보니 자주 바뀝니다. 〈표준국어대사전〉이 예전에는 '북경'을 "'베이징'의 잘못"으로 다뤘다가 지금은 "'베이징'을 우리 한자음으로 읽은 이름"으로 풀이해 놓고 있습니다. 참 30년 가까이 교열 일을 해 온 저도 헷갈리는데, 우리말 공부를 하는 여러분은 오죽할까 하는 마음이 들 뿐입니다.

그래서 여러분을 위해 제 블로그에 '중국어 표기집'을 올려 놓았습니다. 한자 하나하나의 중국 표준 발음을 정리한 내용입니다. 한자를 알고, 이것만 있으면 중국어를 표기법에 맞게 적는 데 아무 불편이 없을 겁니다.

그건 그렇고요. 중국 인명은 일본 인명과 달리 성과 이름을 띄어 쓰지 않습니다. 우리가 붙여 쓰듯이 붙여 쓰면 됩니다.

'R'은 '알'도 되고
'아르'도 된다

그동안 '아르'로만 적던 영문자 'R'의 한글 표기가 '알'을 함께 쓸 수 있게 바뀌었습니다. 국립국어원은 2023년 1월 19일 "기존의 '아르'와 함께 '알'도 영문자 'R'의 한글 표기로 인정한다"라고 밝혔습니다. 전년도 12월 20일에 열린 국어심의회 심의에서 '브이알VR'과 '에이알에스ARS'처럼 '알'로 적는 경우가 일반적이라고 판단한 것을 받아들인 조치입니다.

지금까지 국립국어원은 '브이아르VR'와 '에이아르에스ARS'처럼 '아르'로 적고 읽는 것만 인정해 왔는데, 이러한 규정은 실제 언어생활과 너무 동떨어져 있다는 지적을 받아 왔습니다. 따라서 늦은 감이 있지만 이번 조치는 정말 잘한 일이라고 생각합니다.

사실 저도 교열 현장에서 '피알PR'을 '피아르'로 맞게 적용해 그 뒤에 붙는 조사가 엉뚱하게 보이면서 곤란한 일을 많이 겪었거든요. 'PR이 잘 됐다'는 문장을 'PR가 잘 됐다'로 수정했다가 필자와 싸운 적도 있습니다. 사실 일반인들은 백이면 백 'R'을 '알'로 소리 내고 그렇게 적습니다. 우리말 전문가라고 폼 잡는 사람만 '아르'로 쓰죠. 하지만 이제 '알'로도 쓰게 됐으니, 'R'로 인한 혼란은 사라질 것으로 보입니다.

한편 이번 변경안은 영문자 'R'을 한글로 옮겨 적는 경우에만 해당합니다. 따라서 '아르바이트Arbeit'나 '아르곤argon'을 '알바이트'나 '알곤'으로 쓸 수 있다는 뜻은 아닙니다.

국립국어원은 앞으로도 언어 현실을 반영하고 국민 언어생활의 불편을 줄이기 위해 노력하겠다고 했습니다. 반가운 일이죠. 단언컨대 이 책에서 제가 지적한 내용도 많이 반영될 겁니다. 벌써부터 신바람이 납니다.

아무튼 외래어를 비롯해 우리말은 늘 변화무쌍하게 살아가는 생명체입니다. 따라서 한 번 익혔다고 관심을 접어두지 말고 수시로 복습하고 다시 익히기를 반복해야 합니다. 그래야 진정한 우리말 고수가 될 수 있습니다.

복수를 나타내는 'S'는 '스'로 적는다

현재 국내에서 프로 스포츠 구단을 운영하는 팀 대부분은 정말 반성해야 합니다. 외국인 선수들 이름을 제대로 쓰는 팀이 거의 없기에 하는 소리입니다. 팀 이름부터가 엉망이니, 소속 선수들 이름을 제대로 쓸 리가 없죠.

현재 '라이온즈' '타이거즈' '오리온즈' 등처럼 팀 이름에는 복수형 'S'가 붙게 되는데요. 이런 'S'는 '-즈'가 아니라 '-스'로 적어야 합니다. '라이온스' '타이거스' '오리온스'가 되는 거죠. 다만 'ts'는 '츠', 'ds'는 '즈'로 적습니다. 이 외에는 다 '스'로 적어야 합니다. 따라서 "운동 팀과 같은 단체, 또는 운동선수나 연예인 등을 지지하고 응원하거나, 이들의 발전이나 우승과 같은 목적을 달성할 수 있도록 지원하는 사람들의 모임. 또는 그런 사람들"을 뜻하는 말은 '서포터즈'가 아니라 '서포터스supporters'입니다. 'Masters' 역시 '마스터즈'가 아니라 '마스

터스'로 적어야 하고요.

또 외래어 표기에서 영어의 'th'가 'ㄷ'과 'ㅅ'으로 소리 날 경우에는 'ㅅ'으로 적는다는 것도 알아 두시기 바랍니다. '드릴러' 아니라 '스릴러thriller', '드로인'이 아니라 '스로인throw-in', '땡큐'가 아니라 '생큐thank you', '아더왕'이 아니라 '아서왕Arthur王', '맥베드'가 아니라 '맥베스Macbeth'가 바른 표기인 거죠.

자주 틀리는 외래어 모음

지금부터는 여러분이 자주 틀리는 외래어 표기 중에서 대표적인 것들을 짧게 설명해 드릴게요. 여기서 다루는 말들은 일상생활에서 널리 쓰이고, 유사한 잘못을 반복하는 말이니, 설명을 잘 듣고 다른 말에도 적용해 보기 바랍니다.

지금부터 말하는 외래어 표기 규정을 제대로 이해하시면 여러분도 외래어 표기에 관한 한 박사가 될 수 있습니다. 정말입니다.

기부스/기브스 ⇨ 깁스(독일어 Gips)

"석고 가루를 굳혀서 단단하게 만든 붕대"를 '기부스'나

'기브스'라고 하는 것은 일본식 발음의 영향입니다. 철자를 보세요. 저 철자를 보고도 '기부스'나 '기브스'로 쓸 수 있겠어요?

까페 ⇨ 카페(프랑스어 café)

앞에서 얘기했듯이 외래어 표기에서는 몇 나라의 일부 말을 제외하고는 절대로 된소리(ㄲ, ㄸ, ㅃ, ㅆ, ㅉ)를 쓰지 못합니다. 특히 프랑스 말에 된소리를 쓰는 일이 흔한데, 그러면 안 됩니다. 프랑스 말에서는 된소리로 적는 글자가 단 하나도 없거든요. '몽마르뜨 언덕'도 '몽마르트 언덕'으로 적어야 합니다.

네비게이션 ⇨ 내비게이션navigation

알파벳 'A'는 우리말로 적을 때 여러 가지 모음으로 변합니다. 그중 가장 많은 것이 '애'가 아닐까 싶습니다. 그 외에 '아' '어' '에이'로도 쓰지만, '에'로는 거의 쓰지 않습니다. 물론 영국이나 미국에서 흔한 여자 이름인 'mary'는 '메리'로, '에' 꼴을 취합니다. 그러나 그런 경우는 아주 드뭅니다. "결혼하다"라는 의미의 'marry'도 '메리'가 아니라 '매리'입니다. 제 말을 못 믿겠으면 지금 당장 영어사전을 뒤져 발음기호를 비교해 보세요. 제 말이 맞는지, 틀리는지요.

'내비게이션'도 마찬가지입니다. "지도를 보이거나 지름길을 찾아 자동차 운전을 도와주는 장치나 프로그램"을 일컫는

'내비게이션'은 〈표준국어대사전〉에도 올라 있습니다.

또 "영화·방송극·연극 따위에서, 장면에 나타나지 않으면서 장면의 진행에 따라 그 내용이나 줄거리를 장외에서 해설하는 일"을 뜻하는 'narration'은 '나레이션'이 아니라 '내레이션'이고, 그런 일을 하는 사람 'narrator'는 '나레이터'가 아니라 '내레이터'입니다.

달마시안 ⇨ 달마티안Dalmatian

〈어휘 편〉에서 얘기한 것 기억하시죠? 〈101마리 달마시안〉이란 영화로 유명한 '달마시안'의 바른 표기가 '달마티안'이라고 한 얘기 말이에요. 달마티안 말고도 잘못 쓰는 품종 표기가 많으니, 복습하는 마음으로 〈어휘 편〉을 다시 한번 보세요. 우리말 공부는 반복 학습이 무엇보다 효과적입니다.

대쉬 ⇨ 대시dash

영어권에서는 어떤 말에도 '쉬'를 쓸 수 없다고 생각하면 속 편합니다. 흔히 '잉글리쉬'나 '콩글리쉬'라고 하는 말도 '잉글리시'나 '콩글리시'가 바른 표기입니다. '○○쉽'이라고 하는 것도 무조건 '○○십'이라고 써야 합니다. '챔피언쉽'이 아니라 '챔피언십'이라는 얘기죠. 할리우드의 유명 배우인 '브룩 쉴즈'도 '브룩 실즈'로 써야 하고요. '쉬'는 두 눈 질끈 감고

‘시’로 쓰면 되는 겁니다.

데뷰 ⇨ 데뷔(프랑스어 début)

영어와 달리 프랑스어에서는 ‘u’를 ‘ㅟ’ 꼴로 적는 경우가 많습니다. 많은 사람이 ‘부페’라고 적는 것도 ‘뷔페buffet’가 바른 표기죠. 영어의 줄리엣Juliet이 프랑스어에서는 쥘리에트Juliette가 되기도 합니다. 흔히들 ‘줄리엣 비노시’라고 부르는 프랑스 여배우 있죠? 그녀 이름은 ‘쥘리에트 비노슈’가 바른 표기입니다.

도꾜 ⇨ 도쿄東京

일본어에서는 ‘쓰시마’ 따위에 쓰이는 ‘쓰’를 제외하고는 어떤 경우든 된소리(ㄲ, ㄸ, ㅃ, ㅆ, ㅉ)를 쓸 수 없다고 생각하면 됩니다.

제가 앞에서 일본의 지명과 인명은 현지 발음으로 적는 것이 원칙이라고 했는데요. 옛날의 〈표준국어대사전〉은 ‘동경’을 “‘도쿄’의 잘못”으로 봤지만, 지금은 “‘도쿄’를 우리 한자음으로 읽은 이름”으로 풀이하고 있습니다. 쓸 수 있다는 의미로 읽힙니다. 하지만 ‘이등박문伊藤博文’은 “‘이토 히로부미’의 잘못”임을 분명히 하고 있습니다. 이래저래 정말 헷갈리는 것이 외래어표기법입니다.

도너츠 ⇨ 도넛doughnut

영어의 마지막 자음은 대개 받침으로 쓰입니다. '도너츠'처럼 길게 소리 내는 것보다 '도넛'처럼 짧은 글 꼴을 좋아하거든요. 이때 받침으로는 'ㄱ, ㄴ, ㄹ, ㅁ, ㅂ, ㅅ, ㅇ'만 쓸 수 있습니다. 'ㄷ, ㅌ, ㅈ, ㅊ' 따위는 대표음인 'ㅅ'으로 바뀌고, 'ㅍ'은 'ㅂ'으로 바뀌고요.

'도넛'을 '도우넛'이라고 쓰는 사람도 많은데, 이것 역시 잘못입니다. 제가 앞에서 영어에서는 '오'와 '우'가 연이어 나오는 것을 무척 싫어한다고 했죠? 거의 없다고 보면 속 편합니다.

돈까쓰 ⇨ 돈가스(일본어 豚カツ)

'돈가스'는 '포크커틀릿'을 일본식으로 쓴 겁니다. 그런데 제가 조금 전에 일본어에서는 'ㄲ'을 못 쓴다고 했죠? 이 때문에 '돈까쓰'로 못 쓰는 겁니다. 요즘에는 '돈카츠'로 쓰는 집도 많은데, 당연히 이것도 바른 표기가 아닙니다.

여기서 재미있는 정보 하나. '돈가스'가 맞는 표기이기는 하지만 말 자체는 일본식 말입니다. 이 때문에 국립국어원이 '돈가스'의 우리말 순화어를 만들었는데, 그게 뭔지 아세요? '돼지고기 튀김' '돼지고기 너비 튀김' '돼지고기 너비 튀김 밥' 등이랍니다. 재미있죠?

디지탈 ⇨ 디지털digital

영어에서 '-tal'은 대부분 '-털'로 적는다고 생각하면 됩니다. 흔히 '캐피탈'로 적는 것도 '캐피털'이 바른 표기입니다. '렌탈'도 '렌털'이고, '크리스탈'도 '크리스털'로 써야 합니다. 반면 "동양의 정신문화를 고양하는 관점"을 의미하는 '오리엔탈리즘'은 '털'이 아니라 '탈'로 적어야 합니다. 그러나 '-탈'로 적는 것은 별로 없습니다.

락 페스티발 ⇨ 록 페스티벌rock festival

'rock'은 틀리는 사람이 무척 많은 말이니 꼭 기억해 두시기 바랍니다. '락'이 아니라 '록'으로 써야 한다는 것을요. 또 '록'을 부르는 사람을 '록커'로 쓰는 경우도 흔한데, 외래어 표기에서는 비슷한 음가가 연이어지는 것을 무척 싫어한다고 했죠? 이 때문에 '록커'가 아니라 '로커'로 써야 합니다. 또 '페스티벌'도 꼭 기억해 두시기 바랍니다. 이를 '페스티발'로 잘못 쓰는 일이 아주 흔하거든요.

레이져 ⇨ 레이저laser

외래어 표기에서 'ㅈ'이나 'ㅊ'은 모음 'ㅑ, ㅕ, ㅛ, ㅠ'와는 절대 어울릴 수 없다고 생각하면 됩니다. '죠스'는 '조스', '쥬스'는 '주스', '비젼'은 '비전', '쟈몽'은 '자몽' 등 모두 단모음으로 적어야 합니다. 아 참, '쟈스민'이라는 거 있죠? 향기가 좋아 차로도 마시는 거 말입니다. 그것의 바른 표기는 '재스민'입니다.

록뽄기 ⇨ 롯폰기

앞서 얘기했듯이 일본어의 받침은 딱 두 가지, 'ㄴ'과 'ㅅ'뿐입니다. 'ㄱ'이나 'ㅇ' 같은 것은 못 씁니다. 그리고 'ㅅ' 받침 뒤에는 거센소리(ㅊ, ㅋ, ㅌ, ㅍ)가 오는 일이 흔합니다. '돗토리' '닛칸' 등처럼 말입니다. 또 된소리 'ㅃ'을 쓸 수 없습니다. 따라서 '록'이 '롯'이 되고, '뽄'은 '폰'이 되죠. 그래서 일본 도쿄의 지역 중 하나로 미나토구 서쪽에 있는 '六本木'의 우리말 표기는 '롯폰기'입니다.

루즈 ⇨ 루주(프랑스어 rouge)

이 대목을 읽으면서 '어? 이거 뭐가 잘못된 거 아냐' 하는 생각이 들었을지도 모릅니다. 하지만 아닙니다. 지금까지 여러분이 '루즈'로 알고 있던, '립스틱'을 달리 부르는 말은 '루즈'가 아니라 '루주'가 바른 외래어 표기입니다.

프랑스어로 '루주'는 "붉다"를 뜻합니다. "캄보디아의 급진적인 좌익 무장단체"를 흔히 '크메르루즈'라고 하는데, 이것 역시 '크메르루주'가 바른 표기입니다. '크메르'는 캄보디아의 옛 이름으로, '크메르루주'라고 하면 "붉은 캄보디아"라는 의미가 되죠. 지식인과 기술자 등 150만 명 이상의 캄보디아인을 학살해 〈킬링필드〉라는 영화의 소재가 된 비인간적 집단이 바로 그들입니다.

매니아 ⇨ **마니아**mania

'mania'를 현지 원음에 가깝게 표기한다면 '메이니어'쯤이 될 겁니다. 하지만 이는 그동안 써 오던 것과는 너무 거리가 멀어서 사람들을 헷갈리게 할 수가 있습니다. 외래어표기법에서는 이럴 경우 그동안 관용적으로 써 오던 말을 그대로 사용하도록 합니다. 'radio'를 '레이디오'로 쓰지 않고 '라디오'로 적는 것처럼 말입니다. 마니아mania는 오래전부터 국어사전에 올라 있던 말입니다.

바디 ⇨ **보디**body

이거 많은 사람이 틀리는 말입니다. 정말 열에 아홉은 틀릴 겁니다. 그러니 여러분은 '보디'를 꼭 기억해 두세요.

같은 영어라도 영국식 영어와 미국식 영어가 있습니다. 영국식 영어는 조금 딱딱한 느낌이고, 미국식 영어는 속칭 '빠다' 냄새가 나죠. 그런데 예전에 외래어표기법에서는 영국식 발음과 미국식 발음이 비슷한 세력을 띨 경우 영국식 발음을 우선으로 삼았습니다. 그러다 보니 미국식 영어 발음과는 조금 동떨어진 듯한 표기가 적지 않습니다. '보디'도 그런 경우라고 생각하시면 됩니다.

아무튼 'body'는 '바디'가 아니라 '보디'입니다. 그러니까 '바디케어'는 '보디케어'로, '바디샵'은 '보디숍'으로, '바디로션'은 '보디로션' 등으로 써야 합니다.

'body'의 바른 표기를 '바디'가 아닌 '보디'로 삼은 것은 '바디케어'와 '보디케어'보다 먼저 우리말에 뿌리를 내린 '보디빌딩' 때문일 겁니다. "운동 기구를 사용해 근육을 발달시키는 일"을 '바디빌딩'으로 쓰는 사람보다는 '보디빌딩'으로 쓰는 사람이 훨씬 많을 겁니다. 더욱이 '보디빌딩'은 아주 오래전부터 국어사전에 올라 있던 말입니다. 이렇게 일단 국어사전에 오른 말은 쉬 바뀌지 않습니다.

빠다 ⇨ 버터

글맛 때문에 그냥 써 봤습니다. 웃고 넘어가시죠.

바베큐 ⇨ 바비큐 barbecue

왜요? 이상한가요? 그러면 지금 영어사전을 뒤져 보세요. 발음기호를 보면 무릎을 탁 치게 될 겁니다.

기브스 ⇨ 깁스(독일어 Gips)

까페 ⇨ 카페(프랑스어 café)

네비게이션 ⇨ 내비게이션(navigation)

달마시안 ⇨ 달마티안(Dalmatian)

도너츠 ⇨ 도넛(doughnut)

바베큐 ⇨ 바비큐(barbecue)

뱃지/빼찌 ⇨ 배지(badge)

앵콜 ⇨ 앙코르(프랑스어 encore)

뱃지/빼찌 ⇨ 배지badge

앞에서 한 얘기 복습 좀 하고 넘어갈게요. 외래어 표기에서 는 같은 음가가 연이어지는 것을 좋아한다? 아니죠. 싫어합니다. 보통 싫어하는 게 아니라 무척 싫어합니다. 또 영어권에서 된소 리를 쓸 수 있다? 이것 역시 아니죠. 없습니다. 절대 없습니다.

그래서 '뱃지'를 쓸 수 없습니다. 'ㅅ'과 'ㅈ'의 음가가 같으 니 쓸 수 없는 겁니다. 된소리가 두 개나 들어 있는 '빼찌'도 당 연히 못 쓰고요. 그러니 쓸 수 있는 것은 '배지'뿐입니다.

수퍼 ⇨ 슈퍼super

원래 'super'는 '수퍼'로 써야 한다고 봅니다. 예전에는 그 렇게 쓰기도 했습니다. 그러나 동네방네에 '슈퍼마켓'이 들어 서고 〈슈퍼맨〉이라는 영화도 수입되고 하면서, 사람들이 죄다 '슈퍼'라고 쓰니 어쩌겠습니까. 결국 표기가 바뀌었죠, 뭐.

이와 비슷한 사례가 또 있습니다. "상의와 하의를 같은 천 으로 만든 한 벌의 양복"을 뜻하는 슈트suit가 그겁니다. 본래 이 말도 '수트'로 썼습니다. 특히 의류업계에서는 지금도 '수 트'를 많이 씁니다. 그런데 사람들이 하도 '슈트, 슈트' 하니 국 립국어원인들 어쩌겠습니까. 인정해야죠. 그래서 지금은 〈표준 국어대사전〉에 '슈트'가 표제어로 올라 있습니다.

스프/스푸/슢 ⇨ 수프soup

영어 철자를 보세요. s 뒤에는 모음 'ou'가 있지만 p 뒤에는
모음이 없습니다. 따라서 서양 음식을 먹을 때 맨 처음에 나오
는 요리를 뜻하는 말은 '수프'가 바른 표기입니다. 라면을 먹을
때 넣는 "건더기와 첨가물 등을 가루로 만든 것" 역시 '분말수
프'로 써야 합니다.

알콜 ⇨ 알코올alcohol

제가 앞서 외래어 표기에서는 이중모음이나 장음을 가급적
피한다고 했죠? 이 때문인지 '알코올'을 '알콜'로 잘못 적는 일
이 아주 흔합니다. 하지만 '알코올'의 철자를 잘 보세요. 이 말
은 'al(알)+co(코)+hol(올)' 세 음절로 적을 수밖에 없습니다.
반면 'win(윈)+dow(도)'는 두 음절이면 충분합니다. 즉 장음
을 쓰지 말라는 얘기는 한 음절로 적을 것을 두 음절로 늘리지
말라는 거지, 두 음절까지 한 음절로 축약하라는 게 아닙니다.
제 말이 무슨 뜻인지 아시겠죠?

이런 것 말고, 예외적으로 장음 표기를 하는 말도 있습니다.
알파벳 E와 A가 자주 그러지요. 아까 '내비게이션' 설명할 때
얘기했잖아요. A가 '에이'로 소리 나기도 한다고요. '내비게이
션의'의 '-게이-'도 그런 거죠.

이 때문에 'Las Vegas'는 '라스베가스'가 아니라 '라스베이

거스'가 되고, 'Pennsylvania'는 '펜실베니아'가 아니라 '펜실베이니아'가 되는 겁니다. 또 미국의 제16대 대통령 'Lincoln, Abraham'은 '아브라함 링컨'이 아니라 '에이브러햄 링컨'이 바른 표기입니다.

에~효효, 제가 생각해도 외래어 표기는 정말 어렵습니다.

앙케이트 ⇨ 앙케트(프랑스어 enquête)

바로 이럴 때 장음 표기를 안 한다는 겁니다. en+quê+te로 세 글자의 구조를 가지고 있잖아요. 그것을 네 글자로 늘여° 쓰지는 않는다는 거죠.

액센트 ⇨ 악센트accent

'accent'는 예전에 '액센트'로 썼습니다. 그러다 외래어표기법을 개정하면서 '악센트'로 바꿨지요. 이에 대해서는 저도 좀 이상하게 생각합니다. 제가 보기에 '액센트'가 '악센트'보다 현지 발음에 더 가깝거든요.

하지만 그렇게 바뀐 데에는 그럴 만한 이유가 있기는 했습니다. 당시에도 '악센트' '액선트' '액센트' '엑센트' 중 어느 것을 써야 할지 헷갈렸거든요. 제가 조금 전에 이럴 때는 예전에 어떤 기준을 적용했다고 했죠? 보디를 설명하면서 "같은 단어의 영국식 발음과 미국식 발음이 다를 때는 영국식 발음을 기준으로 했다"라고 했잖습니까. '영국식 발음과 미국식 발음이 다를 때는 영국식 발음을 기준으로 한다'는 것이 규범적으로 정해지지는 않았지만, 정부·언론외래어공동심의위원회에서 활동하

늘여 → 늘려

제가 글쓰기나 교열 강의에서 수강생들에게 가장 많이 하는 말이 "사람들이 가장 많이 범하는 우리말 오류 사례는 한글맞춤법이나 표준어규정을 지키지 않는 일이 아니라 의미가 다른 말을 잘못 쓰는 것이다. 따라서 우리말의 정확한 의미를 아는 것이 글쓰기의 경쟁력이 되고, 이는 곧 교열 실력을 가늠하는 잣대가 된다"는 것입니다. 여러분도 진정한 우리말 고수가 되기 위해서는 낱말의 정확한 의미를 알아야 합니다. 그러려면 평소에 쓰는 말을 아무 생각 없이 습관적으로 사용하지 말고 국어사전을 뒤져 정확한 뜻을 파악하는 일을 게을리하지 말아야 합니다.

'늘이다'와 '늘리다'도 의미를 정확히 알아야 바르게 쓸 수 있습니다. 우선 '늘이다'는 "본디보다 더 길어지게 하다"를 뜻합니다. 고무줄을 늘이고, 바짓단을 늘이며, 엿가락을 늘입니다. "(주로 '선'과 관련된 말을 목적어로 하여) 선 따위를 연장해 계속 긋다"를 의미하기도 합니다. "선분 ㄱㄴ을 늘이면 다른 선분과 만나게 된다"처럼 쓰이죠. 아울러 "아래로 길게 처지게 하다"라는 뜻도 있어 "국수를 발처럼 늘여 널고 있었다" 따위로 씁니다. 그 외에 "넓게 벌여 놓다"라는 의미로 "경계망을 늘였다"처럼 쓴다고도 하는데, 실생활에서 사용례를 찾아보기 어려운 듯합니다.

이와 달리 '늘리다'는 "물체의 넓이, 부피 따위를 본디보다 커지게 하다"(우리는 넓은 평수로 늘려 이사했다) "수나 분량 따위를 본디보다 많아지게 하거나 무게를 더 나가게 하다"(글자 수를 늘리다) "힘이나 기운, 세력 따위를 이전보다 큰 상태로 만들다"(적군은 세력을 늘린 후 다시 침범했다) "재주나 능력 따위를 나아지게 하다"(실력을 늘려라) "살림을 넉넉하게 하다"(재산을 늘려 부자가 됐다) "시간이나 기간을 길게 하다"(쉬는 시간을 늘리다) 등 실생활에서 '늘이다'보다 더 넓게 쓰입니다.

4부 외래어표기법, 아는 만큼 바르게 쓸 수 있다

신 선배들에게서 그런 얘기를 확실히 들었습니다. 그래서 영국식 발음에 가까운 '악센트'를 바른 표기로 삼은 듯합니다.

또 이 말이 라틴어 '악첸투스accentus'에서 나온 것이라는 점도 참작됐을 듯싶습니다. 아무튼 '악센트'는 기억해 둘 만합니다. 이 말을 잘못 쓰는 사람이 정말 많거든요.

앵콜 ⇨ 앙코르(프랑스어 encore)

"출연자의 훌륭한 솜씨에 감탄해 박수 따위로 재연을 요구하는 일"이나 "호평을 받은 연극과 영화 따위를 다시 상연하거나 방송하는 일"을 뜻하는 말로 '앵콜'을 쓰는 사람이 많습니다. 그러나 영어사전의 발음기호를 봐도 이 말을 '앵콜'로 쓸 까닭이 없습니다. 더욱이 이 말은 프랑스어에 뿌리를 두고 있습니다. 당연히 '앙코르'가 맞는 표기입니다.

그런데 재미나는 것은 여러분이나 저는 "앙코르, 앙코르"를 큰 소리로 외치는데, 정작 프랑스에서는 앙코르가 아니라 "bis(비스)"를 외친다고 하네요. 이런 거 모르셨죠?

참, 프랑스어 'concours'를 '콩쿨'로 쓰는 사람도 많습니다. 하지만 이것 역시 '콩쿠르'로 써야 합니다.

워크샵 ⇨ 워크숍workshop

다른 것은 생각하지 말고 '숍'만 기억하세요. 'shop'은 무조

건 '숍'입니다. 헤어샵도 헤어숍, 샵마스터도 숍마스터, 포토샵
도 포토숍입니다. 'cut'를 '컷'(영화)과 '커트'(자르다, 스포츠 용
어)로 표기할 수 있는 등 한 글자가 두 가지의 표기를 갖는 일
이 있기는 하지만, 이는 아주 드문 일입니다. 99.9999%는 한
글자는 한 표기로만 적습니다.

　그리고요. '컷'과 '커트'는 다 맞는 표기이지만 '컷팅'은 틀
린 표기입니다. 컷의 'ㅅ'과 팅의 'ㅌ'이 비슷한 음가이기 때문
이죠. '셋팅' '마켓팅' '타깃팅' 등도 모두 '세팅' '마케팅' '타기
팅' 따위로 써야 합니다.

카톨릭 ⇨ 가톨릭Catholic

'Catholic'은 원래 '카톨릭'이 맞는 표기입니다. 하지만 카톨
릭계는 오랫동안 이 말을 '가톨릭'으로 써 왔습니다. 가톨릭대학
교, 가톨릭병원, 가톨릭신문 등으로 말입니다. 그래서 정부·언론
외래어공동심의위원회에서 '카톨릭'을 '가톨릭'으로 바꿨습니다.

칼라 ⇨ 컬러color

[kʌlə(r)]가 'color'의 발음기호입니다. 이것을 어떻게 적어
야 할까요? '컬러'죠, 뭐.

　'칼라'로 써야 할 말은 따로 있습니다. "양복이나 와이셔츠
따위의 목둘레에 길게 덧붙여진 부분"을 뜻하는 'collar'가 '칼

라'입니다. 따라서 '블루카라'와 '화이트카라'는 '블루칼라'와 '화이트칼라'를 잘못 쓴 것입니다.

탑 ⇨ **톱**top

'top'은 무조건 '톱'으로 써야 합니다. '탱크탑'도 '탱크톱'이고, '탑브랜드'도 '톱브랜드'입니다.

퍼머 ⇨ **파마**parmanent

"머리를 전열기나 화학 약품을 이용해 구불구불하게 하거나 곧게 펴 그런 모양으로 오랫동안 지속되도록 만드는 일"을 뜻하는 원래의 영어 표기는 퍼머넌트parmanent입니다. 하지만 여러분이나 제 할머니 때부터 이 말을 '파마'로 써 왔죠. 그래서 우리식 영어 표기인 '파마'를 바른말로 삼았습니다.

헐리우드/헐리웃 ⇨ **할리우드**Hollywood

"미국 캘리포니아주 로스앤젤레스 서북쪽에 있는 지역"으로, 영화 제작이 활발한 곳으로도 유명한 'Hollywood'의 바른 표기는 '할리우드'입니다. 이것을 잘못 쓰는 사람이 무척 많은데, 여러분은 그러지 마세요.

이 밖에 다음 단어들도 일상생활에서 많이 틀리는 외래어 표기들이니 꼭 익혀 두기를 바랍니다.

틀린 표기	바른 표기	틀린 표기	바른 표기
고로케 korokke	크로켓 croquette	느와르	누아르 (프랑스어) noir
다이나믹	다이내믹 dynamic	데이타	데이터 data
디렉토리	디렉터리 directory	떼제베	테제베 (프랑스어) Train a Grande Vitesse, TGV
또띠야	토르티야 tortilla	렌트카	렌터카 rent-a-car
레파토리	레퍼토리 repertory	로보트	로봇 robot
로얄	로열 royal	로즈마리	로즈메리 rosemary
로케트	로켓 rocket	로타리	로터리 rotary
리어커	리어카 rear car	리우데자네이로	리우데자네이루 Rio de Janeiro
링겔	링거 Ringer	리조또	리소토 risotto
메트	매트 mat	메시지	메시지 message
몽타쥬	몽타주 (프랑스어) montage	뮤지칼	뮤지컬 musical
미스테리	미스터리 mystery	바톤	배턴·바통 baton
벤취	벤치 bench	부르조아	부르주아 (프랑스어) bourgeois
부저(신호장치)	버저 buzzer	브라우스	블라우스 blouse
블럭	블록 block	빵파레	팡파르 (프랑스어) fanfare
새디스트	사디스트 sadist	색스폰	색소폰 saxophone
샌달	샌들 sandal	샷시	섀시 chassis
선글래스	선글라스 sunglass	소뮬리에	소믈리에 sommelier
소세지	소시지 sausage	쇼파	소파 sopa
스넥	스낵 snack	스케쥴	스케줄 schedule
스탭(댄스)	스텝 step	스탭(제작진)	스태프 staff
스테인레스	스테인리스 stainless	스티로폴	스티로폼 styrofoam
실리콘벨리	실리콘밸리 Silicon Valley	심포지움	심포지엄 symposium
싱가폴	싱가포르 Singapore	싸롱	살롱 (프랑스어) salon
싸이렌	사이렌 siren	싸이트	사이트 site, sight
써비스	서비스 service	써클	서클 circle
썬텐	선탠 suntan	쏘나타	소나타 (이탈리아어) sonata
쏘스	소스 sause, source	씬	신 scene
아나로그	아날로그 analogue	아마츄어	아마추어 amateur
악세서리(사리)	액세서리 accessory	알러지	알레르기 (독일어) Allergie
앰블런스	앰뷸런스 ambulance	어답터	어댑터 adapter

4부 외래어표기법, 아는 만큼 바르게 쓸 수 있다

틀린 표기	바른 표기	틀린 표기	바른 표기
에니메이션	애니메이션 animation	에어콘	에어컨 air conditioner
엑스타시	엑스터시 ecstasy	엘레베이터	엘리베이터 elevator
오르가즘	오르가슴 orgasme	오리지날	오리지널 original
오페크	오펙 OPEC	옵셋	오프셋 offset
요쿠르트	요구르트 yogurt	유니트	유닛 unit
자켓	재킷 jacket	제스쳐	제스처 gesture
짚차	지프 jeep	쮜리히	취리히 Zürich
챔피온	챔피언 champion	첼린저	챌린저 challenger
초콜렛(초코렛)	초콜릿 chocolate	츄리닝	추리닝 training
카렌다	캘린더 calendar	카센타	카센터 car center
카운셀러	카운슬러 counselor	카타로그	카탈로그 catalog
카페트	카펫 carpet	캐리어 우먼	커리어 우먼 career woman
커텐	커튼 curtain	컨츄리	컨트리 country
컨텐츠(콘텐쯔)	콘텐츠 contents	칼럼리스트	칼럼니스트 columnist
컬럼	칼럼 column	케릭터	캐릭터 chatacter
케사르	카이사르 Caesar	케찹	케첩 ketchup
코메디	코미디 comedy	코미션	커미션 commossion
콘디션	컨디션 condition	퀵보드	킥보드 kickboard
크리닉	클리닉 clinic	크리스찬	크리스천 Christian
타겟	타깃 target	타부	터부 taboo
타올	타월 towol	타잎	타입 type
탈렌트	탤런트 talent	테잎	테이프 tape
테크놀러지	테크놀로지 technology	튜울립	튤립 tulip
티벳	티베트 Tibet	팜플랫	팸플릿 pamphlet
포탈 싸이트	포털 사이트 portal site	프랭카드	플래카드 placard
프러덕션	프로덕션 production	프로포즈	프러포즈 propose
플래스틱	플라스틱 plastic	플랫포옴	플랫폼 platform
헤르쯔 Hz	헤르츠 Hertz	헥타(터)	헥타르 hectare
헬맷	헬멧 helmet	호스테스	호스티스 hostess
홀몬	호르몬 hormone	환타지	판타지 fantasy
후라이팬	프라이팬 frypan	후레쉬	플래시 flash
휘앙세	피앙세 fiancé, fiancée	휴즈	퓨즈 fuse

자, 이것으로 우리말과 관련한 다양한 말법들을 살펴보았습니다. 이것 외에도 발음법 등 알려 줘야 할 것이 좀 더 있지만, 지면상 부득이 여기서 마무리합니다. 하지만 책으로 전하지 못한 얘기들을 블로그에서 꾸준히 전하도록 하겠습니다.

　아무쪼록 제 블로그에 자주 찾아와 우리말을 함께 공부했으면 좋겠습니다. 저는 지금도 누구를 가르친다고 생각하기보다는 아직도 배우고 있다는 마음을 더 깊이 가지고 있습니다. 여러분과 함께 계속 우리말을 공부해 갔으면 좋겠습니다. 우리 모두 우리말 달인이 될 때까지요.

당신은 우리말을 모른다
문법 편

1판 1쇄 발행 2023년 8월 31일

지은이 | 엄민용

펴낸이 | 김유열
편성센터장 | 김광호
지식콘텐츠부장 | 오정호
단행본출판팀 | 기획 장효순, 최재진, 서정희 | **마케팅** 최은영 | **제작** 정봉식
북매니저 | 윤정아, 이민애, 정지현, 경영선

책임편집 김화영   **일러스트** | 애슙   **디자인** | 지완
인쇄 | 우진코니티

펴낸곳 | 한국교육방송공사(EBS)
출판신고 | 2001년 1월 8일 제2017-000193호
주소 | 경기도 고양시 일산동구 한류월드로 281
대표전화 | 1588-1580   **홈페이지** | www.ebs.co.kr
전자우편 | ebsbooks@ebs.co.kr

ISBN | 978-89-547-9952-2(04700)
　　　978-89-547-7779-7 (세트)
ⓒ 엄민용, 2023